中国民用航空工业年鉴
2024

工业和信息化部装备工业发展中心　编

航空工业出版社

北　京

内 容 提 要

《中国民用航空工业年鉴》是我国民用航空工业首部具有综合性、资料性、史册性的编年式工具书，集中全面地反映了我国民用航空工业年度发展状况，真实记载了我国民用航空工业发展进程。《中国民用航空工业年鉴 2024》内容包括中国民用航空工业年度发展综述、主要民用航空工业地区发展情况、主要集团和重点企业发展概况，以及中国民用航空工业统计数据等几部分。本书内容翔实、丰富，有助于国内外有关人士了解中国民用航空工业发展概况，并与之建立经济技术合作关系。

图书在版编目（CIP）数据

中国民用航空工业年鉴. 2024/ 工业和信息化部装备工业发展中心编. --北京：航空工业出版社，2024. 11. --ISBN 978-7-5165-3881-4

Ⅰ. F426.5-54

中国国家版本馆 CIP 数据核字第 2024AG2064 号

中国民用航空工业年鉴 2024
Zhongguo Minyong Hangkong Gongye Nianjian 2024

航空工业出版社出版发行
（北京市朝阳区京顺路 5 号曙光大厦 C 座四层　100028）
发行部电话：010-85672666　010-85672683

北京盛通印刷股份有限公司印刷　　全国各地新华书店经售
2024 年 11 月第 1 版　　2024 年 11 月第 1 次印刷
开本：880×1230　1/16　　字数：529 千字
印张：17　　定价：180.00 元

《中国民用航空工业年鉴 2024》

编　委　会

前　　言

为全面系统、客观真实地反映中国（未包括港、澳、台地区，下同）民用航空工业年度发展概况，根据《中华人民共和国统计法》和《中华人民共和国统计法实施条例》，原国防科学技术工业委员会于2007年启动《中国民用航空工业统计年鉴》的编辑出版工作，工业和信息化部于2010年启动《中国民用航空工业年鉴》的编辑出版工作。2013年，工业和信息化部将《中国民用航空工业统计年鉴》并入《中国民用航空工业年鉴》。合并后的《中国民用航空工业年鉴》是我国民用航空工业综合性、资料性的编年性工具书，目前已经连续出版11年。

《中国民用航空工业年鉴2024》（简称《年鉴2024》）内容包括年度发展综述、主要地区发展情况、企业发展概况、统计数据四个部分。第一部分主要从发展规模与产业分布、产品研发、产品订单与交付、国际合作与对外交流、产业促进与行业管理五个方面全面回顾了2023年度我国民用航空工业的总体发展情况。第二部分主要反映我国涉及民用航空工业的26个省、自治区、直辖市的民用航空工业发展情况。第三部分记录了4家中央企业和69家民用航空工业重点企业的发展概况。第四部分是中国民用航空工业的统计数据，主要包括综合情况，产品交付、新增和储备订单及转包生产情况，生产销售总值和主要经济指标等数据。统计范围包括从事民用航空器（含无人机）、民用航空发动机、航空系统/设备和零部件等研发、制造和修理的规模以上法人单位，数据截至2023年12月31日。

《年鉴2024》是在国家统计局统计设计管理司指导下，由工业和信息化部装备工业二司组织工业和信息化部装备工业发展中心，在有关省、自治区、直辖市民用航空工业管理部门和中国航空工业集团有限公司、中国商用飞机有限责任公司、中国航空发动机集团有限公司、中国航天科工集团有限公司、中国电子科技集团有限公司，以及部分重点企业提供素材的基础上编辑而成。为了行文一致及体现年度新变化，《年鉴2024》编委会对素材做了必要修改和删减。在此向所有参加《年鉴2024》编制工作的单位和人员表示感谢。

《中国民用航空工业年鉴2024》编委会

2024年8月

目　　录

第一部分
综　　述

中国民用航空工业年度发展综述

2023年，面对复杂严峻的国内外形势和诸多风险挑战，中国民用航空工业产品产值和交付金额显著提升，新型航空器创新发展，航空维修行业规模持续增长，企业集聚效应加快显现，整体保持良好发展态势。

一、发展规模与产业分布

（一）发展规模

依据《民用航空工业统计调查制度》，2023年纳入全国民用航空工业统计调查单位共计296家，主要分布在26个省、自治区、直辖市，年平均从业人员35.0万人。按地域划分，东部地区132家，中部地区66家，西部地区98家；按内外资企业类型划分，内资企业252家，港澳台商投资企业17家，外商投资企业27家；按人员规模划分，2000人以上单位37家，1000~2000人（含2000人）单位28家，300~1000人（含1000人）单位77家，300人及以下单位154家。

2023年，中国民用航空产品产值1311.7亿元，同比增长19.2%。其中，民用飞机（不含无人机）整机产值141.2亿元，占比为10.8%；民用飞机零部件、发动机整机及零部件、机载系统和设备及零部件等航空产品产值320.9亿元，占比为24.5%；民用飞机、发动机、机载设备和其他民用航空产品的修理产值528.9亿元，占比为40.3%；无人机产品产值320.7亿元，占比为24.4%。产值构成如图1所示。

从各省、自治区、直辖市情况看，民用航空产品产值排名前3名的是广东、四川、福建，分别占全国的36.7%、11.2%和10.7%；排名第4名～第10名的分别是北京、上海、陕西、江苏、辽宁、山东、湖北，如图2所示。

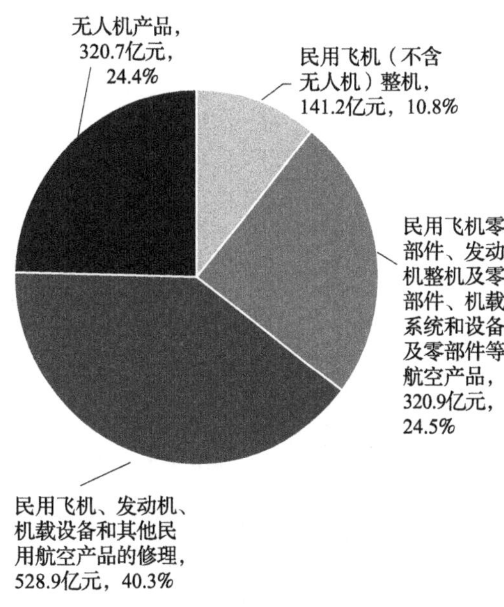

图1 2023年中国民用航空产品产值构成

（二）产业分布

在纳入2023年全国民用航空工业统计调查范围的296家企事业单位中，87家隶属于中央企业（简称央企），209家为地方企业。央企下属87家企事业单位的民用航空产品产值为313.5亿元，约占总产值的23.9%；209家地方企业的民用航空产品产值为998.2亿元，约占总产值的76.1%。

2023年民用航空器（不含无人机）产品产值为141.2亿元。其中，央企下属企事业单位产品产值为130.4亿元，占比为92.4%；地方企业产品产值为10.8亿元，占比为7.6%，如图3所示。2023年民用航空器（不含无人机）产品产值前5名的企业是：上海飞机制造有限公司、空中客车（天津）总装有限公司、中航西飞民用飞机有限责任公司、哈尔滨飞机工业集团有限责任公司、中航通飞华北飞机工业有限公司，这5家企业占全国的98.2%。

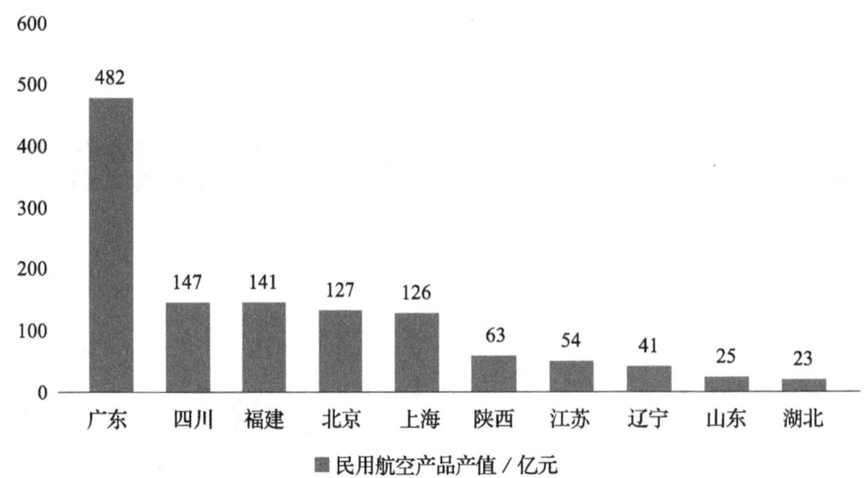

图 2　2023 年民用航空产品产值居前 10 名的省、自治区、直辖市

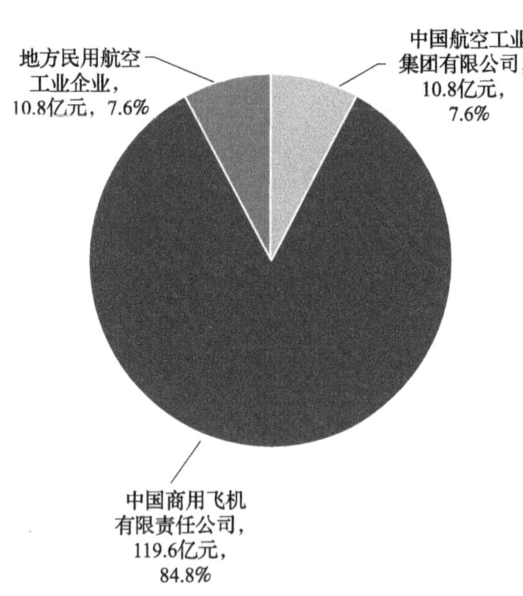

图 3　2023 年民用航空器（不含无人机）产品产值构成

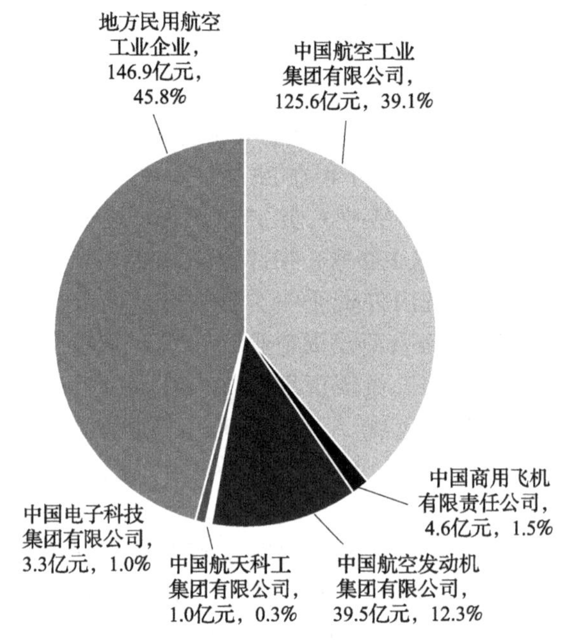

图 4　2023 年民用飞机零部件、发动机整机及零部件、机载系统和设备及零部件等航空产品产值构成

2023 年民用飞机零部件、发动机整机及零部件、机载系统和设备及零部件等航空产品产值为 320.9 亿元。其中，央企下属企事业单位产品产值为 174.0 亿元，占比为 54.2%；地方企业产品产值为 146.9 亿元，占比为 45.8%，如图 4 所示。2023 年民用飞机零部件、发动机整机及零部件、机载系统和设备及零部件等航空产品产值前 5 名的企业是：中航西安飞机工业集团股份有限公司、中航沈飞民用飞机有限责任公司、成都飞机工业（集团）有限责任公司、诺贝丽斯铝业（镇江）有限公司、中国航发动力股份有限公司，这 5 家企业占全国的 31.1%。

2023 年民用飞机、发动机、机载设备和其他民用航空产品的修理产值为 528.8 亿元。其中，央企下属企事业单位产品产值为 5.7 亿元，占比为 1.1%；地方企业产品产值为 523.1 亿元，占比为 98.9%，如图 5 所示。2023 年民用飞机、发动机、机载设备和其他民用航空产品的修理产值前 5 名的企业是：珠海保税区摩天宇航空发动机维修有限公司、北京飞机维修工程有限公司、厦门太古发动机服务有限公司、四川国际航空发动机维修有限公司、广州飞机维修工程有限公司，这 5 家企业占全国的 75.0%。

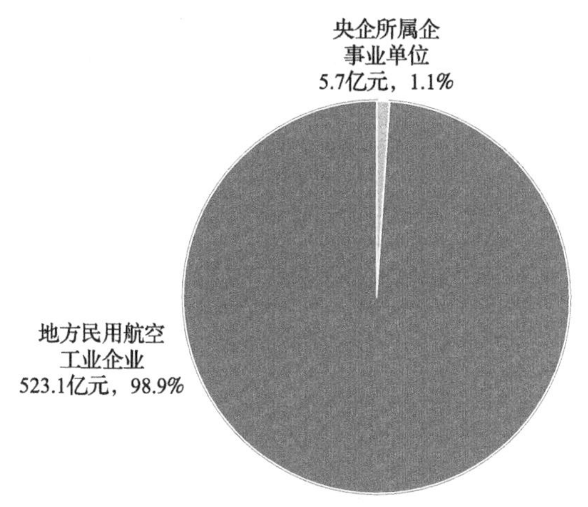

图 5 2023 年民用飞机、发动机、机载设备和其他民用航空产品的修理产值构成

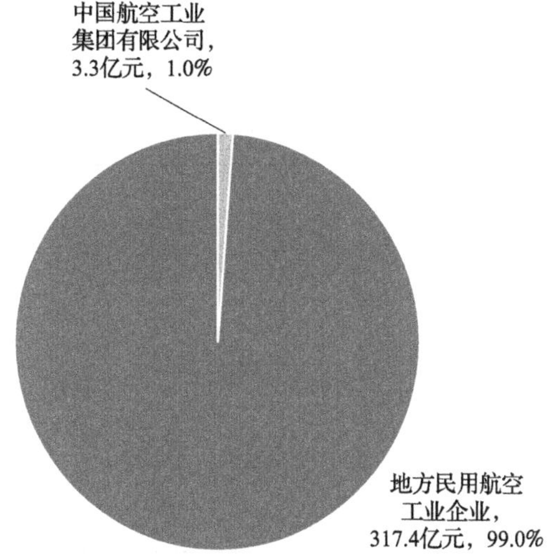

图 6 2023 年民用无人机产品产值构成

2023 年民用无人机产品产值为 320.7 亿元。其中，央企下属企事业单位产品产值为 3.3 亿元，占比为 1.0%；地方企业产品产值为 317.4 亿元，占比为 99.0%，如图 6 所示。2023 年民用无人机产品产值前 5 名的企业是：深圳市大疆创新科技有限公司、深圳市道通智能航空技术股份有限公司、广州极飞科技股份有限公司、四川一电航空技术有限公司、中航（成都）无人机系统股份有限公司，这 5 家企业占全国的 95.7%。

在地域分布方面，位于上海和陕西的央企发展民用干、支线飞机，其中上海主要依托中国商飞发展干线飞机和涡扇支线飞机，陕西主要依托中航西飞发展涡桨支线飞机；天津依托与空客合资的公司总装和交付干线飞机；河北石家庄、黑龙江哈尔滨、浙江绍兴、安徽芜湖、湖北荆门、湖南株洲、广东珠海等地优势企业主要发展各类通用飞机和特种飞行器；江西景德镇、天津滨海新区、黑龙江哈尔滨等地优势企业主要发展各类直升机；四川成都和浙江台州等地优势企业主要发展大型无人机；其他部分省市也积极开展轻小型通用飞机、直升机和其他飞行器研发制造，电动垂直起降（简称垂起）航空器（eVTOL）、飞行汽车等新型低空装备加快发展。民用航空工业主要在研和批产的产品地域分布如表 1 所示。

表 1 在研和批产的主要民用航空产品（不含无人机）地域分布

产品种类	地域	代表机型
干线飞机	上海市	C919 单通道干线客机
		C929 远程宽体客机
	天津市	空客 A320 单通道干线飞机系列（总装线）
		空客 A350 双通道宽体客机（完成和交付中心）
支线飞机	上海市	ARJ21 支线飞机
	陕西省	新舟 60/600 系列涡桨支线飞机
		新舟 700 涡桨支线飞机
通用飞机	广东省	AG600 大型灭火 / 水上救援水陆两栖飞机
		赛斯纳“奖状”XLS+ 公务机
		SR20 小型活塞螺旋桨飞机
		SR22 单发四座复合型飞机

表 1（续）

产品种类	地域	代表机型
通用飞机	黑龙江省	运 12E/F 双发涡桨通用飞机
	河北省	“小鹰”500 轻型多用途飞机
		运 5B 轻型多用途飞机
		赛斯纳 208B 单发涡桨轻型飞机
		“国王”350 飞机
		“鲨鱼”飞机
		J-RO C-100 型自转旋翼机
	辽宁省	锐翔（RX1E-A）增程型双座电动轻型飞机
		锐翔（RX4E）四座电动轻型飞机
		锐翔（RX1E-S）水上电动飞机
		泰克南 P2006T、P2010 四座通用飞机
		CC18-180“小熊”越野飞机
	浙江省	AG100 轻型飞机
		AG60 轻型飞机
		DA40 NG 单发四座轻型飞机
	安徽省	DA20 轻型运动飞机
		DA42 系列双发四座轻型飞机
		DV20 单发两座轻型飞机
		CA42 多用途教练机
		“战鸿”应急指挥机
		MPP 多用途飞机
	福建省	AeroJones CTLS 轻型运动飞机
	江西省	初教 6 民用型飞机
		农 5B 农林飞机
	山东省	DA50RG 轻型飞机
	湖北省	A2C 超轻型水上飞机
		AG50 轻型运动飞机
		“海鸥”300 轻型水陆两栖飞机
		“晨龙天使”AL8 八座双发固定翼飞机

表 1（续）

产品种类	地域	代表机型
通用飞机	湖南省	“山河”SA60L 轻型运动飞机
		“山河”SA70L 轻型运动飞机
		“山河”SA750 多用途运输机
		XL100 轻型运动飞机
		PX104 培训飞机
	广西壮族自治区	“小鹰”700 轻型多用途飞机
	云南省	“云雁”DL-2L 轻型运动飞机
	贵州省	“自由鸾”GGAC100 轻型运动飞机
直升机	江西省	AC313 系列直升机
		AC311 系列直升机
		CA109 直升机
		S300 直升机
		JH-2 轻型农林植保机
	黑龙江省	AC312 系列直升机
		AC352 直升机
	天津市	AC332 直升机
	安徽省	RT216 型两座运动类直升机
	山东省	H135 直升机
其他飞行器	上海市	V2000CG 电动垂直起降航空器
		E20 电动垂直起降航空器
		VE25-100 电动垂直起降航空器
		M1 电动垂直起降航空器
	湖北省	“云中漫步”系列载人观光系留气球
		AS700 载人飞艇
		RQ 系列载人气球
	广东省	EH216-S 载人无人驾驶航空器
		“陆地航母”分体式飞行汽车
	四川省	AE200 电动垂直起降航空器
	甘肃省	“天蝎”轮式双座动力伞
发动机	上海市	长江 1000A 航空发动机
	黑龙江省	WZ16 中等功率涡轴发动机（制造）

表 1（续）

产品种类	地域	代表机型
发动机	安徽省	AEC2.0L 航空活塞式发动机
		AE300 航空发动机
		AEC180 水平对置航空发动机
		“云雀”重油航空发动机
		“蜂鸟”重油航空发动机
		“黄莺”重油航空发动机
		YLWZ130/190 系列涡轴发动机
	湖南省	WZ16 中等功率涡轴发动机（设计）
		WJ6 系列涡桨发动机
		WZ8 系列涡轴发动机
		AES100 民用涡轴发动机
	四川省	RHD1000 涡喷发动机

二、产品研发

2023 年，民用航空工业产品持续创新发展，形成涵盖干线飞机、支线飞机、直升机、通用飞机、无人机、电动垂直起降航空器和航空发动机的产品谱系。

在民机整机方面，C919 大型客机实现国内商业首航，开通上海、成都、北京等多条航线；C929 远程宽体客机完成立项，完成一批关键研发试验；ARJ21 支线飞机累计交付超百架，迈向规模运营；AG600 大型水陆两栖飞机具备执行灭火任务能力，圆满完成多机种协同航空应急救援综合实战演练；AC313A 大型直升机完成首次高原试飞；AC332 高原型直升机完成首飞并获签 24 架订单；新舟 60 灭火机完成 6 吨载水量投水验证试飞，新舟 600 搜救机、应急通信指挥机完成飞机详细设计，新舟 700 完成飞机初步设计审查和自动飞行等系统关键设计评审；AS700 民用载人飞艇获得中国民航局型号合格证（TC）；“海鸥”300 轻型水陆两栖飞机获得中国民航局型号合格证（TC）；AG100 初级教练机获得中国民航局型号合格证（TC）和生产许可证（PC）；EH216–S 载人无人驾驶航空器获得中国民航局型号合格证（TC）。

在商用航空发动机方面，长江 1000A 稳步推进核心机和整机试验工作，加快项目研制；5000 千瓦级民用涡桨发动机工程验证机（AEP500）深化整机验证工作，同步开展型号研制；在通用航空发动机方面，涡轴 16 发动机实现首批 4 台交付，并签署后续订单；1000 千瓦级民用涡轴发动机（AES100）全面开展适航取证；针对未来通用航空动力需求，中小功率涡桨发动机（AEP100）和小功率涡扇发动机（AEF100）实现台架性能达标，小功率涡轴发动机（AES20）完成型号合格证申请并获受理。

三、产品订单与交付

（一）产品订单

2023 年，国产民机整机（不含无人机、天津空客合作项目产品、民用载人观光系留气球等其他航空器，下同）新增订单 415 架，其中，新增确认订单 340 架，新增意向订单 75 架。截至 2023 年 12 月 31 日，国产民机整机储备订单 2008 架，其中，确认储备订单 1112 架，意向储备订单 896 架。另外，无人机新增订单 348.8 万架，其中，新增确认订单 253.8 万架，新增意向订单 95.0 万架；无人机储备订单 101.5 万架，其中，确认储备订单 63.5 万架，意向储备订单 38.0 万架。新增国产民机整机订单情况如图 7 所示。

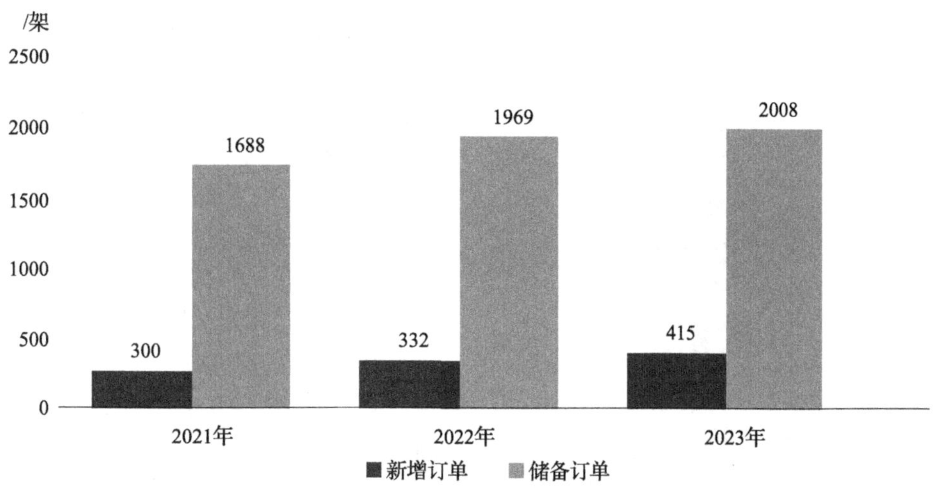

图 7 近 3 年国产民机整机订单数量

从确认储备订单情况看，干线飞机确认储备订单为 675 架，支线飞机确认储备订单为 365 架，通用飞机和直升机确认储备订单为 72 架；从订单变化看，与 2022 年相比，干线飞机、支线飞机确认储备订单数量均有所增加，通用飞机和直升机确认储备订单数量略有下降，如图 8 所示。

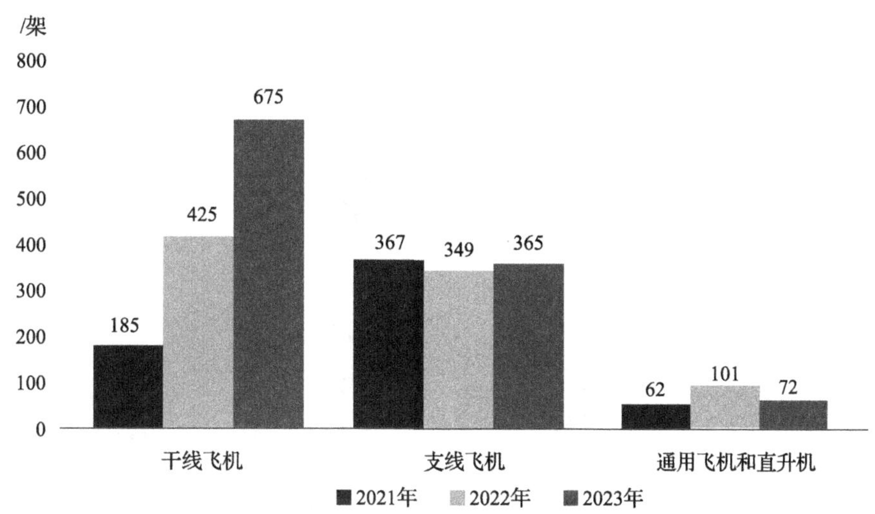

图 8 近 3 年国产民机整机确认储备订单情况

（二）产品交付

2023 年，中国民用航空产品交付金额总计 977.1 亿元。其中，民用飞机（不含无人机）整机 56.7 亿元，占比为 5.8%；民用飞机零部件、发动机整机及零部件、机载系统和设备及零部件 312.4 亿元，占比为 32.0%；民用飞机、航空发动机、机载设备、其他民用航空产品及零部件修理 413.2 亿元，占比为 42.3%；无人机产品 194.8 亿元，占比为 19.9%。2023 年民用航空产品交付金额构成如图 9 所示。

2023 年交付国产民机整机 124 架（不包括引进总装的空客 A320、A330、A350，民用载人观光系留气球，无人机等其他飞行器），比 2022 年有所减少。其中，干线客机交付 3 架，支线客机交付 24 架，通用飞机交付 95 架，直升机交付 2 架。在产在销机型主要包括：C919 大型客机、ARJ21-700 涡扇支线客机、“山河”SA60L 轻型运动飞机、DA40 NG 单发轻型飞机、DA42 系列双发四座轻型飞机、运 5B 飞机、AG60 轻型飞机、“西锐”SR20 小型活塞螺旋桨飞机、XL100 轻型运动飞机、AC311A 民用直升机等。2023 年无人机交付 322.2 万架。近 3 年国产民机整机交付数量如图 10 所示。

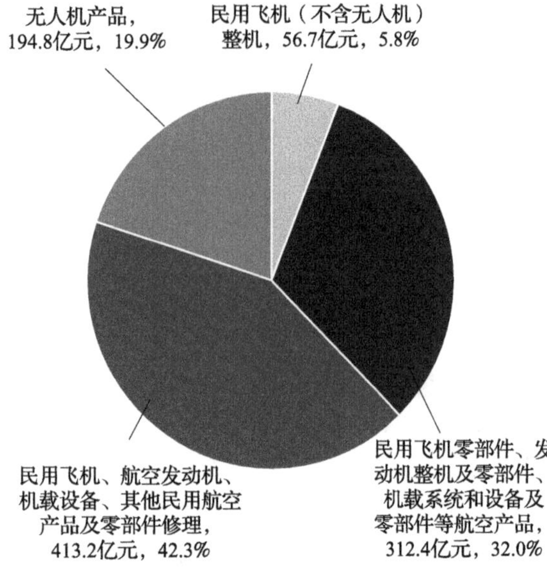

图 9　2023 年民用航空产品交付金额构成

（三）转包生产

2023 年，中国民用航空产品转包生产交付金额 20.2 亿美元，同比增长 8.0%，如图 11 所示。其中飞机零部件 11.8 亿美元，同比增长 20.4%；发动机零部件 5.4 亿美元，同比增长 35.0%；民用航空机载系统和设备及零部件 1.5 亿美元，同比增长 15.4%；其他民用航空产品及零部件 1.5 亿美元，同比下降 58.3%。受国际政治经济形势以及 2022 年基数较高影响，转包生产新增订单 12.8 亿美元，同比下降 53.1%；储备订单为 40.4 亿美元，同比下降 18.2%。

从各省、自治区、直辖市情况看，民用航空产品转包生产交付金额排名前 3 名的是陕西、四川和辽宁，分别占全国的 32.2%、19.8% 和 15.3%。前 10 名的省、自治区、直辖市如图 12 所示。

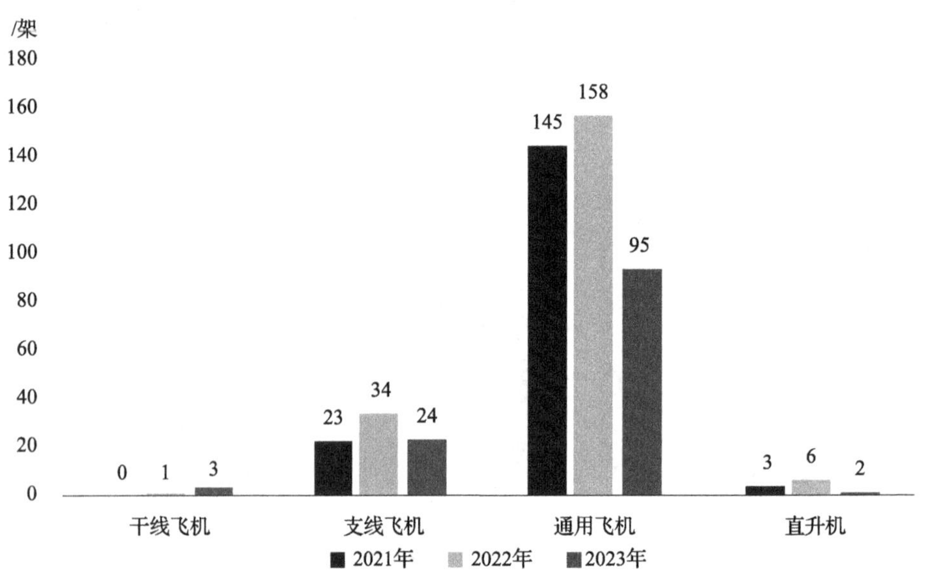

图 10　近 3 年国产民机整机（不包括无人机）交付情况

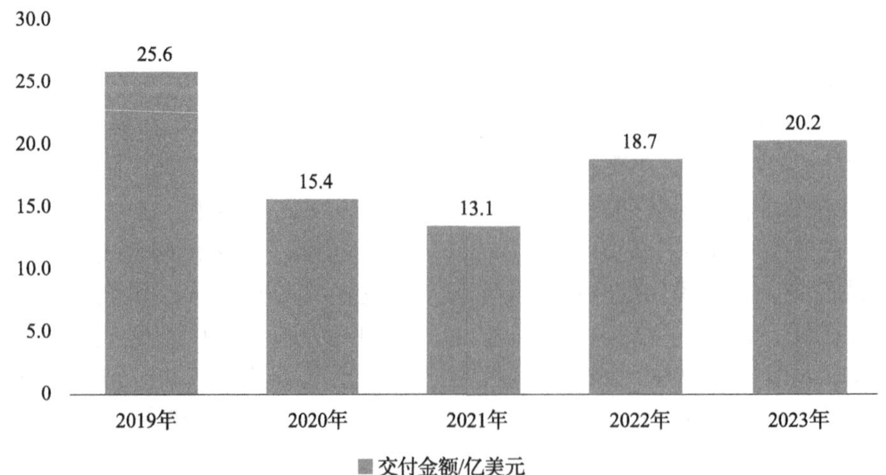

图 11　近 5 年民用航空产品转包生产交付金额

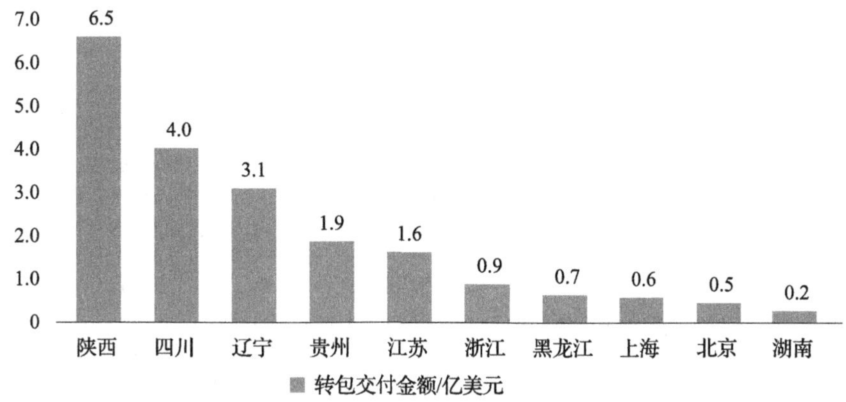

图 12 2023 年转包生产交付金额前 10 名的省、自治区、直辖市

四、国际合作与对外交流

2023 年，中国民用航空工业贯彻落实党的二十大提出的“扩大国际科技交流合作，加强国际化科研环境建设，形成具有全球竞争力的开放创新生态”的部署要求，充分利用国内国际两个市场两种资源，不断拓展民用航空工业对外合作空间和范围，着力加强航空科技创新协同，积极提升我国航空科技创新国际影响力和话语权，推动航空产业国际合作迈向更高水平。

（一）政府间对话与合作机制

6 月 19 日，工业和信息化部组织召开中俄总理定期会晤委员会工业合作分委会民用航空工作组第 18 次会议，双方同意进一步加强民用航空领域务实合作。6 月 26 日，工业和信息化部组织召开中法民用航空工业合作工作组第 8 次会议暨中法绿色航空发展论坛，双方就直升机、发动机、机载系统、商用飞机、绿色航空等领域合作交换了意见，一致认为深化国际合作有利于推动产业链融合发展，促进两国航空技术进步。

（二）企业、机构间国际交流与合作

2023 年，中国航空研究院积极参与国际航空研究（IFAR）理事会全球峰会、航空疲劳与结构完整性国际委员会（ICAF）全球大会、俄罗斯全球航空大会等高层次国际航空交流会议，并发布中国国家报告和气动、新能源等技术领域进展研究报告，参与编制《城市空运技术分析报告》，并提交国际民航组织（ICAO）理事会，成为其重要参考文件。同时，中国航空研究院落实国家高质量共建“一带一路”倡议，基于绿色航空、人工智能等基础、通用、前沿技术方向建设阿联酋技术创新联合实验室。此外，中国航空研究院主导制定并发布《民用轻小型无人机系统任务载荷接口通用要求》等 8 项国际标准，签署新一版中俄民机标准互认目录。

在企业层面，2023 年 4 月，航空工业集团与空客公司签署空客天津第二条总装线项目协议，并于 9 月举行开工仪式，预计 2026 年底交付投产，届时将形成两条单通道飞机和一条双通道飞机生产线布局。中国商飞持续深入实施 COMAC 国际科技创新周项目，稳步推进“中国商飞—波音可持续航空技术中心”工作；积极开拓海外市场，与印度尼西亚金光集团、文莱骐骥航空等签署 ARJ21 飞机购机协议，参加第六届中国国际进口博览会，会上与 GE、霍尼韦尔、CFM 国际等公司签约，积极探索有潜力、有实力、有合作意愿的国外高校和研究所，开拓合作新渠道。中国航发积极参与第三届“一带一路”国际合作高峰论坛、第六届中国国际进口博览会等重大主场外交活动，借助中法政府间民用航空合作工作组等平台，加快提升民用航空发动机研发能力。

五、产业促进与行业管理

2023 年是实施“十四五”规划承前启后的关键之年，国家层面在绿色航空、低空产业等方面加大政策支持力度，制定印发《绿色航空制造业发展纲要（2023—2035 年）》，推动我国民用航空工业绿色化、智能化发展。地方政府则立足自身基础与发展条件，积极制订民用航空产业发展实施方案、行动计划等。地方政府出台的文件及相关内容如表 2 所示。

表 2　2023 年地方政府出台的关于促进民用航空工业发展的相关文件

序号	发布地区	文件名称	航空相关内容
1	北京市	《北京市促进未来产业创新发展实施方案》	明确面向未来制造高端化、智能化、绿色化和融合化需求，在石景山、房山、顺义、昌平、经开区等区域，重点发展类人机器人、智慧出行等细分产业。智慧出行方面，聚焦新能源飞行汽车载运工具及无人化驾驶技术，支持智能网联汽车、通用航空及无人驾驶航空器等产业技术融合
2	天津市	《天津市“十四五”扩大内需战略实施方案》	明确促进通用航空业发展，支持商务飞行、应急救援和高端旅游等发展。做大做强健身休闲产业，推广航空、冰雪等新兴时尚健身休闲项目。发挥融资租赁行业集聚优势，加大对装备制造、航空航天等产业的融资支持。探索构建无人机等领域安全应急产业集群，强化航空应急救援力量建设，完善航空应急救援工作机制
3	河北省	《河北省加快建设开放强省行动方案（2023—2027 年）》	提升航空枢纽能级，有序发展通用航空，建设 A 类低空飞行服务站。支持秦皇岛、廊坊、正定、沧州等地开展船舶维修、航空维护修理和高精尖装备再制造等生产性服务，打造生产性服务贸易产业链
4	山西省	《山西省装备制造业 2023 年行动计划》	明确大力发展通用航空、新能源装备、机器人三个新兴产业集群。通用航空产业重点发展先进航空材料、专用无人机、通航飞机及零部件制造产业。全年打造 15 户以上省级智能制造试点示范企业，5 户以上省级或国家级企业技术中心，力争山西装备制造业营业收入突破 4300 亿元，增速超过 12%
5	辽宁省	《2023 年省〈政府工作报告〉任务分解和责任分工方案》	实施先进制造业集群发展专项行动，支持沈阳机器人及智能制造集群加快发展，做强做大航空装备等 12 个有影响力的优势产业集群，培育壮大 10 个战略性新兴产业集群
6	上海市	《上海交通领域氢能推广应用方案（2023—2025 年）》	适时探索氢能在水运、航空、铁路领域的示范应用的可行性。支持燃料电池在船舶、飞机、火车机车等领域的应用探索，积极推动开展技术创新和试点应用，鼓励具备条件的装备开展示范应用，持续拓展交通各领域的氢能应用生态
7	江苏省	《江苏省航空航天产业发展三年行动计划（2023—2025 年）》	主动对接服务国家和区域重大战略，系统推进自主创新、强链补链、企业培育、开放合作、融合发展等重点工作，加快打造具有国际竞争力的航空航天产业集群。南京、无锡、苏州等地区也发布了支持低空经济发展的相关实施方案和措施等政策文件，积极开展低空产业集群建设，持续加大政策供给保障力度
8	安徽省	《安徽省加快供应链创新应用行动计划（2023—2025 年）》	明确建设供应链服务平台，培育发展网络货运、共享物流、无人配送、智慧航运等新业态；支持供应链企业与中国科学技术大学现代物流与供应链安徽省重点实验室等加强合作，研发推广无人机、无人车等智能物流装备，开展供应链技术协同创新
9	福建省	《福建省新型基础设施建设三年行动计划（2023—2025 年）》	大力推广智能化农业装备；推进建设省林长制管理暨无人机应用管理公共平台，开展林业无人机全面应用，建立林业空天地一体化智能监管示范点；推动民用无人机在城市公共服务、应急管理、地理测绘、环境监测等领域应用
10	江西省	《2023 年江西省航空产业发展工作要点》	进一步完善南昌航空城、景德镇航空小镇等产业承载平台，加快建设一批教练机、直升机、大飞机及通用飞机的研发设计、总装集成、配套生产、试飞试验厂区。持续提升民航江西审定中心的能力，加强审定技术创新。发挥全省现代产业基金作用，积极引导国有资本、社会资本，加快设立航空产业基金。完善民航运输网络，加强干支通航线网络建设布局，加快推进全省通用机场建设，持续完善直升机起降点，推进全省低空空域开放。推动各设区市政府以购买服务的形式加快医疗救护、应急救援等领域通航市场培育，加大警务、救援、植保、道路巡查、物流等市场开拓力度

表2（续）

序号	发布地区	文件名称	航空相关内容
11	江西省	《江西省制造业重点产业链现代化建设“1269”行动计划（2023—2026年）》	提出了航空等12条重点产业链和6个先进制造业集群的主攻方向与发展路径，明确聚力发展教练机及直升机、民机、无人机等细分领域，到2026年，航空全产业链营业收入力争达到2500亿元。以南昌、景德镇为核心，联动吉安、宜春、九江、上饶、赣州等地，用好国家航空产业发展和低空空域开放的政策机遇，积极争取国家重大项目布局，抢占产业新赛道，着力打造在全国有影响力的航空先进制造业集群
12	江西省	《江西省航空产业链现代化建设行动方案（2023—2026年）》	依托已有基础优势和产业布局，坚持航空制造、民航运输、航空服务、临空经济“四位一体”体系化发展，重点推动教练机、直升机、大飞机、通用航空、无人机、临空经济、新兴赛道6大领域强链延链补链，以南昌航空城、景德镇航空小镇及各地市产业布局为支撑，重点打造南昌、景德镇航空先进制造及运营服务集群，支持赣州、九江、吉安、上饶等培育发展低空经济产业集群
13	山东省	《山东省无人机产业高质量发展实施方案（2023—2025年）》	强化无人机产品安全性、环境适应性、电磁兼容性等质量可靠性检测能力，带动全产业链创新能力提升。建成一批无人机“一企一技术”研发中心、创新中心、企业技术中心等创新平台
14	河南省	《2023年河南省加快5G网络建设和产业发展工作方案》	促进5G与无人机产业融合应用，推动安阳等地开展5G低空智联网示范试验项目，推进民航局安阳无人驾驶航空试验区、中国联通5G泛在低空飞行测试基地等项目建设；促进5G与北斗卫星产业融合应用
15	湖北省	《湖北省突破性发展高端装备产业三年行动方案（2023—2025年）》	支持飞机整机维修基地建设，加快推进湖北低空空域开放工作取得进展。重点突破智能制造装备、航空航天等四大领域，以武汉为核心，襄阳、宜昌、孝感、荆门为支撑，依托航空工业中国特种飞行器研究所等龙头单位和各类创新平台，突出特色航空等航空航天优势领域，加速构建航空航天产业生态圈。着力实施创新引领、产业壮大等四大工程，探索工业领域氢能替换应用，建成全国重要的氢能中心
16	湖北省	《湖北省突破性发展北斗产业三年行动方案（2023—2025年）》	明确结合交通强国建设，全面推进北斗技术在智慧机场、低空飞行等领域的规模化应用。到2025年，力争实现北斗产业规模达到1000亿元，“十四五”末产业规模占全国比重达10%以上；机场作业车辆、商用低空飞行器（含无人机）北斗导航全覆盖；市州级城市全面构建天空地一体化城市体验感知网
17	湖南省	《湖南省现代化产业体系建设实施方案》	加快发展通航整机、无人机、中小型航空发动机、起降系统和辅助动力系统，推动新型飞行器及发动机整机布局，培育壮大通航整机、大飞机机载系统、航空航天新材料等标志性产业集群。壮大大飞机配套规模，加快发展钛、铍、铝、镁轻质合金等航空航天新材料。推动中小型航空发动机军转民发展。加快轻型飞机、直升机减速传动系统、浮空器等规模化发展，大力拓展低空旅游、飞行培训、无人机物流等通航新型消费场景
18	湖南省	《湖南省培育通用航空产业工作方案》	首批布局设立省级航空航天配套产业园1个，由株洲作为实施主体，总规划面积14.8千米^2。《方案》明确，以军民融合为抓手、科创园为载体，培育和引入优质配套项目；大力发展航空维修、低空旅游、航空物流、飞行培训、公务航空、航展赛事等服务；推动开展军民两用新材料、通用航空等领域的技术研发、成果转化；到2025年，力争配套产业园产业规模突破500亿元
19	湖南省	《关于全面加强新形势下森林防灭火工作的实施方案》	明确加强航空救援力量。加快建设场站、起降点、取水点、实训基地等航空消防基础设施，重点建设省航空应急救援基地。机源力量建设以省为主、租购并举，县市区重点发展无人机应急服务。推动行业（企业）组建机队，补充航空应急力量。突出航空灭火等装备建设，加快配备无人机等技术装备，探索研发灭火无人机等悬崖火灭火装备。2025年年底前，森林航空消防覆盖率达到90%以上

表 2（续）

<table>
<tr><th>序号</th><th>发布地区</th><th>文件名称</th><th>航空相关内容</th></tr>
<tr><td>20</td><td>广东省</td><td>《广东省关于进一步加强水上搜救应急能力建设实施方案》</td><td>明确建强空中应急救援队伍。推进国家专业力量配备中远程固定翼飞机、大中型直升机等装备。加快实现救助直升机夜航。鼓励支持民用航空器参与重特大水上突发事件的人员搜救。加强空中救援队伍日常演练，提升救援队伍业务能力。完善救助飞机应急保障机制，针对日常巡航、演习演练、应急搜救等，研究进一步简化评估和审批流程。支持无人机参与沿岸、近海搜寻，提高人命搜救成效</td></tr>
<tr><td>21</td><td rowspan="2">重庆市</td><td>《关于加快推进以卫星互联网为引领的空天信息产业高质量发展的意见》</td><td>明确加快通导遥融合，率先建成综合应用示范区，依托广覆盖、低时延、高带宽卫星互联网服务，有机融合北斗定位能力，推动国家级车联网先导区、国家民用无人驾驶航空试验区、自动驾驶测试基地场景再造，率先实现全域覆盖复杂环境下的新一代无人驾驶技术应用，并在能源电力、交通物流等领域提供通导一体的授时授频、远域通信、高精度位置服务。截至目前，重庆基本形成通用航空“整机 + 核心部件 + 配套制造 + 运营 + 服务 + 金融”全产业链</td></tr>
<tr><td>22</td><td>《重庆市加快推进北斗产业高质量发展行动计划（2023—2025 年）》</td><td>围绕加快构建北斗产业生态、积极拓展重点领域应用等四个方面提出 16 项重点任务，其中明确，支持测绘、应急通信、无人监测等北斗终端产品研制，丰富北斗产品形态；推动北斗在无人机 / 机器人自主巡检等场景应用，提升电力系统智能化管理水平；鼓励农机装备配置北斗终端，拓展无人机植保、农机自动驾驶作业等应用</td></tr>
<tr><td>23</td><td rowspan="2">贵州省</td><td>《支持安顺市建设贵州航空产业城的若干政策措施》</td><td>围绕推动航空装备制造业发展、加快民用航空业发展、支持航空产业数字化转型发展等八大方面提出了 30 项支持措施，包括加快培育壮大通用航空制造产业、加快无人机试验试飞基地等航空产业重大项目建设、支持建设通用航空空管信息服务站、支持发展“通航 +”特色产业等</td></tr>
<tr><td>24</td><td>《贵州航空产业城总体发展规划（2022—2035 年）》</td><td>2030 年前形成以航空产业为引领的现代化产业体系，到 2035 年，总产值达到千亿规模。打造“三区一基地”的战略定位，“一核两翼三融”的产业体系，重点强化航空装备制造业这一核心能力，做实民航运输业和通用航空业</td></tr>
<tr><td>25</td><td>云南省</td><td>《云南省民航强省建设三年行动（2023—2025 年）》</td><td>围绕空管保障能力提升行动、通用航空发展行动等 7 大方面，提出推动空中交通协同管理、稳步建设通航基础设施、提升低空飞行服务保障能力、持续壮大通航服务市场等 26 项主要任务，包括建立政府主导、行业支撑、企业参与、军地联合的空中交通协同管理机构，加强《云南省通用航空条例》等政策法规的研究制定，支持大理、丽江、红河建设无人驾驶航空试验基地（试验区）等具体任务。文件提出 2025 年发展目标，全省航空业年生产总值达到 400 亿元以上</td></tr>
</table>

第二部分

主要地区发展情况

北京市

一、本地区基本情况

2023 年，北京市民用航空工业规模以上企业 29 家。其中，航空器制造企业 3 家，航空相关制造企业 8 家，飞机维修企业 3 家，其他科技推广服务企业 15 家。

二、生产经营情况

北京市民用航空工业调查中，纳入统计口径的民营企业 6 家，工业总产值 162.24 亿元。

三、主要产品

民用飞机（含无人机等）主要包括：垂直起降复合翼无人机、交叉双旋翼无人直升机、智能网联无人机等。应用于空中巡查、警务工作、应急救援、物流运输等领域。

航空发动机、机载系统和设备主要包括：航空发动机单晶叶片、高温合金涡轮叶片、自动飞行控制系统、航空陀螺仪表、速率陀螺、加速度计、无线电高度表、综合显示设备及航空电表等，复合材料（简称复材）机匣、钛合金铸件、民用直升机发动机燃油调节系统等。

相关产业的产品及服务：航空配套服务、航空维修等。

其他民用航空产品主要包括：空域管理和机场调度平台、机场塔台辅助指挥信息系统等。

四、产品开发与技术进步

1. 北京飞机维修工程有限公司围绕工装设备开发、信息化数字化建设、新能力建设、新工艺研发、技术应用探索等持续开展科技项目，2023 年在研科技项目超 300 项，全年研发投入同比增长 59%，参与项目人员数超 1400 人。与同民航相关的高等院校长期开展科技创新合作，共同承担政府项目；与南京航空航天大学联合申请并获批为“民航飞机健康与智能维护重点实验室”依托单位。

2. 北京汉飞航空科技有限公司（简称汉飞航空）在航空发动机关键核心部件加工制造技术领域创新突破，先后与中国航发北京航空材料研究院设立航空发动机涡轮叶片电加工技术联合实验室，与中国航发西安航空发动机有限公司建设航空发动机整体叶盘电加工联合实验室。

3. 北京科荣达航空科技股份有限公司（简称科荣达）已成功研制多台拥有核心技术知识产权的专用检测与试验设备，在机、电、液部件综合检测与试验技术方面取得多项突破。科荣达成功拓展检测设备研制 / 定制的市场，为中国国际航空股份有限公司（简称国航）、中国南方航空集团有限公司（简称南航）、海南航空控股股份有限公司（简称海南航空）、中国东方航空集团有限公司（简称东航）等航空公司提供配套部件维修服务及测试设备研制服务。

4. 北京金轮坤天特种机械有限公司，是中国机械工业集团有限公司下属的国有控股企业，致力于机场地面保障等领域的技术创新和生产服务，拥有飞机牵引车、热喷涂设备及涂层、航发装配设备、灯光车等多项产品，技术处于国内领先地位。

5. 中航复合材料有限责任公司（简称航空工业复材），是国内航空复合材料的龙头企业，是我国航空复合材料的技术先锋，是中国航空工业集团有限公司复合材料研发及工程化应用研究中心、技术成果孵化和转移中心，并为主机厂提供技术和服务。航空工业复材在航空级别的 NORMEX 蜂窝、航空高性能树脂、航空高性能预浸料及其复合材料等市场均具有较高的市场份额。

五、对外贸易与合作

在对外合作方面，北京飞机维修工程有限

公司与土库曼斯坦航空达成了多产品合作模式，开发协同效应，为其提供一站式综合性服务；与韩亚航空持续巩固开展发动机维修业务；与汉莎航空、国泰航空等客户开展飞机维护项目；与越南航空开展 APU 维修业务。深化网络化合作模式，对卡塔尔航空的服务产品广度从 1 个站点延伸至 6 个站点，产品深度从航线维护放行拓展至 2023 年的 S 检，实现新合作领域的尝试与创新。开展与 OEM 厂商的合作，2023 年获得霍尼韦尔制造的 GTCP 331-500 APU 全球维修授权许可，开启 APU 大修业务国际化元年，为更多霍尼韦尔 APU 用户提供相关维修服务。

六、重大基础设施建设

1. 顺义区航空航天高端制造涵盖研发设计、零部件制造及配套保障三大产业链环节。其中，在研发设计环节，重点实施项目 2 个（在批项目 1 个，在建项目 1 个），总投资共计 19.69 亿元，预计形成年产值 5.93 亿元；在零部件制造环节重点实施项目 11 个（在批项目 3 个，在建项目 8 个），总投资共计 52.76 亿元，预计形成年产值 62.9 亿元；在配套保障环节，重点实施项目 1 个，总投资 22.42 亿元，预计 2026 年竣工，投产后预计形成年产值 50 亿元。

2. 延庆区盘活园区闲置厂房 1.3 万米 ^{2}，建设无人机产业创新基地。建设 2.8 万米 ^{2} 集无人机研发、组装、试飞空间于一体的无人机创新园，一期已于 2023 年投入使用。航天时代飞鸿延庆无人系统产业基地项目，规划建设面积约 13 万米 ^{2}，计划投资 12 亿元，一期已于 2023 年开工建设，计划 2024 年完成主体结构建设、2025 年 6 月投产。

七、行业管理

1. 顺义区航空航天产业以航空维修、航空服务、航空物流等民航业务起步，先后承接航空工业集团、中国航发、航天科技集团央企产业转移，引入航空发动机关键部件、航空复合材料、航空电子及宇航核心产品等制造能力，建设中航工业北京航空产业园、顺义航天产业园，推动汉飞航空、智创联合、安达泰克等区内重点民营企业创新发展。在航空航天高端制造领域，形成以中航工业北京航空产业园、顺义航天产业园、元航天汇硬科技智造谷为主，重点企业多点分布的产业布局，全区航空航天重点制造业企业共 20 家。

2. 延庆试验区以“通航 + 无人机 + 智能制造 + 数字经济”融合发展为目标，重点围绕工业级无人机产业领域，打造无人机产业科技成果转化基地、行业应用类无人机产业集聚区、“无人机 + 应用”模式与产业融合示范区。将无人机产业作为四个重点培育产业之首，明确“一园两区”发展格局，整合“八达岭—康庄片区”，规划无人机研发制造、无人机试验试飞、新材料产业、新能源与节能环保产业五大功能组团，建设“北京市无人驾驶航空示范区”。已集聚航天时代飞鸿、远度互联、清航装备、第四范式等 97 家无人机企业，涵盖研发设计、通信链路、传感设备、检验检测、组装制造、教育培训、飞行反制等多个领域。

3. 丰台区聚集了 59 家低空经济相关企业，涵盖航天科技一院、航天科工三院、航天科技十一院等低空制造类企业；中国星网、中船海丰等低空保障类企业；英视睿达、睿宸研究院等低空飞行数据应用类企业；新兴际华、北京联航、中翼领航等综合服务类企业；中国通号、交控科技等已跻身低空管控领域的轨道交通企业。结合丰台区产业和地域特点，以创新和技术研发为重点，布局高端制造、低空保障、检验检测、应用服务等四个产业链关键环节，加快低空经济产业园和北京市低空产业示范区建设。

4. 房山区完善无人驾驶航空器新型基础配套设施，推进城市低空数字基础设施建设，布局通信感知一体化低空智联网，开发低空新航行系统。推进通用航空应急救援在房山区的应用示范，建立完善无人机综合应急救援执勤备战机制。

5. 海淀区航空经济主要集中在航空产业链的生产研发制造环节，在关键核心材料方面掌握核心技术，具有行业领先优势，在航空电子、大型无人机、模拟仿真等领域实现了关键技术突破，充分利用信息产业优势，提升芯片、元器件、仪器仪表等在航空领域的自主可控和产品应用；通过工业软件、智能制造赋能航空工业，推动航空工业的数字化、智能化发展。海淀区将进一步扶持现有优势产业做大做强，同时利用区位优势，抓住关键核心技术，进一步优化产业结构，提升产业竞争力。

6. 平谷区依托石佛寺机场、金海湖机场等良好空域条件，正在积极申请建设无人驾驶航空试验区和空中交通管理试点。依托马坊物流园区拟搭建无人机短途物流运输新场景，吸引更多的物流无人机企业落地。

天津市

一、本地区基本情况

天津市民用航空工业主要分布在天津经济技术开发区、天津港保税区、滨海高新区等区域，是全国三大民用干支线飞机生产基地之一。2023 年，天津市民用航空工业重点企业 26 家，其中，飞机总装、维修及配套企业 13 家，主要有空中客车（天津）总装有限公司、天津波音复合材料有限责任公司等；直升机生产、维修及配套企业 6 家，主要有天津直升机有限责任公司、天津海特飞机工程有限公司、天津飞悦航空科技股份有限公司等；无人机研发制造企业 7 家，主要有天津云圣智能科技有限责任公司、一飞智控（天津）科技有限公司、天津飞马机器人科技有限公司、天津飞眼无人机科技有限公司等。

二、生产经营情况

2023 年，天津市民用航空工业规模以上企业实现工业总产值 36.37 亿元，同比增长 14.7%。全年总装交付空客系列飞机 66 架，生产 AC 系列直升机 2 架，生产各型号无人机 4500 余架。

三、主要产品

（一）民用飞机

空客系列飞机：主要有 A320 系列、A350 系列飞机，具备月总装交付 6 架 A320 飞机和交付 2 架 A350 飞机的能力，约占空中客车公司生产总量的 8%。截至 2023 年底累计交付 A320 系列飞机 669 架、A350 飞机 22 架。

直升机：AC 系列直升机。

无人机：主要有中小型无人机、中大型多用途无人机等，重点研发长航时、大载重、智能化无人机，以及固定翼、多旋翼中大型无人机等新机型，产品广泛应用于消防救援、快递物流、环境监测等行业领域。

（二）机载设备与系统

主要包括航空配电系统、防灭火系统、环控系统、发动机点火系统等研制生产，产品涉及 500 余个品种，同时具备电源特性、气候环境等试验能力，广泛应用于 C919、“鲲龙”600、“新舟”系列等飞机。

（三）航空配套产品

主要包括空客飞机机翼和机身系统总成、钛合金紧固件、飞机用涂料、密封胶、风挡玻璃、客舱玻璃、座椅、复合材料件、结构件和内装饰件等产品，以及飞机模拟飞行训练设备、工程仿真平台等配套装备。

（四）航空维修、改装及服务

依托中航锦江、古德里奇、庞巴迪、天津海特公司等企业，重点发展飞机整机维修、部附件维修、客改货等业务，提供飞机维护、修理、整修和机队技术管理等服务；为空客飞机提供短舱组装及维修服务；为 A320 飞机提供深度检测，为其他飞机提供深度大修服务；为飞机租赁提供服务等。

四、产品开发与技术进步

2023 年，A320 天津第二条总装线开工建设，在现有厂房新建一条 A320 生产线，达产后将实现 A320 飞机产能翻番。天津波音公司厂房新建及改扩建项目稳步推进，新增工艺设备 150 台（套），进一步提升产品能级。逐步形成 AC 系列型号直升机生产能力，AC312E 型号形成批产能力，正积极拓展 AC332 型号。

五、行业管理

一是强化政策支撑。深入实施《天津市制造业高质量发展行动方案》和《天津市推动制造业高质量发展若干政策措施》，对补足航空航天产业关键环节短板的重点项目，以及取得国家及国际民用航空器型号合格证、生产许可证、维修许可证等证书的企业，予以资金政策支持。

二是优化营商环境。成功举办第六届中国天津国际直升机博览会，吸引全球20多个国家和地区350余家企业参展。组织召开航空产业链专题对接会，集中解决企业用工、审批、人才、上下游供需对接等方面的问题，为企业纾困解难。支持企业创新平台建设，完善科研成果转化机制，推动有关企业科技奖励项目申报，提升产业创新能力。

三是完善人才保障。充分发挥天津市航空航天、无人机和新材料等创新创业人才联盟作用，依托天津大学、中国民航大学等高校院所，建立航空航天产业链专家顾问团，组织开展航空航天专业职称评审。大力引进符合产业高质量发展需求的专业人才，推动人才供给与产业发展形成协同效应，建立多层次的人才队伍。

河北省

一、本地区基本情况

河北省现有规模以上民用航空企业2家，分别是中航通飞华北飞机工业有限公司、惠阳航空螺旋桨有限责任公司。2023年，河北省航空企业秉承“航空报国、航空强国”使命，坚持“以航空制造为主体，以整机服务和航空零部件为配套”，努力将产品做优做精、将产业做强做大，为国家建设和经济发展做出更大的贡献。

二、生产经营情况

2023年，航空产业主营业务收入3.46亿元。其中，中航通飞华北飞机工业有限公司实现营业收入3.26亿元，惠阳航空螺旋桨有限责任公司实现营业收入1993万元。

三、主要产品

（一）民用飞机

运5B飞机，为进一步提升飞行性能、强化产品核心竞争力，实施换装涡桨发动机项目，已完成首飞，正在进行取证工作；“小鹰”500飞机，具备完全自主知识产权的轻型飞机，填补了我国通用航空领域4～5座轻型多用途飞机的空白；赛斯纳208B系列多用途飞机，具有飞行速度快、商载大、可在未铺筑的跑道上起降、经济性好、可靠性高、维护简便等特点。“国王”350飞机，具备高品质的客舱管理系统，可以满足客户多种长途或高技术任务需要。

（二）配套设备

航空螺旋桨系统、直升机旋翼系统、复合材料叶片、轴流风机等技术水平处于国内领先地位，先后获得50多项国家、国防科工系统科技成果奖。自主研发的AG600大型水陆两栖飞机配套的JL–4A/1螺旋桨取得螺旋桨生产许可证，成为国内首款自主研发并同时获得型号批准和生产批准的复合材料螺旋桨。

四、产品开发与技术进步

（一）民用飞机

运5B灭火型飞机实现首飞；运5U物资投送型项目完成试飞、地面试验及货物投放试飞等任务目标；运5B飞机换装涡桨发动机项目完成性能、操稳、最小机组试飞大纲批准；配合中国特种飞行器研究所完成“海鸥”300飞机型号合格证取证。

（二）配套设备

JL–4A/1螺旋桨是首次针对民用飞机开发和研制的复合材料螺旋桨，为大型灭火/水上救援水陆两栖飞机配套，提升我国航空螺旋桨研发及生产能力，推动我国螺旋桨飞机产业的发展，2023年配合主机全面完成科研试飞工作；先后开展超大功率民用螺旋桨完成技术验证机螺旋桨交付及雷击、鸟撞等验证试验。新研直升机涵道尾桨随主机顺利完成首飞，功能性能实现良好。

五、对外贸易与合作

中航赛斯纳飞机有限公司与德事隆集团深入合作，不断开拓国内通用航空市场。

山西省

一、本地区基本情况

2023 年，山西省规模以上民用航空工业企事业单位 1 家，为太原航空仪表有限公司，隶属于中国航空工业集团有限公司，是从事基础技术研究、产品研发、生产制造于一体的大型骨干企业，现有从业人员 1500 余人，建有国家级企业技术中心、山西省航空仪表工程应用中心，下设集成系统研究所、敏感元件研究所、传感器技术研究所、民机工程部、工程技术部，以及 5 个航空产品配套生产厂。

2023 年，太原航空仪表有限公司依托在航空机载大气数据系统领域的领先地位和行业影响力，以“聚焦首责主责主业、创造卓越感知能力”为目标，面向市场需求组建了西安研发中心，面向基础研究和工程研发成立了创新中心；以“优秀”等级高分通过国家级企业技术中心评价；与中国气象局人工影响天气中心签订战略合作框架协议，共建机载大气物理探测联合实验室；机载大气环境探测山西省重点实验室通过评审；与人工影响天气中心协同搭建 1 个联合实验室；荣获第八届中国航空创新创业大赛创新组三等奖 1 项，集团科学技术奖 4 项，中国航空学会科学技术特等奖 1 项；获批省级创新类项目 8 项。

二、生产经营情况

2023 年，山西省民用航空及相关产品收入 1858 万元。

三、主要产品

山西省在民用飞机的产品配套领域起步早，主要为自主研发生产的各类航空仪表及气象探测设备，产品分为以下 4 类：

1. 为运输类大飞机配套大气数据系统、失速告警系统、集成式备用仪表、管路系统零部件、传感器，以及热量管理零部件等；

2. 为小型通用飞机（含 eVTOL）配套航电系统，包含综合显示处理单元、电子飞行仪表、大气航姿基准系统、发动机参数采集器、空速表、高度表、升降速度表等；

3. 为民用直升机配套多功能显示器、大气数据系统、综合备份仪表等；

4. 为特种气象飞机配套人工影响天气宏观气象参数探测任务系统等。

四、产品开发与技术进步

2023 年，山西省重点在运输类飞机、民用直升机、小型通用飞机（含 eVTOL）、特种气象飞机领域，开展产品开发与配套以及技术合作等工作。

在运输类飞机配套领域，以市场需求为牵引，以适航取证为抓手，多项关键机载设备完成适航取证，成熟度得到进一步提升和验证。

在民用直升机配套领域，备份飞行显示器、多功能显示器、大气数据系统等完成零部件鉴定试验，局方正式介入软硬件成熟度评价和确认。

在小型通用飞机配套领域，具备高性价比航电系统架构设计能力，大气航姿基准系统、发动机参数采集器完成随机取证，有计划地对标国际先进产品和供应商（Garmin Dynon 等）开展经济性设计优化迭代；大气数据系统、集成式备用仪表系统、热量管理等专业产品在 eVTOL 头部企业有序开展项目合作。

在特种气象飞机配套领域，与中国气象局人工影响天气中心签订战略合作框架协议，共建机载大气物理探测联合实验室；与云南、广西、四川、辽宁、榆林等省市人工影响天气办公室及中航无人机、四川腾盾科技有限公司等大型无人机配套单位形成气象任务系统合作；与南京大桥机器有限公司等单位就“典型大气环境监测系统”开展联合研制；完成“山西省气象灾害预报预警服务能力提升工程”可行性研究报告；配合北京人工影响天气中心论证大型冰风洞气象参数集成测试项目。

在体系建设方面，融合已有设计研发体系，逐步形成能够满足局方和市场要求的研制体系。

五、重大基础设施建设

2023 年，山西省全年完成固定资产投资总额 3600 万元，太原航空仪表有限公司 203 综合生产厂房正式启用，高品质、高流速风洞完成交付使用；高压导管项目、钛合金研究项目稳步实施。

内蒙古自治区

一、本地区基本情况

内蒙古自治区的航空工业处于起步阶段，已开展若干基础建设。部分盟市正在开展小型飞机以及无人机项目建设，大多属于组装项目，产品技术含量不高，具有自主知识产权的产品不多，投产达产项目较少。据统计，全区有2家投入试生产的企业，主要生产轻型飞机和无人机。

二、生产经营情况

2023年内蒙古自治区有2家生产企业：

内蒙古中科世源生态科技有限公司，主要生产CQ8-JY、CQ8-SF和CQ16-NY无人机，用于农业遥感测量和草原病虫害防治。

内蒙古易飞航空科技有限公司，主要生产植保无人机、火情监测无人机和农田测绘无人机，用于农林灭虫、火情监测、农田测绘和农作物实时监测。

三、主要产品

轻型飞机、无人机和临近空间飞行器（飞艇）。

四、产品开发与技术进步

内蒙古工业大学团队开发了“鸿雁”系列产品，完成了包含起降、巡航、变向、着陆等科目测试在内的首次飞行验证试验，主要面向各类巡检任务，如河流水文、草场、森林、风电装备的长航时全天候不间断巡检工作。研发的无人机具有航时长、航程远、载重大、速度快等特点，可为内蒙古自治区各类巡检、应急保障、勘探测绘、通信中继、物资运输、警情处理等多场景需求提供解决方案。

五、行业管理

内蒙古自治区积极推动本地区航空工业的发展，将加强同民用航空工业发达地区合作，引进高技术人才，力争在通用航空制造领域实现突破。

辽宁省

一、本地区基本情况

截至2023年底，辽宁省共有各类从事航空器及零部件生产、设计开发的企事业单位170余家，直接从事航空产业的人员达4万余人，高级科技人员近5000人。其中，规模以上民用航空工业企业32家，行业企业现有省级企业技术中心12个，省级重点实验室19个，省级专业技术创新中心7个，全省形成了沈阳、大连等重点地区航空产业基地。沈阳是国家发改委批准建设的民用航空产业国家高技术产业基地，是全国唯一具备300余名研发人员与国外研发人员共用平台进行设计并成功进行商用飞机设计的城市。在民用航空领域，拥有40余年国际转包合作经验。

二、生产经营情况

2023年，辽宁省规模以上民用航空工业实现营业收入32.99亿元，同比下降10%。其中，航空、航天器及设备制造营业收入28.6亿元，航空航天器修理营业收入2.8亿元，智能无人飞行器制造营业收入1.59亿元。

三、主要产品

（一）民用干、支线飞机大部件

中航沈飞民用飞机有限责任公司（简称沈飞民机）与波音、空客、中国商飞公司等知名航空制造企业均建立了稳定的合作关系，产品涉及中国商飞ARJ21尾段、吊挂、全机电缆、无线电架、电源中心，C919后机身前段、吊挂、垂直尾翼（简称垂尾）、辅助动力装置（APU）门；空客公司A220前机身、中机身、后桶段、尾锥、舱门，A320机翼前缘；波音公司波音777/777–9前扭力盒壁板、翼尖，波音787–8/9/10垂尾前缘。承担波音777、空客A321、波音767飞机的口框、舱门等工作包的客改货任务。航空工业–波音创新中心（MIC）和中国商飞上海飞机设计研究院机体设计中心相继落户沈阳，民机大部件研制能力跻身世界一流行列。

（二）航改燃气轮机

中国航发燃气轮机有限公司（简称中国航发燃机公司）是国内唯一具有完全自主知识产权的燃气轮机（简称燃机）研发试验、制造集成、成套维护于一体的轻型燃机产业中心，拥有以“太行”7、“太行”15、“太行”25、“太行”110四种型号燃机为主的燃机产品核心技术，具备燃机部件、系统和整机的自主研发和生产能力。以“太行”发动机为基础，派生发展的7兆瓦级轻型工业燃机，用于海上平台、舰船动力、工业发电和机械驱动等领域；“太行”15燃机是在“太行”7燃机基础上新研的功率15兆瓦级燃机，用于船舶动力、工业发电、管线增压等领域；“太行”25是全面国产化改进研制的25兆瓦级燃机，用于分布式供能、管道增压、联合循环电站等领域；“太行”110燃机是我国第一台拥有自主知识产权的E+级重型燃机。

（三）通用飞机

固定翼通用飞机主要产品：辽宁联航神燕收购泰克南系列三款通用飞机生产线，获得在中国生产制造、销售及售后服务授权，泰克南飞机主要作为飞行培训初教机，也可用于短途运输、空中游览、自驾游玩等。“小熊”越野飞机国内生产制造项目是符合中美适航双边协定TC/PC分离的首个美国飞机型号批准在中国生产的整机及零部件项目，越野飞机可在水上、雪地、河滩等恶劣环境下起飞和降落，无需机场，适合我国通航机场少、航班航线少的偏远地区。

固定翼新能源通用飞机主要产品：辽宁通航研究院是全球最早开展新能源电动飞

机型号研制的科研机构之一，初步形成新能源电动飞机的系列发展体系，先后研制锐翔系列电动飞机，包括双座电动飞机（RX1E、RX1E-A）、四座电动飞机（RX4E）、水上电动飞机（RX1E-S）、电动滑翔机（RX1E-H）、电动直升机（RX1E-Z）、四座氢内燃飞机（RX4E-H）。其中，RX1E 双座电动飞机是世界首款获得适航证的电动飞机；RX1E、RX1E-A、RX1E-S 飞机是世界仅有四款取得电动飞机适航证中的三款机型。自主研发的锐翔系列通航电动飞机实现量产，沈阳成为具备新能源电动飞机量产能力的城市。

（四）无人机

沈阳无距科技有限公司研制的“辽”系列矢量多旋翼无人机利用倾转技术，凭借 X 形独立旋转旋翼结构，可任意改变飞行模态并保持精准悬停，可应用于全向巡检、警用追踪、现场取证等场景。辽宁大壮无人机科技有限公司生产的“大壮”系列无人机，是油动直驱多旋翼无人机，主要用于农林植保。辽宁力德航空科技有限公司针对“大疆”无人机研发自主品牌的便携式无人机操控箱、变焦云台、螺旋桨安装结构、油电混合动力多旋翼无人机飞行器、无人机精准投放系统等。辽宁陆吾科技有限公司专注于低空安防领域设备及相关软件，产品包括有/无源雷达、光电、全项干扰、激光、无人机屏蔽器、地面/水下排爆机器，以及一体化指挥系统软件。辽宁航天宏图无人机科技有限公司、辽宁慈航飞行科技有限公司、傲得（辽宁）通用航空技术有限公司主要产品有植保无人机、警用无人机、消防救援无人机、农业无人机等。

（五）航空机载设备及其他民用航空产品

沈阳西子航空产业有限公司是国内具备复合材料实验室分析、零部件制造、无损检测等全工序制造和检验能力的企业，是承担 C919 大型客机机体结构件研发制造任务的民营企业供应商，产品包括蒙皮类零件、内饰件、短舱、全复材飞机等。辽宁华天航空科技股份有限公司从事航空航天复杂构型零部件加工和工艺装备研制，攻克大尺寸航空钛合金四层超塑成形技术、超塑扩散焊接技术。大连长之琳科技股份有限公司航空卡箍技术国内领先，确立全品类航空卡箍标准，产品全面覆盖国内各量产及新研机型，其中隔热产品用于涡轴类、涡桨类发动机，以及辅助动力多系列型号。大连四达高技术发展有限公司是国内航空航天飞行器数字化装配系统的主要供应商和整体解决方案服务商，产品包括飞机数字化装配生产线以及数字化工厂、机器人柔性装配系统、数字化机器人制孔压铆系统、AGV 机器人智能输送系统。忠世高新材料股份有限公司是具备从中间合金生产、钛合金铸锭熔炼、钛合金管材加工到钛合金石油专用管制造全流程生产的高新技术企业。

凌海金城航空器材有限公司和锦州华兴航空器材有限公司是从事民航客机内饰件的生产企业，两家公司均获得中国民用航空局颁发的零部件制造人批准书、技术标准规定项目批准书、重要改装设计批准书、国内主要航空公司供应商认可证书、ISO9001 质量体系认证。具有模具设计制造，机械加工，金属压铸，非金属注塑、挤出、吸塑等设计加工能力，产品涉及波音、空客系列多种机型，分为塑料制品、金属件、纺织品、隔离棉、货舱地板壁板五大类和 16*g* 客舱座椅发泡垫。

（六）航空维修服务

南方航空沈阳维修基地主要承担民航客机维修安全保障任务，先后取得麦道 90、空客 A300 和 A320 系列飞机全级别检修能力以及整机喷漆能力，获得美国联邦航空局（FAA）机体维修资质，民用航空器改装设计委任单位代表（DMDOR）授权资质，为民航东北地区首家进口航空器授权单位。

四、产品开发与技术进步

（一）中国航发燃机公司多款燃机产品取得突破

“太行”110 重型燃机通过产品验证鉴定：2023 年 6 月，中国航发燃机公司自主研制的“太行”110 燃机成功通过产品验证鉴定，标志着拥有自主知识产权的 110 兆瓦级重型燃机通过了整机验证，填补了国内该功率等级产品空白。“太行”110 燃机设计功率 110 兆瓦，具有起动迅速、综合热效率高、维护简便等优点，可使用燃油、天然气及中低热值气等多种燃料发电，可应用热电联产、天然气调峰电站、联合循环发电等多个领域。

我国首台国产海上平台燃机正式投入使用：2023 年 10 月，中国航发燃机公司自主研制的“太行”7 燃机，在我国海上油气平台成功“点火”运行，这是我国首台具有完全自主知识产权，正式在海上油气平台上投入使用的燃机。“太行”7 是中国航发燃机公司自主研制的 7 兆瓦级燃机，具有功率大、起动快、能耗低、维护简便等优点。

（二）辽宁通用航空新能源航空器研制取得积极进展

2023 年，辽宁通用航空研究院重点围绕四座电动飞机、四座电电混合动力飞机、轻型电动直升机和四座氢燃料内燃机飞机开展研发攻关。一是突破飞机电推进系统布局优化技术、高功率密度氢燃料电池系统集成设计技术、高安全性锂电池技术、高可靠性高功率密度电机及控制器设计技术、轻型电动直升机验证机多学科设计优化研究、高效率旋翼研究、高效率电动力系统集成技术研究、辅助飞行系统、氢燃料内燃机飞机总体优化技术、集成测试和安全保障技术、适航符合性验证方法等关键技术。二是研制的首款四座氢燃料内燃机飞机验证机完成首飞，此飞机搭载一汽集团基于“红旗”汽油机研发的国内首款 2.0 升零排放增压直喷氢燃料内燃机，是我国自主研制的第一架以氢内燃机为动力的通用飞机。三是生产的 RX1E-S 锐翔双座电动水上飞机在甘肃省永靖县完成交付试飞，标志着全球首款双座电动水上飞机已经具备交付条件。

五、重大基础设施建设

（一）打造沈阳航空航天城千亿级核心片区

2023 年 6 月，以“央地合作 振兴沈阳”为主题的沈阳航空航天城千亿级核心片区开发对外发布，沈阳航空航天城作为沈阳航空产业北部核心片区，规划占地 79.25 千米^2，计划总投资 640 亿元，分三期开发实施，重点发展航空、航天、空天衍生产业，以及配套服务业“3+1”产业体系。打造全球重要的空天技术策源地、具有全国影响力的空天生态城、沈阳航空航天产业的关键引擎。

（二）围绕龙头企业配套规划建设航空配套园区

沈阳航空动力产业园，围绕航空发动机头部企业中国航发黎明配套需求，打造国内知名的航空动力集群，航空动力产业园浑南片区完成机匣、中小件、盘轴等项目厂房工程建设，部分设备已进场安装，浑南片区实现部分投产，苏家屯片区黎明试车台完成工程建设；沈北航空配套产业园，以满足飞机整机头部企业沈阳飞机工业（集团）有限公司（简称航空工业沈飞）配套需求为主线，重点布局航空新材料、航空零部件及生产生活配套服务项目，打造国内知名的航空配套基地；燃机配套产业园，依托头部企业中国航发燃机公司牵引，打造具有完全自主知识产权，集燃机研发试验、制造集成、成套维护于一体的国内一流燃机产业集群；民机产业配套园，依托沈飞民机，引进复材、精密加工、部件装配等供应商项目，正规划建设国内知名的民机航空配套集群。沈飞复材加工中心及钛合金增材制造中心两个项目入驻沈飞航空配套产业园，完成厂房工程建设。

六、行业管理

（一）强化顶层设计和组织领导

2023 年，辽宁省将航空装备产业集群作为 22 个重点产业集群之一，成立了由省领导牵头的工作专班，初步形成《辽宁省航空装备产业集群发展行动方案》，提出支持创新体系建设、提升集群化发展水平、强化基础配套能力、发展先进航空制造能力 4 个方面 11 项重点任务。结合区域产业基础和优势，沈阳市出台《沈阳市航空航天产业中长期发展规划（2023—2030 年）》《沈阳市航空航天产业发展三年行动计划（2023—2025 年）》，明确产业发展目标和实施路径，构建“双核一基地”的空间布局，即在南部建设沈阳临空经济区、北部建设沈阳航空航天城、法库打造通航产业基地。协调召开辽宁省航空产业联盟首届理事会第六次全体会议，推动理事长轮值交接，目前已吸纳高校、科研院所、生产企业、航空运营企业等 222 家联盟会员单位，为组织产学研用协同创新奠定基础。

（二）推进基础和重点产品创新突破

支持“航空发动机风扇及压气机静子叶片精密加工工艺开发与应用”和“航空线束数智化加工车间”等项目攻关及建设。强化首台（套）产品推广应用，“某型发动机工艺进气道、工艺外涵研制”等航空产品纳入2023年省首台（套）重大技术装备目录。2023年，辽宁通航研究院研制的首款四座氢燃料内燃机飞机验证机完成首飞，由辽宁锐翔通用飞机制造有限公司生产的全球首款双座电动水上飞机RX1E-S成功交付。

（三）优化产能布局和资源配置

加快推进产业集聚，围绕航空工业沈飞、中国航发黎明、中国航发燃机公司规划建设高品质集聚区，通过头部企业释放配套订单，培育专业化战略供应商，引导上下游配套企业集聚。推进沈飞民机、中国航发燃机公司开展“整零共同体”示范建设，依托网络平台，支持整机企业与上下游企业在产业链、供应链、创新链、服务链开展协同，形成有机共同体。沈飞民机建设的供应链信息化平台进入试运行阶段，实现与供应商端信息互联互通及采购全过程实时监控。加快优质配套企业梯度培育，聚焦基础航空零部件、基础航空产品和附件等领域，推动专业化、差异化发展，西子航空等企业被确定为省级“专精特新”中小企业；“航空钛合金精密铸造用中温蜡”等29个技术产品被确定为省“专精特新”（技术）产品。成功组织举办第十届法库国际飞行大会，吸引观众50万人次，有效提升了辽宁航空影响力，加强了对省内民用航空装备的宣传。

吉林省

一、本地区基本情况

截至2023年底，吉林省民用航空工业相关企业19家，其中规模以上企业3家。航空工业从业人员1500余人，其中专业技术人员986人，占员工总数的66%。吉林省羽麦科技有限公司（简称羽麦）、长春长光博翔无人机有限公司（简称长光博翔）、长春蓝天焦点科技有限公司（简称蓝天焦点）等8家企业主要从事无人机设计、研发和整机制造。吉林省翼启飞科技有限公司（简称翼启飞）、长春通视光电技术有限公司、吉林省全星航空技术有限公司（简称全星航空）等11家企业主要从事航空载荷、任务系统、配套零部件及保障设备生产。

二、生产经营情况

2023年，吉林省民用航空工业企业总产值10.8亿元。其中，民用航空板块实现产值2.25亿元，同比增长125%；主营业务收入1.8亿元，同比增长100%；净利润1610万元，同比增长7.3%。

三、主要产品

（一）无人机

主要以整机制造、系统研发、零部件生产为主，产品涵盖固定翼、多旋翼、复合翼等，主要用于农业、林业、国土、规划、应急、安防、电力、能源、广播电视等领域，已初步形成包括基础研究、研发制造、检测试飞、产品销售、行业应用的全产业链条。主要产品有：

1. 福来无人机科技有限责任公司（简称福来科技）垂直起降固定翼无人机（复合翼）。该机主要特点：兼具旋翼与固定翼两种飞行方式优点，重量[①]轻、强度高、长续航，可应用于测绘、侦察、警用及消防等领域。

2. 福来科技高空除锈故障巡检无人机（旋翼）。该机主要特点：操作简单、灵活便捷，安全性高、适应性强，可应用于桥梁、铁塔、建筑物外墙、船舶等高空清洗作业。

3. 翼启飞八旋翼无人机（多旋翼）。该机主要特点：可折叠，载重大，抗风能力强，续航时间长，可执行侦察监视、情报收集、搜救等任务。

4. 龙航科技LH-CW-007无人机（复合翼）。该机主要特点：机身强度高，耐冲击；采用全新智能电源管理模块，简化用户作业流程，适合单人作业。

5. 羽麦植保无人机（多旋翼）。该机主要特点：载重大，喷洒精准，抗风能力强；采用德国进口喷头，作业高效，操作简单实用；模块化设计，拆解容易。

6. 羽麦六旋翼无人机（多旋翼）。该机主要特点：载重大，抗风能力强，续航时间长，可广泛应用于林业、消防、应急、环保等各行业。

（二）机载系统和设备

1. 福来科技车载无人机起降平台。该平台具备多方位、大角度、快机动性姿态调整功能，采用协同控制算法，实现动态过程中车载平台、汽车、无人机的优势协同，能够使无人机随时随地起降，广泛应用于抢险救灾、环境监控、医疗保障、地理测绘、农林植保、电力巡检、缉毒缉私和治安反恐等领域。

2. 睿视光电宽幅面阵数字相机。该相机像素规模大于1亿，影像采集幅宽大于2.5H（H为飞行高度），具有姿态自稳定功能，用于支持各种三维建模、测绘等飞行任务。

（三）保障设备

1. 全星航空便携式应急救援智能助航设备。该产品集成测距、风压、噪声等多种传感器，结合便携式气象站等设备，可将停机坪位

① 本书“重量”按规范称为“质量”，其法定计量单位为千克。

置、气象风力、净空情况等信息实时传输至物联网后台，为直升机起降管理提供便利，同时还能感知直升机动态，自动调整亮度，防止对飞行员造成眩光影响。在日常仓储和后勤管理中，该设备还能定期自检，上报设备故障信息和电量信息。

2. 全星航空自取电型高压导体障碍灯。该产品只需高压导线通电即可通过电磁感应从线路取电发光，适用于电力铁塔高压架空线或电缆，可明确标记标识高压架空导线走向、方位及基本高度，给飞行员提供明确的障碍警示，预防飞行器碰撞高压导线，避免发生安全事故。

3. 全星航空通用机场跑道系列太阳能助航灯具。该系列产品采用太阳能供电、无线遥控，部署灵活，更换方便，主要用于飞机在夜航或能见度低等特殊条件下起降时，指示跑道位置和范围，为飞行员在判断前进方向、横向位移和滑跑距离等方面提供帮助。

四、产品开发与技术进步

（一）新产品开发情况

长光博翔 TW50 型无人机、TW200 型无人机，目前处于试飞阶段；蓝天焦点系留照明无人机，已准备上市；睿视光电共孔径红外热像仪，产品样机已交付，目前处于试飞阶段。

（二）开展民用航空科研项目情况

吉林省羽麦科技有限公司承担中国科学院高技术产业化项目 2 项、吉林省科技计划项目 5 项；吉林省福来无人机科技有限责任公司承担吉林省科技计划项目 5 项；吉林省翼启飞科技有限公司获吉林省电力科技进步奖一等奖。

五、对外贸易与合作

长春禹衡光学有限公司主营产品为编码器、绝对式光栅尺及其配套零部件等，广泛应用于航空航天、伺服电机等自动化领域。目前主要国际市场以欧洲、亚洲及东南亚地区为主，覆盖的国家和地区包括德国、意大利、西班牙、爱沙尼亚、丹麦、韩国等。2023 年，产品出口额 690 万元。

六、重大基础设施建设

（一）长春机场三期扩建工程项目

项目总投资 249.87 亿元，新建一条长 3600 米跑道及滑行道系统、25 万米^2 T3A 航站楼及 86 个机位的站坪，新建停车楼、换乘中心、进场路、货运、消防救援等辅助生产生活设施，配套建设空管、供油、供电、供热、消防、给排水等设施。

（二）长白山机场扩建工程

扩建后的长白山机场，航站楼总面积达 3 万米^2，机位 20 个，年机场旅客保障能力提升至 180 万人次，航班架次保障能力提升到 18750 架次，货邮吞吐量提升至 3400 吨。2023 年 5 月，项目完成行业验收工作，现已具备转场使用条件。

（三）新建珲春机场

项目匡算总投资 30 亿元，飞行区按照 4C 级标准建设，建设一条长 2600 米跑道及滑行道系统，4000 米^2 航站楼，配套建设空管、供油、供电、供热、消防、给排水等设施。2023 年 12 月，中国民用航空局在珲春市组织召开新建珲春机场项目选址审查会议。

（四）新建和龙通用机场

项目总投资 5.5 亿元，按照 A1 级通用机场标准建设，建设一条长 1200 米跑道和一栋 3500 米^2 综合服务楼，配套建设空管、供油、供电、供热、消防、给排水等设施。2021 年 4 月，项目实现全面开工建设。截至 2023 年底，累计完成投资 3.46 亿元，占总投资的 62.39%。

（五）中韩（长春）国际合作示范区无人机制造产业园建设项目

总投资 4.63 亿元，主要建设高端研发楼、倒班宿舍、加工车间、研发车间、实验室、服务中心、标准化厂房等 21 栋建筑物，以及 3 条市政道路。截至 2023 年底，项目完成 53%。

七、行业管理

2023 年全年，吉林省航空工业行业未发生安全生产事故。指导省无人机产业协会，成功策划 2023 年长春航空开放活动，累计观展 65.7 万人次（省外观众占比达 52%），同时组织 48 家企业在“吉林主题馆”布展并设立网上展馆，推出 280 余件航空装备展品，进馆参观 27 万人次，接待专业客户 5600 人次，签订订单 117 个，达成合作意向 718 个，现场销售航模、教学设备 2787 架（套）。

黑龙江省

一、本地区基本情况

黑龙江省民用航空工业起源于“一五”时期，经过多年发展，民用航空制造领域集聚度显著提高，上下游产业链基本形成，具备较强的民用航空整机和关键部件制造能力，现已发展成为我国直升机、通用飞机、航空发动机、传动系统重要的研发和生产基地，并可以提供通用航空运营和飞机拆解、维修等服务。哈尔滨市航空装备创新型产业集群被国家科学技术部确定为国家级创新型产业集群。

黑龙江省汇集了多家航空工业企业，其中包括航空工业哈尔滨飞机工业集团有限责任公司（简称航空工业哈飞）、中国航发哈尔滨东安发动机有限公司（简称中国航发东安）等龙头制造企业，哈尔滨联合飞机科技有限公司、黑龙江齐伦瀚科技有限公司等无人机制造企业，以及广联航空工业股份有限公司、哈尔滨东安实业发展有限公司等多家航空配套制造企业。截至 2023 年底，黑龙江省建有工业和信息化部重点实验室 2 家，国家级工程技术研究中心 1 家、国家级企业技术中心 5 家，省级重点实验室 9 家、省级工程技术研究中心 13 家、省级企业技术中心 13 家、省级技术创新示范企业 6 家。通过企业、高校和科研院所的自主培养，不断为航空产业发展提供后备人才，省内现有航空科技、管理和技能人才 2.5 万余人，产业技术工人 8 万余人。

二、生产经营情况

2023 年重点监测的 4 家规模以上航空企业在民用航空工业领域共实现民用航空产品收入 2.31 亿元。

三、主要产品

（一）民用飞机

民用飞机整机包括民用直升机、固定翼飞机和无人机。民用直升机主要有 AC312 系列直升机、AC352 中型多用途直升机，可应用于通用运输、医疗救护、搜索救援等领域；固定翼飞机主要有运 12E 轻型多用途飞机、运 12F 多用途涡桨运输机，可应用于海洋监测、航空摄影、医疗救护、农林作业等领域。

无人机产品涵盖固定翼无人机和旋翼无人机，主要有固定翼垂直起降无人机、六旋翼长航时无人机、四旋翼大载重无人机等，可应用于农业植保、空中监测、地理测绘、地质勘探等领域。

（二）航空发动机

航空发动机主要有 WJ5AI、WJ5E、WZ16 发动机以及民用辅助动力装置系列产品。

（三）其他民用航空产品

其他民用航空产品的种类较多，主要有直升机传动系统；油箱、机匣、热端系统零部件、燃油总管及喷油嘴等航空发动机零部件；整流罩、雷达罩、方向舵、升降舵、壳体、机翼骨架、机身蒙皮、舱门壁板、机翼壁板、超大型地板零件、减速器、减振器、接头零件、承力框零件、金属接头、钛合金接头等机体及内外部零件；螺旋桨叶片；灌封料，以及中、高温胶膜及底胶等胶黏剂材料。

（四）民用航空服务

黑龙江省拥有中国飞龙通用航空有限公司、北大荒通用航空有限公司等通用航空企业，主要从事应急救援、农林业航空植保及护林防火作业、人工影响天气任务、航空物探、海洋监测、短途运输、飞行培训和地勤培训等业务，同时积极开展警用托管、航拍航测、低空游览和医疗救护等新兴通航服务项目。全省现有经营性通用航空企业 20 家，在册各型通用航空器近 200 架，年飞行超过 6 万小时，12 万架次。

（五）航空拆解、维修及服务

中龙飞机循环再制造有限公司拥有中国民

用航空局颁发的全国首张航空器维修拆解许可证、全国首家飞机二手航材登记管理客户资质，以及欧洲航空安全局（EASA）PART-145航线维修（A1）许可证、中国民用航空维修协会（CAMAC）航材分销商资质、中国民用航空局（CAAC）145 A320及波音737NG系列飞机定期检修许可、ISO 9001和EN 9120质量管理体系认证，主营飞机拆解、维修、检测、再制造及航空技术服务等业务。

四、产品开发与技术进步

航空工业哈飞双发涡桨通勤类运12F飞机获得欧洲航空安全局颁发的型号合格证，实现国产飞机取得欧洲航空安全局型号认可零的突破，标志着该飞机将进一步拓展国际市场。中国航发东安WZ16航空发动机正式交付给航空工业哈飞，标志着中国航发民用航空发动机产品迈出了产业化发展的关键一步。

五、重大基础设施建设

2023年，黑龙江省拥有大型基础设施建设项目6项，涉及5家企业，总投资9.05亿元，其中新开工项目4项。重点项目包括哈尔滨临空经济区航空制造产业园建设项目、哈尔滨飞机工业集团有限责任公司飞机零部件生产能力升级改造项目、哈尔滨华强航空发动机恒温厂房扩建项目、哈尔滨东安实业发展有限公司航空产品数字化智能制造项目、哈尔滨安宇迪航空工业有限公司航空航天零部件及工艺装备数字化精益制造中心项目、哈尔滨科锐同创机模制造有限公司航空零部件智能制造基地项目。其中哈尔滨临空经济区航空制造产业园建设项目、哈尔滨科锐同创机模制造有限公司航空零部件智能制造基地项目正式竣工投产。

六、行业管理

黑龙江省着眼加快构建“4567”现代产业体系，紧抓航空强国的战略攻坚期和发展机遇期，充分发挥黑龙江省航空产业比较优势，制订出台《黑龙江省航空航天产业振兴专项行动方案（2022—2026年）》（简称《行动方案》），持续推进黑龙江省航空产业高质量振兴发展。为推动《行动方案》落实，制定《黑龙江省航空航天产业2023年度工作要点》，抢抓航空产业加快民用化商业化进程市场机遇，以扩大消费需求为牵引，以加快推进整机研发制造和配套产业发展为主线，以强化提升综合服务能力为保障，以推进通航制造和通航应用融合发展为重要抓手，聚焦重点企业、重大项目、招商引资、创新驱动等方面，做大做强产业链、价值链、供应链、创新链，不断提升产业引领力、技术创新力和市场竞争力，全力打造航空产业强省。

上海市

一、本地区基本情况

上海市民用航空工业企事业单位共有 40 余家，其中规模以上工业企业 27 家。拥有中国航空研究院上海分院、民用飞机模拟飞行国家重点实验室、国家商用飞机制造工程技术研究中心、民用航空先进检测技术实验室、商用航空发动机联合创新中心和航空科技重点实验室（故障诊断与健康管理技术）等一批科研平台。主要企事业单位有：中国商用飞机有限责任公司（简称中国商飞公司）及其所属上海飞机设计研究院（简称上飞院）、上海飞机制造有限公司（简称上飞公司）、上海飞机客户服务有限公司、中国商用飞机有限责任公司民用飞机试飞中心、上海航空工业（集团）有限公司；中国航空发动机集团所属中航商用航空发动机有限责任公司（简称中国航发商发）；中国航空工业集团所属的中航通用电气民用航电系统有限责任公司（简称昂际航电公司）、中国航空无线电电子研究所、航空工业上海航空测控技术研究所、上海航空电器有限公司；上海西科斯基飞机公司。零部件配套企业有：上海新华东光电技术研究所、氰特表面技术（上海）有限公司、蒂森克虏伯航空材料（上海）有限公司、上海上飞飞机装备制造有限公司等。维修保障企业有：东方航空技术有限公司、上海波音航空改装维修工程有限公司、上海普惠飞机发动机维修有限公司、上海科技宇航有限公司、上海东联航空机轮刹车大修工程有限公司、上海柯林斯航空维修服务有限公司、上海凯迪克航空工程技术有限公司、上海航新航宇机械技术有限公司、上海威克特航空地面设备有限公司等。航空租赁企业有：中航国际租赁有限公司等。

上海是国家首批“国家新型工业化产业示范基地（航空产业 · 上海市）”，重点布局为：干支线飞机设计研发布局在浦东张江，飞机装配、大部件制造与试验试飞等布局在浦东祝桥东部，客户服务布局在闵行紫竹；商用航空发动机设计研发、客户服务布局在闵行紫竹，装配试车、单元体制造与试验验证布局在浦东临港；航空电子系统设计研发、集成验证、客户服务布局在闵行紫竹；航空机电设备研发制造与试验验证布局在浦东临港及相关产业园区；航空维修、飞机改装等以浦东、虹桥国际机场周边和青浦出口加工区等地域为主；航材物流以航空港、保税区等为主；航空营销和运营总部、融资租赁企业等以市及各区县专业化产业集聚区为主。

二、生产经营情况

上海市民用航空产业 2023 年实现营业收入 361 亿元，同比增长 1.4%；工业企业完成工业总产值 330 亿元，同比增长 20%。

三、主要产品

（一）民用飞机

中国商飞公司：ARJ21 支线飞机、C919 大型客机和 C929 宽体客机。

（二）航空发动机

中国航发商发：“长江”1000A 大涵道比商用航空发动机。

（三）航空设备及系统

昂际航电公司：C919 大型客机航电核心处理系统、综合显示系统、机载维护和飞行记录系统等。

中国航空无线电电子研究所：C919 大型客机显示系统及核心处理系统，AG600 飞机主航行系统、电子飞行仪表系统、空中交通防撞系统和飞行管理系统，运 12F 特种飞机 T1 级航电系统等。

上海航空测控技术研究所：C919 大型客机

驾驶舱信息系统、视频监视系统与驾驶舱门监视系统、客舱核心系统之客舱管理接口子系统、客舱娱乐系统；ARJ21 驾驶舱门监视系统、新舟 700 驾驶舱门视频监视系统，AG600 OMS 中央维护系统等。

上海航空电器有限公司：C919 控制面板和调光控制系统以及集成断路器板，新舟 700 控制面板及调光控制系统和二级配电等。

（四）其他民用航空产品

商用飞机机载液晶显示屏，碳纤维环氧树脂合成材料，航空电线、电缆，合金材料，复合材料，飞机装配工装、型架和模具，各类紧固件、标准件等。

四、产品开发与技术进步

中国商飞公司：2023 年 5 月 28 日，由中国商飞公司交付的全球首架 C919 大型客机执行东方航空 MU9191 航班，从上海虹桥机场飞往北京首都机场，开启国产大飞机全球首次商业载客飞行，标志着国产大飞机“研发、制造、取证、投运”全面贯通，正式迈入市场化运营、产业化发展新征程。2023 年 4 月 18 日，由中国商飞公司交付印度尼西亚翎亚航空的国产 ARJ21 支线飞机，从印度尼西亚首都雅加达飞往著名旅游景点巴厘岛首府登巴萨，完成海外商业首航。这是我国喷气客机第一次走向海外、第一次由国外航空公司运营、第一次执飞国外商业航班，是我国航空发展史上的重要里程碑。

昂际航电公司：2023 年 7 月，昂际航电公司机载北斗三号民航飞机追踪系统试飞取得圆满成功。国产北斗三号精准高效的定位能力及独有的短报文通信功能，完全满足航迹定位追踪 4D/1 的要求。更多飞行数据的实时转发能力，将助力飞机健康监控及发动机远程诊断能力的提升，甚至更好地优化航迹、降低油耗，助力低碳飞行。在落实我国智慧民航战略，为提升飞行安全水平、运行效率方面提供有力的数字化手段。2023 年 11 月，昂际航电公司 C919 飞机 GPM 维修能力正式获得中国民用航空局批准，意味着昂际航电公司正式启动 C919 飞机航电设备的维修服务。昂际航电公司具备波音 787 飞机 IMA 相关航电产品、A320/330 相关产品及 C919 GPM 维修能力，分别获得了中国民用航空局（CAAC）和美国联邦航空局（FAA）的维修许可证。

上海航空测控技术研究所：2023 年 9 月，上海航空测控技术研究所 FOD 探测设备取得工业和信息化部颁发的边灯式及塔架式 FOD 探测设备无线电发射设备型号核准证，11 月取得无线电型号核准证和移动式 FOD 探测设备无线电发射设备型号核准证。FOD 探测设备采用雷达 + 高清光电技术，抗干扰能力强，不受雨、雪、冰雹等气象杂波的影响，实现全天候、全天时守护机场道面；同时，通过一段时间的测试扫描时间积累和信号处理算法获取的高信噪比，设备对弱小目标的检测虚警率低；设备方位分辨率可达 0.1 度，距离分辨率可达 0.075 米，分辨率高，探测性能强。

上海航空电器有限公司：2023 年 3 月，上海航空电器有限公司荣获中国商飞公司 2022 年度优秀供应商金奖。在 C919 项目上，上海航空电器有限公司与中国商飞公司紧密协作，全力支撑 C919 飞机完成了功能可靠性试飞，产品随飞机获得最终适航批准；在 ARJ21 项目上，上海航空电器有限公司高质量完成了 ARJ21 货机控制板系统的适航符合性验证工作，有力支撑了飞机的 TC 取证。

五、重大基础设施建设

（一）中国商飞公司

在各方面的有力支持和推动下，中国商飞公司在沪的“一个总部和六大中心”建设顺利推进。中国商飞总部基地完成建设并投入使用。设计研发中心规划用地 1060 亩①，规划总建筑面积约 85 万米^2，现已建成并投入使用 21 万米^2。总装制造中心规划用地约 4049 亩，总建筑面积约 150 万米^2，现已建成并投入使用约 50 万米^2。客户服务中心规划用地 374 亩，总建筑面积 20 多万米^2，现已建成并投入使用 18.5 万米^2。民用飞机试飞中心规划用地约 667.87 亩，总建筑面积近 30.52 万米^2，现已建成并投入使用 9.78 万米^2。基础能力中

① 1 亩 = 666.67 米^2。

心规划用地 57 亩，总建筑面积 1.6 万米^2，现已建成并投入使用。

（二）中国航发商发

研发基地位于闵行紫竹科学园区，占地 450 亩。总部及研发中心大楼、人才公寓等一期建设已完成并投入使用。装试基地位于临港重装备产业区，占地 1236 亩。一期建设已完成并投入使用，二期建设有序开展。

（三）中航机载公司

中航机载产业园占地 322 亩，一期科研大楼施工有序推进，动力中心等工程正在开展施工前准备工作。

六、行业管理

大力支持干支线飞机、航空发动机、机载系统等研制与产业化发展，促进上海民用航空产业做大做强，逐步将上海建设成国家民用航空产业的重要基地。

（一）加快推进央地合作

2023 年 10 月，上海市人民政府与中国商用飞机有限责任公司签署深化战略合作协议。上海市政府与中国商飞公司将围绕大飞机“立足上海、深耕上海”、大飞机规模化和系列化发展、大飞机产业布局、创新载体建设、在沪供应商培育、产业金融等方面开展密切合作，共同推动上海民用航空产业高质量发展，努力将上海建设成为世界级民用航空产业高地。

（二）加快构建产业创新联合体

瞄准世界科技前沿，推动产业创新融合发展，结合基础性、重要性、紧迫性、可实现性要求，集中力量突破一批关键技术、推出一批高端产品、形成一批中国标准，增强民用航空产业链核心竞争力，服务中国航发商发牵头组建绿色智慧化民用航空动力生态创新联合体。

（三）加快建设公共服务平台

服务中国商飞公司牵头建设国家商用飞机产业计量测试中心；推动上海商用航空发动机产业创新研究院正式揭牌，上海大飞机制造业创新中心、上海商用航空发动机制造业创新中心、上海航空机载系统制造业创新中心开展筹建。

（四）加快打造特色产业园区

临港大飞机产业园累计签约中复神鹰等近 50 个产业项目，总投资近 200 亿元；大飞机创新谷吸引 148 个创新创业项目、1500 多名高端人才入驻。华东无人机基地加快建设大信·中信海直华东无人机总部基地项目，美团开通首条低空智能配送航线，顺丰开展海岛生鲜运输。

（五）加快推进数字赋能

推动产业数字化升级，构建数字化研发设计、生产制造和运营服务体系，加快民用航空产品和国产装备数字化发展，贯通产业链供给端和需求端，提升质量和效益，培育民用航空产业链发展新动能。

（六）加快招引重点产业项目

2023 年 9 月，西安三角防务大飞机大部段项目成功签约入驻上海大飞机产业园，项目预计新增投资 10 亿元。西安三角防务大飞机大部段项目作为民用航空高端总装制造标志性项目，是加快推动大飞机高端产业链落沪的重要举措，也是上海市经济和信息化委员会、中国商飞公司、临港新片区管委会、临港集团建立联合招商工作专班机制取得的重要成果。

江苏省

一、本地区基本情况

2023年，江苏省抢抓全球航空运输业复苏、国产大飞机产业化进程加快等机遇，系统推进自主创新、强链补链、企业培育、开放合作、融合发展等重点工作，航空产业总体保持较快增长，南京、苏州、无锡、镇江等地航空产业加速集聚发展。南京具备较强的整机及关键零部件科研和生产能力，成为江苏省航空产业重要的创新策源地；苏州积极对接上海大飞机产业，与中国商飞公司开展战略合作，集聚了一批国际知名企业和研发平台；无锡大力发展航空发动机零部件产业，在材料研制、叶片生产、盘轴加工、控制系统等领域成为重要配套生产基地；镇江是国家级航空产业示范基地，在高温合金研制、关键结构件制备等方面具有较强实力。此外，扬州、靖江等地也开始聚力发展航空制造业，引进了一批研发平台和项目投入建设。

二、生产经营情况

2023年，江苏省飞机配套产业链企业销售同比增长13%，航空发动机和燃气轮机制造企业销售同比增长22.8%，航空装备制造企业继续保持较快增长态势。

三、主要产品

（一）整机技术与产品

轻型飞机、公务飞机、直升机和无人机。

（二）航空轻型动力技术与产品

100～500马力[①]活塞式发动机、800千牛以下（重点是500千牛以下）推力的涡喷/涡扇发动机、1兆瓦级功率以下燃气轮机、航空动力辅助系统。

（三）航空电子系统技术与产品

航空通信系统、飞机座舱仪表显示系统、空管雷达、天气雷达、卫星云图接收设备、高空气象雷达和数字式电子探空仪等。

（四）航空机电系统技术与产品

航空发动机电子控制系统、航空惯性导航系统、航空发动机参数采集器、民用飞机和直升机飞控系统、液压传动系统、电源/电气系统、燃油系统、环境控制系统、装载及空投系统和航空安全座椅等。

（五）航空保障技术与产品

航空指挥调度系统、航空灯光电源系统（探冰灯、标志灯、翼尖保护罩、翼根保护罩）、航空检测设备、大型客机客户服务应用系统集成平台软件、市场与客户支援管理系统、飞机状态监控及健康管理系统、信息系统综合测试平台、便携式外场测试仿真系统、适航管理工作平台及登机廊桥、加油车、飞机维护等地面综合保障设备和系统。

（六）其他航空技术与产品

航空内饰件、航空材料（以气凝胶、相变材料等新材料为代表的航空航天保温隔热材料、铝合金型材、高温母合金、高温合金、碳/碳复合材料、碳/碳化硅复合材料、超级纤维、钛合金、镍合金、铜合金、精密不锈钢制品、玻璃等）、航空部件（精密轴承、飞机轮毂、起落架、舱门、机身、机翼、整流罩等）、航空发动机零部件（航空发动机叶片、整体叶盘、静叶片、导叶片、机匣，实心或带陶瓷型芯的涡轮动、导叶片及结构件等）。

四、产品开发与技术进步

2023年，江苏省民用航空装备制造企业在

① 1马力≈0.746千瓦。

产品开发与技术攻关上取得了众多突破，其中，江苏点石航空航天科技有限公司完成了1000千克力[①]推力涡扇发动机研发设计，在耗油率、推重比、可靠性方面达到先进水平；卓能电子公司研制的客舱核心控制、信息系统、平视显示系统，以及机载互联等产品在大飞机、直升机上得到应用；无锡派克新材料科技股份有限公司完成首件配套罗罗的风扇机匣零件的研发及制造，达到国际先进水平；昆山航天时代飞鹏有限公司研发的FH-98大型载货无人机通过中国民用航空局适航审定受理，最大载重1.5吨、最大续航8小时、最大航程1500千米。

五、对外贸易与合作

根据南京海关数据，2023年1—12月，江苏省出口航空航天技术产品110.4亿元，同比增长27.7%，占全国比重达12.6%。飞机及其他航空器出口1139架，同比增长41.4%。省内众多企业加速进入赛峰、罗罗、波音、空客等国际航空企业供应链体系。江苏恒神股份有限公司先后在海外开设了欧洲研发中心、澳大利亚研发中心，进一步扩大了国际技术交流和合作。

六、行业管理

（一）加强规划政策引导

江苏省围绕16个先进制造业集群和50条重点产业链建立了“1650”产业体系，把民用航空航天装备纳入航空航天产业集群进行重点培育。发布了《江苏省航空航天产业发展三年行动计划（2023—2025年）》，主动对接服务国家和区域重大战略，系统推进自主创新、强链补链、企业培育、开放合作、融合发展等重点工作，加快打造具有国际竞争力的航空航天产业集群。南京、无锡、苏州等地区也发布了支持低空经济发展的相关实施方案和措施等政策文件，积极开展低空产业集群建设，持续加大政策供给保障力度。

（二）加强研发创新

江苏省金城南京机电液压工程研究中心、航天海鹰（镇江）特种材料有限公司、西北工业大学太仓智汇港等单位，与中国商飞上海飞机设计研究院、上海飞机制造有限公司推进空气准备系统、机翼防冰系统开发等合作项目。认定了“天枢-2000高级场面活动引导与控制系统”等航空航天领域重大装备（部件）为江苏省首台（套）重大装备，持续加强共性技术和重大装备攻关。

（三）培育产业创新平台

加快构建国家级和省级、行业级和企业级多层次的创新体系。积极培育航空航天领域省级制造业创新中心，建成省先进复合材料技术与装备制造业创新中心（南京）、省数字化设计与制造创新中心（无锡）。推动成立江苏省无人机产业创新联盟，搭建企业创新合作桥梁。

（四）营造良好发展环境

一是加强央地沟通互动。推动江苏省政府与航空工业集团、中国航发、中国商飞公司签署战略合作协议。二是服务企业发展。组织开展航空航天产业银企对接会，开展多种形式的产业链上下游企业交流合作活动。三是组织重点液压企业与中国商飞公司对接液压部件配套相关事宜。四是组织参加2023上海国际商用航空航天展览会观展对接工作。

---

① 1千克力≈9.8牛。

浙江省

一、本地区基本情况

2023年，浙江省一方面着力抓产业重点领域发展，以产业链合作和重点项目为牵引，建立建强航空航天产业生态。深化与中国商飞公司、航天科技集团、中国航发等央企对接，聚焦高端零部件、先进材料、航电附加功能类产品，引导并支持浙江企业进入央企供应链体系。支持浙江省机电集团有限公司、浙江华瑞航空制造有限公司实施高性能碳纤维复合材料原材料、大尺寸复合材料构件制造装配工艺、小尺寸复合材料产品专用装备等一批技术攻关项目。另一方面着力抓首台（套）产品工程化攻关和推广应用。深入实施制造业首台（套）提升工程，加大对航空航天产业创新的支持力度。组织实施浙江圣翔航空科技有限公司的一种车载移动式垂直飞行器起降场，美洲豹（浙江）航空装备有限公司的大复合材料热压罐等一批首台（套）装备工程化攻关项目。培育认定基于数字孪生的航空航天钛合金导管热弯曲成形装备、航空航天用高可靠性永磁直流力矩电机、航空发动机叶片精密锻造专用控温模座等一批首台（套）产品，并给予首台（套）保险补偿等推广应用政策支持。

二、生产经营情况

2023年，浙江省纳入中国民用航空工业统计的企业实现工业总产值43.37亿元，同比增加56%；销售收入54.9亿元，同比增加53.14%；利润8.0亿元，同比增加20%；出口交货值3.37亿元，同比增加46.52%；转包生产交付值5300万美元，同比增长10.42%。

三、主要产品

（一）民用飞机

主要为无人机，产品涵盖多旋翼无人机、固定翼无人机，型号涵盖微型、轻型、小型、中型、大型，主要用于农业、林业、应急、安防、广播电视等领域。其中，杭州海康机器人技术有限公司研发生产的MR-MX4090A、MR-MX6120A等多款无人机在航拍巡检、应急救援等多个场景中可精准作业。浙江华奕航空科技有限公司生产的HY600无人直升机，在物流运输、应急救援、农林植保、航拍巡检等多个场景实施中表现出效率高、覆盖面广、救援范围大、受地形条件限制少等优势。杭州启飞智能科技有限公司研发生产的3WWDZ-20A型、3WWDZ-16B型多旋翼植保无人机采用厘米级定位，可精准定位进行农药喷洒。浙江科比特创新科技有限公司研发生产的全碳纤维一体成形的机型，具有机身重量极轻且具备防雨、防尘、耐高温的特性，大大提高了飞行器在各领域的飞行能力，如智慧公安、智慧交通、智慧应急、智慧消防等领域都发挥了重要作用。浙江极客桥智能装备股份有限公司主要生产照明、广播、视频监控直播、通信中继等无人机系列产品，其中便携式照明无人机属国内首创，在应急救援中表现突出，大大提高救援效率。浙江容祺科技有限公司（简称浙江容祺）生产的"开天""玲珑""乾坤""空灵"等多款多旋翼无人机应用在物流运输、农林植保、应急救援等工作场景中，有效提高了配置灵活性，加强任务多元化，降低了人力成本。

（二）其他民用航空产品

1. 航空零部件

浙江西子势必锐航空工业有限公司主要生产各类机舱门、起落架舱、机翼翼肋等飞机结构部件，拥有空客、波音、庞巴迪、中国商飞、航空工业集团等航空企业的供应商资质。宁波永灵航空科技有限公司开发生产民用航空发动机零组件、聚酰亚胺制品、软管组件等新产品，在稳定现有产品能力的基础上同步建立热处理、表面处理等特种工艺的能力建设，从而拓宽现有产业链的有效延伸。海宁红狮宝盛科技有限公司主要生产客舱内饰零部件、厨房系统零部件、行李架、照明系统零部件、航电系统零部件、航空座椅、航空打印机设备等，产品广泛应用于 ARJ21、C919 等机型。浙江万丰飞机制造有限公司研发制造 DA40NG 整机零部件产品，并对售出的产品提供维护、修理等技术服务。浙江京飞航空制造有限公司主要研发生产民用航空零部件，已完成了各类航空结构件的研发试制共计 530 余项，产品覆盖了空客 A320、A220，庞巴迪“环球”公务机和“翼龙”无人机等多个机型。玉环天润航空机械制造有限公司开发的直升机舱门锁闭系统、锁闭机构及撑杆等产品应用于 ARJ21、C919 等相关机型。浙江金马逊机械有限公司研制管件弯曲成形装备。

2. 航空新材料

浙江省机电集团有限公司下属浙江华瑞航空制造有限公司聚焦高性能碳纤维复合材料原材料、大尺寸复合材料构件制造装配工艺、小尺寸复合材料产品专用装备及其构件制造装配工艺等方向进行技术攻关；宁波沥高复合材料有限公司生产 ETFE 和 FET 材质隔离膜，符合航空航天的使用标准。

3. 航空设备

美洲豹（浙江）航空装备有限公司致力于先进复合材料成形设备的研发、生产。浙江圣翔航空科技有限公司致力于高安全性全铝制直升机停机坪系统研发、设计、生产和安装，产品主要覆盖地面直升机停机坪、船舶直升机停机坪等，广泛应用于医疗急救、警务飞行、城际作战等领域。

四、产品开发与技术进步

浙江西子势必锐航空工业有限公司掌握了航空高速精密机加工艺，建设了第一条获得空客批准的环保表面处理生产线，同时还获得了欧洲空客、美国波音、加拿大庞巴迪、中国商飞和航空工业集团等航空制造企业的 344 项特种工艺资质认证，拥有 9 项发明专利和 25 项实用新型专利，10 项发明专利处于实质审查中。海宁红狮宝盛科技有限公司突破了发动机部件激光切割、薄板充液成形、变形铝半液态铸锻复合加工等多项关键技术；浙江科比特科技有限公司建立了工业无人机全产业链，包括无人机的碳纤维机壳、动力系统、飞行控制系统、数据链系统、地面站系统、统一快拆接口、标准化任务挂载、无人机、指挥车、机库，全面开放无人机产业链合作的新模式，推动从无人机部件研发到无人机产业链服务的融合，实现行业间的合作共赢。浙江中航通飞研究院有限公司开发了新一代国产教练机 AG100，是一款全新设计的三座全复合材料的单发初级教练机，具有成本低、使用便捷、安全性极高等优势，可满足飞行学员高频起落训练需要。中建材衢州金格兰石英有限公司生产的“半导体高纯石英基础材料”被认定为浙江省重点首批次新材料，技术水平达到国内领先。

五、对外贸易与合作

浙江西子势必锐航空工业有限公司积极发展相关的波音工艺资质体系，并通过相关的审核认证，成为波音系列的供应商。海宁红狮宝盛科技有限公司具有航空数字化制造、橡皮囊成形、三维五轴激光切割等航空高精密零部件加工技术，产品远销美国、欧洲、东南亚等国家和地区。浙江科比特科技有限公司生产的无人机“入云龙”mc6-1550 及其组件和无人机“插翅虎”M8 等产品，销往东南亚、西班牙、韩国等国家和地区，近年来还引进美国加州大学机械与航空航天工程学博士，引进中国香港图传团队进行合作交流学习。浙江万丰飞机制造有限公司生产的固定翼通用飞机复合材料机身等部件，远销海外。中建材衢州金格兰石英有限公司生产的石英棒、石英管、石英晶圆，远销日本、德国等国家和地区。

六、重大基础设施建设

杭州市钱塘区航空航天产业园（5.4 千米^2），重点打造大飞机配套、航空航天材料等产业以及创新中心。建德航空小镇（3.6 千米^2），主要打造通用航空产业，拥有一条长 1200 米、宽 33 米的通用飞机跑道。杭州空港新城（73 千米^2），重点发展空港物流（保税物流）、临空制造、高新技术以及总部经济等。

嘉兴港区依托省级示范基地——航空航天产业园，大力发展航空航天零部件、航空航天电子等产业；平湖市重点引进中意直升机生产项目和平湖实验室，重点发展航空发动机、航空电子系统、空间态势感知等产业；海宁正全力打造航空产业园，聚焦发展航材精密加工及装备制造、航电系统、航空新材料及航空核心零部件制造产业。

台州湾通用机场是发展千亿通航产业的核心设施，项目总占地约352亩，总建筑面积约2万米^2，建成启用后，吸引了来自全国各地的16家无人机产业链配套企业签约集聚，为台州湾新区空天产业高质量发展打下了坚实的基础。

七、行业管理

（一）坚持规划引领

积极推动落实《浙江省航空航天装备产业高质量发展实施方案（2021—2025年）》，统筹“制造、创新、应用”三位一体发展，全力打造轻型飞机研发、制造、服务、运营一体化的通航产业集聚区。

（二）支持航空装备工程化攻关和推广应用

深入实施制造业首台（套）提升工程，加大对航空航天产业创新的支持力度。培育认定基于数字孪生的航空航天钛合金导管热弯曲成形装备、航空航天用高可靠性永磁直流力矩电机、航空发动机叶片精密锻造专用控温模座等一批首台（套）产品，并给予首台（套）保险补偿等推广应用政策支持。

（三）加强政策落实

统筹各级财政相关专项资金，按规定对航空航天装备产业发展给予政策支持。支持将优质航空航天装备产业项目优先列入省重点项目和重大产业项目名单，在用地、能源、环境容量等要素保障上给予优先支持。积极争取中央预算内投资、国家民航发展基金等国家重点基金支持，发挥政府产业基金引导作用，重点支持航空航天产业项目。

安徽省

一、本地区基本情况

安徽省大力推动航空产业发展，围绕整机、发动机、关键零部件、试验基地形成合肥芜湖“双核驱动”、重点地市“多点开花”的发展态势，全省集聚航空相关企业 180 余家，其中规模以上企业 30 余家。典型代表企业有中电科芜湖钻石飞机制造有限公司、安徽航瑞航空动力装备有限公司、芜湖钻石航空发动机有限公司、芜湖联合飞机科技有限公司、芜湖海鹰航空产业研究院有限公司、安徽应流航空科技有限公司、合肥亿航智能设备有限公司、零重力飞机工业（合肥）有限公司、合肥江航飞机装备股份有限公司、合肥航太电物理技术有限公司、中航华东光电有限公司、安徽华夏光电股份有限公司、安徽陶铝新材料研究院有限公司、安徽劲旋风航空科技有限公司、安徽佳力奇先进复合材料科技股份公司等。

截至 2023 年底，安徽省拥有轻型通用飞机整机研发与集成应用国家地方联合工程研究中心、中航华东光电有限公司技术中心、国家航空产业知识产权运营中心等 10 余个国家级实验室及研究中心，航空设备测控与逆向工程实验室、航空复合材料维修工程技术研究中心、通航飞机工程技术研究中心等 50 余个省级实验室及技术中心。

合肥市政府印发《合肥市低空经济发展行动计划（2023—2025 年）》，提出打造低空经济总部集聚区、建设检验检测及适航审定基地、建成飞行服务和管控平台、开通商业化空中游览航线和无人机物流配送航线等。2023 年，招引落地了合肥亿航智能设备有限公司、上海时的科技有限公司等一批重点 eVOLT 制造企业，首批完成适航认证的 EH216-S 无人驾驶载人航空器在合肥完成了商业首飞演示。

芜湖市出台《芜湖市低空经济高质量发展行动方案（2023—2025 年）》，以芜湖市航空产业园为载体，加快打造具有重要影响力的通用航空研发高地和产业集群。2023 年 11 月，芜宣机场改扩建总规修编获中国民航华东地区管理局正式批复，定位为民用中型机场、专业性航空货运枢纽机场。获批临时航线 25 条，全国首开芜湖直飞黄山、建德、上饶等通航短途载客运输固定航线。航空产业园获批建设应急救援航空基地和国家安全生产应急救援数字化支援队南方基地。2023 年 6 月 2 日，中国航空器拥有者及驾驶员协会（简称中国 AOPA）与联合飞机集团共同举办了中国首家“无人直升机国际培训与试飞基地”战略合作签约仪式和启动仪式，基地落户芜湖，并开展无人机驾驶员的培训等相关业务。

二、生产经营情况

2023 年，安徽民用航空全产业链企业实现主营业务收入约 105.7 亿元，同比增长 9%；实现利润 7.3 亿元，同比增长 7%。

三、主要产品

（一）民用飞机

主要包括：DA20 单发两座轻型飞机、DA42 双发四座轻型飞机与多用途飞机、DV20 和 CA42 单发两座（三座）轻型飞机与多用途教练机、“战鸿”应急指挥机、MPP 和 CU42 两款多用途飞机；YL-UH270 型无人直升机、RT216 型两座轻型运动类直升机；TD550 共轴无人直升机、TF150 垂直起降固定翼无人机、Q12 多旋翼无人机；EH216-S 无人驾驶载人航空器。

（二）航空发动机

主要包括：AEC2.0L 活塞航空发动机、AE300 航空发动机、AEC180 水平对置航空发动机、300 千瓦级重油发动机；“云雀”“蜂鸟”“黄莺”重油航空发动机；小型涡轴发动机。

（三）其他民用航空产品

主要包括：综合航电系统、航空仪表、航空供氧系统与制冷系统、航空雷达、航发螺旋桨、波纹管、航空结构件、航空电缆、航空钣金产品和航空复合材料等。

四、产品开发与技术进步

整机方面，中电科芜湖钻石飞机制造有限公司已累计生产交付 DA42 飞机 100 余架，连续 6 年国内中级教练机市场交付量排名第一。动力方面，芜湖钻石航空发动机有限公司自主研制的国内首款民用 AEC2.0L 活塞航空发动机装机试飞成功；安徽应流航空科技有限公司、安徽航瑞航空动力装备有限公司能够自主研制航空涡轴发动机和 5～600 千瓦活塞式发动机；合肥国轩高科动力能源有限公司正与合肥亿航智能设备有限公司联合成立无人机电池研究院。关键零部件方面，安徽劲旋风航空科技有限公司 XF2-T 螺旋桨取得国内首张通航螺旋桨型号合格证（TC 证）；安徽鸠兹航空智能产业技术研究院有限公司的智能控制系统产品在国内农业无人机市场占有率 50% 以上；安徽羲禾航空科技有限公司、安徽皓翔航空科技有限公司专注无人机复合材料和壳体；中电博微电子科技有限公司、北科天绘（合肥）激光技术有限公司的雷达导航精度业内领先。

五、对外贸易与合作

华夏云天航空发动机维修有限公司成为普惠集团公司（Pratt & Whitney Group）在华运营的 PT6A 涡桨发动机型号指定大修厂，2023 年维修预订单 2000 余万元。

六、重大基础设施建设

芜湖航空产业园围绕联合飞机集团等重点项目，打造研究院、生产制造基地、试验试飞基地、售后培训基地、应用示范基地等“一院四基地”，先后吸引国内首家无人直升机国际培训与试飞基地、安徽蓝天国际飞行学院等签约落地。合肥市围绕骆岗中央公园打造全空间无人体系应用示范项目的 eVTOL 运营点，并在全市域开始无人基础设施建设。2023 年 7 月 18 日，肥东白龙机场正式开航，是目前安徽省内规模最大、保障设施最完备的 2B 级 A1 类通用机场。

七、行业管理

（一）支持芜湖市发展通用航空产业

安徽省推进芜湖省域副中心城市建设联席会议办公室印发《支持芜湖市通用航空产业发展行动方案》，明确完善航空基础设施、促进产业集聚发展、增强科技创新支撑、开发开放应用场景、统筹推进先行先试、营造产业发展生态等六个方面 21 项重点任务。2023 年 9 月 15 日，第二届低空经济发展大会在芜湖市举办，成为年内有重要影响力的行业盛会。

（二）加强航空装备生产管理工作

加强航空装备企业安全生产管理，强化市、县政府对非法干扰活动处置、机场净空、电磁环境保护及无人机管理的主体责任，形成上下联动、信息互通的监管机制，保障民航运输、通用航空与低空空域飞行安全。印发《安徽省经济和信息化厅关于加强全省民用飞机行业安全生产管理工作的通知》，加强试飞等环节的安全生产管理力度。积极贯彻《无人驾驶航空器飞行管理暂行条例》，并组织各市航空装备生产企业进行学习贯彻。

（三）大力开展航空产业链招商工作

航空航天装备是安徽省高端装备制造产业七个子项之一，是重点招引、扶持方向。2023 年，全省航空产业新招引项目 77 个，累计投资达 1137 亿元，已签约开工的重点项目包括：芜湖专业航空货运枢纽港项目、芜湖综合性航空发动机及其部附件维修基地项目、六安航空及燃机超合金涡轮关键件产业化项目、阜阳无人机制造运营项目等。2023 年 11 月 23 日，组织省内 5 家企业参加首届亚洲通用航空展，并以安徽省展团形式开展招商宣介活动。

福建省

一、本地区基本情况

福建省民用航空工业以民用航空维修、零部件加工制造、水陆两用飞机和无人机制造为主，主要集中在厦门航空工业区和泉州出口加工区。其中，以厦门太古飞机工程有限公司为龙头，在厦门航空工业区聚集了厦门太古发动机服务有限公司、厦门中航秦岭宇航有限公司、厦门太古起落架维修服务有限公司、厦门霍尼韦尔太古宇航有限公司、厦门新科宇航科技有限公司、厦门豪富太古宇航有限公司、太古部件维修（厦门）有限公司、美捷特（厦门）传感器件有限公司等企业，已成为全国重要的民航飞机维修基地，具备了飞机结构维修、老龄客机改货机、发动机维修、起落架维修、辅助动力系统维修、航电系统维修的能力，可提供飞机发动机和零部件等全方位支援服务。

二、生产经营情况

截至 2023 年底，列入福建省统计局统计的 12 家规模以上飞机维修及制造企业拥有总资产 120.04 亿元，同比增长 26.4%；2023 年全行业实现主营业务收入 142.77 亿元，同比增长 46.3%；实现利润 12.21 亿元，同比增长 39.4%。

三、主要产品

（一）航空维修和改装服务

厦门航空工业区厦门太古飞机工程有限公司等有关企业能够为飞机结构、发动机、起落架、辅助动力系统、航电系统进行维修。飞机大修及改装能力涵盖波音 737/747/757/767/777/787 机型以及空客 A320 系列、A330/A340/A350/A380 机型等。拥有最高级别（D 检）的大型检修、飞机结构改装、客舱内部翻新及改装、私人飞机设计与整装服务、航电系统升级、褪漆及喷漆、客机改货机等能力。

（二）无人机生产制造

福建清航装备科技有限公司为福建省主要无人机生产企业，现有产品包括中型直升机和复合固定翼（多旋翼 + 固定翼）无人机，2023 年产值 2863 万元，JZ-120 交叉双旋翼无人直升机产品经认定为福建省省内首台（套）重大技术装备。此外，厦门腾希航空科技有限公司现有产品包括无人验证机、无人自旋翼机等，生产规模较小。

（三）支援服务

厦门航空工业区内的厦门太古飞机工程有限公司等有关企业可为飞机发动机和零部件提供全方位的支援服务。

（四）维修技术培训

厦门航空工业区内的厦门太古飞机工程有限公司等有关企业可为全球新机型飞机维修提供技术培训服务。

四、产品开发与技术进步

（一）整机维修和改装

厦门太古飞机工程有限公司是除波音公司外全球首家实施波音 747-400 客改货和国内第一家为空客 A380 飞机提供航线维修服务的飞机维修机构；建立了亚洲首个获得波音和空客批准的公务机及私人飞机客舱整装中心，是除波音公司外全球首家波音 747-400 客改货项目的飞机维修机构。

（二）航空发动机制造

厦门林巴贺航空发动机股份有限公司是国内一家具有核心自主知识产权的航空活塞式发动机制造商。

（三）其他产品

厦门太古起落架维修服务有限公司是一家可提供飞机起落架全面性维修服务及相关经营业务的公司，从事波音 737/747/757/767/777 等系列起落架维修，并延伸至空客A320起落架维修。厦门中航秦岭宇航有限公司是一家同时具备整台发电机维修和发电机部件深度维修能力的企业，主要从事波音和空客飞机上的电源系统（EPGS）的维修服务。福莱帕特（厦门）航空部件服务有限公司是亚太市场航空部件维修及大修服务领域的标杆。

五、行业管理

（一）推动出台产业政策

指导相关地方创新出台关于支持航空装备发展政策措施，福州市于2023年1月出台《关于推进民用无人驾驶航空器产业高质量发展的若干意见》，支持民用无人驾驶航空器产业发展，壮大福州市战略性新兴产业集群。

（二）支持开展项目招引

组织开展省内企业摸排，进一步挖掘现有工业基础潜力，积极对接中国商飞公司，推动更多福建本地企业进入商飞配套体系。指导相关地市结合产业实际，加强航空项目招引。福州成立无人机（系统）孵化器，吸引约30家无人机企业入驻；鼓楼区与中航金城无人系统有限公司签约福州市低空数字经济产业化项目，于2023年9月举办第一届数字低空产业发展论坛活动。

（三）推进装备技术研发

支持宁德时代与中国商飞公司成立商飞时代，开展电动飞机技术攻关。福建清航装备科技有限公司的交叉双旋翼无人直升机产品被认定为省内首台（套）重大技术装备，企业产品已投入国内多起山火扑救、洪涝救灾等实战使用。

（四）强化企业跟踪服务

用好“456”挂钩联系服务企业工作机制、省工业企业供需对接平台、“党企新时空·政企直通车”平台等，加强企业跟踪监测，协调企业困难问题，保障企业生产经营稳定运行。

江西省

一、本地区基本情况

江西是新中国航空工业的摇篮，新中国第一架飞机诞生地，是同时拥有旋翼机和固定翼飞机研发生产能力的省份。江西省坚守航空报国初心，秉持航空强国使命，成为我国航空工业生产力布局中的重要组成部分。江西省委、省政府高度重视航空产业发展，2023 年出台了江西省制造业重点产业链现代化建设“1269”行动计划，将航空产业作为江西省重点发展的 12 条主导优势产业之一，打造航空先进制造业集群。着力构建集航空制造、民航运输、航空服务、临空经济“四位一体”协同发展的现代航空产业体系，持续推动江西省由航空大省向航空强省跨越，航空产业取得了快速发展。截至 2023 年底，江西省拥有航空企事业单位 257 家，其中，整机（含无人机）制造企业 22 家，配套企业 177 家，航空运营及服务单位 46 家。拥有 2 个飞机总体设计所，3 所航空类大学和职业学院，2 个国家级企业技术中心，4 个省级企业技术中心，11 个省级工程研究中心，5 个省级重点实验室，5 个省级工程技术研究中心，3 个省技术创新中心，3 个航空专业博士后科研工作站、70 个硕士点。江西省航空工业系统现有职工 3 万余人，专业技术人员 9000 余人（技术领军人才 300 多名）。

产业布局上形成了以南昌航空城、景德镇航空小镇为重点，吉安桐坪和九江共青城等航空小镇、赣州市民用无人驾驶航空试验区，以及上饶鄱阳无人机试飞基地为依托的“双轮驱动、多点支撑”的发展格局。南昌航空城拥有教练机、无人机整机制造，国产大飞机大部件及完工交付和航空配套服务三大特色产业。集群内集聚了江西洪都航空工业集团有限责任公司（简称航空工业洪都）、江西洪都商用飞机股份有限公司、商飞（江西）飞机制造有限公司、江西洪都国际机电有限责任公司、上海沪工、南昌三瑞智能科技有限公司、江西中发天信发动机有限公司等重点企业。景德镇航空小镇形成了以昌河飞机工业（集团）有限责任公司（简称昌飞公司）、直升机所为龙头，以江西直升机有限公司、景航锻铸、昌兴航空、明兴航空、神州六合等企业为骨干，涵盖直升机及无人机研发、制造、运营等完备的航空上下游产业链。

二、生产经营情况

2023 年，江西民用航空产业实现营业总收入 24.38 亿元，同比增长 15%；利润总额 1.9 亿元，同比增长 19%。

三、主要产品

（一）民用飞机

航空工业洪都民用初教 6 飞机，昌飞公司 1 吨 S300 型、2 吨 AC311 系列、6 吨 S76D 型、13 吨 AC313 型等多种民用直升机型号，直升机研究所 AR–500 无人直升机，江西直升机有限公司 JH–1 无人直升机、JH–2 直升机、JH–5 直升机，壮龙、科比特等无人机公司植保、消防救援、侦察等多功能、多型号无人机，江西丰羽顺途科技有限公司八轴多旋翼（方舟）、垂起固定翼（MR）、100 千克级垂起固定翼（大垂起）等中小型无人机。

（二）民用航空产品

航空工业洪都参与国产大飞机 C919 飞机前机身与中后机身项目、C929 飞机中后机身项目复材壁板试验件、国际转包等，昌飞公司承担了商飞公司 C919 前缘缝翼和后缘襟翼的研制，南昌三瑞智能科技有限公司提供无人机电机、螺旋桨、控制器等产品，中发天信提供 ZF850 涡喷发动机。

（三）相关产业的产品及服务

江西省积极开展国产民机试飞服务保障，以瑶湖机场和航空工业洪都为主要承载体，参与国产民机试飞服务。2023 年，C919 飞机、ARJ21-700 飞机在瑶湖机场持续开展试飞工作，两型飞机共 60 架在瑶湖机场开展试验试飞及维修改装等相关工作，保障两型飞机四个状态（科研试飞、改装试飞、交付试飞、航班运营）407 架次；瑶湖机场保障厦门航空波音 737-8MAX 型飞机驻场训练 24 架次。昌飞公司积极开展民机租赁业务，2023 年共完成租赁 8 架（2 架 AC313、2 架 AC311A、4 架 AC311）业务。

四、产品开发与技术进步

（一）新产品开发情况

昌飞公司试飞验证 30 余种解决方案，解决了 AC313A 振动问题，完成了高原、高寒验证试飞，有力地推动了 AC313A 研制工作。AC311A 完成了消防吊桶、国产高姿滑橇起落架、液压燃油动力系统软管延寿等取证工作，完成了航行灯、防撞灯、电加温后视镜装机验证。建成 1 套航空医学应急救援沉浸式模拟训练系统，初步具备航空医疗救护人员的培训能力。航空工业洪都开展宽体客机中后机身壁板试验件能力提升，按照中国商飞 CPS 技术规范双曲壁板试验件研制，并进行设备鉴定和相关工艺鉴定。

（二）民用航空科研项目情况

昌飞公司承担了 AC313 型机赋能国家重点研发计划“航空医学应急救援关键技术装备及应用示范”课题的实飞集成应用，检验科研成果的可行性和通用性。

五、对外贸易与合作

（一）对外贸易情况

2023 年，昌飞公司完成波音 767 零件交付 10183 件，波音 737 零件交付 2976 件，交付额共 74.54 万美元。完成交付美国西科斯基 S92 尾斜梁 4 架份（397～400 号），交付额 114.74 万美元（含备件）。

（二）对外合作情况

景德镇高新区与乌克兰 DB 公司深化合作，创投公司与乌克兰 DB 公司共同投资设立中乌直升机公司项目，就 AK1-3 轻型直升机的改型工作进行深度合作，2023 年完成 6 项实用新型专利授权。

六、重大基础设施建设

（一）重大基础设施

民用机场：已建成以南昌昌北国际机场为主枢纽，赣州黄金机场为次枢纽，吉安井冈山机场、九江庐山机场、景德镇罗家机场、宜春明月山机场、上饶三清山机场、赣州瑞金机场为支线机场的民用机场体系。通用机场：已建成南昌瑶湖、赣州南康、景德镇浮梁、吉安桐坪、九江共青城、宜春靖安等 12 个通用机场。直升机起降点：已建成 389 个直升机临时起降点，基本覆盖所有县市区及设区市高铁站、市级医院和重点旅游景区。

（二）重大产业项目

昌飞公司 2023 年民用航空基础设施建设项目 4 项，新开工 1 项，总投资 12913 万元，其中新开工项目投资 1158 万元，续建项目投资 11755 万元。

航空工业洪都 2023 年对 C919 零件制造相关的 10 项设备进行了技改（含蒙皮镜像铣设备等），其中 4 台（套）设备已到货，5 项在供货中，1 项在修改标书中。对大部件装配的产线进行了第二条装配线投入，投资金额约 2.295 亿元。

江西直升机有限公司投资 8.36 亿元 JH 系列直升机批产项目已于 2023 年完工，JH 系列直升机年产能 200 架。投资 1.36 亿元建设的景德镇浮梁通用机场 2023 年完成所有配套设施建设。

七、行业管理

（一）产业发展政策体系逐步完善

印发了《2023 年江西省航空产业发展工作要点》，明确年度工作任务。出台了《江西省航空产业数字化转型行动计划（2023—2025 年）》《江西省无人机产业高质量发展三年行动计划（2023—2025 年）》。制订了《江西省航空产业链现代化建设行动方案（2023—2026 年）》，布局产业链发展主阵地和协作区，明确主攻方向和发展路径，为航空产业发展提供了指引。

（二）民用航空研制加快提升

通过实施一批重大研发项目，江西省低空制造能力不断提升。初教 6 民用型、AC311 系列直升机完成适航取证并批产，GA20 飞机完成全部适航认证工作，AC313A 新型直升机加速开展适航取证。江西直升机有限公司完成 JH–2 直升机及多型无人机适航取证，形成年产 300 架产能。中德通航飞机、建豪通航、腾宇无人机等一批有人、无人机低空制造项目落户。在江西省重点研发计划、省重大专项中，安排近亿元支持通航飞机、无人机及发动机等关键技术研发，有力支撑了低空制造新产品的研制。

（三）产业集群效应开始显现

充分发挥南昌航空城、景德镇航空小镇、赣州民用无人驾驶航空试验基地（试验区）等产业集聚区资源优势。南昌航空城积极推进 C919 二期、航空科创城二期、泰豪装备科技产业园一期、南昌沪航二期、中航光电互联科技航空航天集成线缆制造等项目。景德镇航空小镇与北京瑞极、浙江容祺、一飞智控、天津克兰鹰、华泰航空、航宇智造等企业洽谈项目落户。商飞（江西）飞机制造有限公司 2023 年完成 18 架份 ARJ21 完工交付任务，并全面启动提级扩能项目。南昌、景德镇联合编制了《江西省航空先进制造业集群建设方案（2023—2026 年）（初稿）》，全力争创国家级航空先进制造业集群。

（四）产业升级取得实际效果

赣州作为中国民用航空局批复的全国首批 13 个民用无人驾驶航空试验基地（试验区）之一，致力于打造具有全国重要影响力的无人机产业发展试点示范基地。江西省航空产业科技创新联合体成立协同创新中心，构建支撑全省航空科技创新的工作协同推进机制。昌飞公司申报应急管理部重点实验室，完成 3 项省级标准制定并发布实施。南昌市成立航空装备产业联合会并于 4 月份揭牌。民航江西适航审定中心完成 GA20 适航审定取证工作，编制完成 8 份旋翼航空器综合性专题符合性指南研究计划。北航江西研究院、江西航空研究院等研发平台服务功能不断拓展，多项科研项目立项。

（五）开放合作取得新成就

联合中国民用航空华东地区管理局印发了《推进江西民航高质量发展战略合作协议 2023 年工作要点》。联合中国商飞成功举办 2023 年中国商飞全球供应商大会南昌专场活动。成功举办“江西通航产业发展战略与科技创新策略”院士学术论坛、中国航空产业大会院士专家研讨会。教育部批准设立江西飞行学院。景德镇市与南昌航空大学合作共建航空制造产业学院，首批本科学生已入学。全国无人机产教融合共同体在赣成立。

山东省

一、本地区基本情况

2023 年，山东省列入统计范围的重点民用航空生产及维修企业有 13 家，分别是山东太古飞机工程有限公司、山东翔宇航空技术服务有限责任公司、东方蓝天钛金科技有限公司、威海广泰空港设备股份有限公司、山东艾诺智能仪器有限公司、山东一立动力科技股份有限公司、日照山太飞机工程股份有限公司、山东华信航空科技有限公司、青州耐威智能科技有限公司、山东飞奥航空发动机有限公司、山东龙翼航空科技有限公司、山东济钢金航航空科技有限公司、中科复材（滨州）新材料有限公司。从业人员 4449 人，其中研发人员 414 人，本科以上学历人员 909 人，研究和参与试验的工程技术人员 696 人。

二、生产经营情况

2023 年，山东省统计范围内民用航空工业企业总产值 30.7 亿元，总资产 89.8 亿元。其中，研发投入 0.44 亿元，实现主营业务收入 30.1 亿元，利润 3.54 亿元。

三、主要产品

HF-6120 系列培训无人机，专业电影级航拍机，双光热成像搜救无人机，华飞 HF 系列植保无人机，“山鹰”200 复合翼无人机——人工增雨系统、森林无人机消防系统，25KG-3T 灭火弹，欧直 135 直升机挂钩，H135 直升机，无人飞行器，消防直升机飞桶，贝尔 407、欧直 135、阿古斯特 139 及米 -171 四种机型外吊挂设备支架组件和机械绞车，阿古斯特 139 直升机医疗担架。飞机客舱登机门导向臂、紧固件、航空航天结构件、医疗植入物及进口替代产品、应急断离保险销、航空铸锻件、航空铝型材。涡轮增压器、航空液压件、各类合金铆钉。飞机轮胎、碳飞机刹车盘、电源供应器、精密测试电源、交直流电子负载、航空蓄电池测试仪。各型空港地面设备、航空地面电源等航空型号配套，航空发动机用尾喷、涡轮、叶轮、转子、叶片、喷嘴环、导向器等高标准精密铸件和模具的设计开发制作，高性能颗粒增强铝基复合材料，民用飞机及航空器维修服务。

四、产品开发与技术进步

（一）产品开发

山东太古飞机工程有限公司拥有波音 737-300/400 客改货和波音 737-800、空客 A320、国产 ARJ 系列、巴航 ERJ、庞巴迪 CRJ 等主流机型的改造能力，开发了 ARJ21 和新舟 60 型号民机维修业务，且保持维修市场规模，持续推进 C919 大飞机维修能力建设。

东方蓝天钛金科技有限公司与中国商飞公司开展紧固件研制，依托数字制造技术，完成高端紧固件、精密结构件、钣焊冲压件以及高端零部件的研发、生产、检测与服务。年产高端紧固件及结构件千万件，覆盖国内航空航天高端市场，产品材料包括钛合金、高温合金、不锈钢、铝合金等。

威海广泰空港设备股份有限公司数字化转型加速赋能，新产品完成 22 项工程设计，储备研发产品 16 项方案和 17 项工程设计，投放市场 5 项新产品。实现超视距远程设备部署 31 套；无人驾驶转运车和行李牵引车已完成机场测试；换电式储能电源系统已交付，电动无拖把飞机牵引车获得机械工业设计金奖，并已交付；7 个产品取得欧盟 CE 认证并出口。

（二）技术进步

山东太古飞机工程有限公司完成超规范修理设计 2700 多个，DMDOR 设计小改批准 110 多个，MDA 项目 10 个，STC 项目 4 个，EASA DOA 修理设计批准 70 多个，改装批准 20 多个。参与省级以上科技项目达 15 项，主研项目 100 项以上。2023 年 9 月，获得 C919 机型 C 检维修许可和热处理工艺能力批准。2023 年新获得 CAAC STC 证书 4 项，MDA 证书 2 项，新获得授权专利 23 项，发明专利 13 项、实用新型专利 10 项。航空零部件方面获得西飞民机无人机舱段转包产品特种工艺资质和无人机货舱的制造，发动机短舱等部件深度维修能力突破。

山东翔宇航空技术服务有限责任公司在宽体机风挡、气动液压、航电、轮刹等维修能力方面取得突破，与中国商飞、西飞民机建立合作渠道，获得波音 737NG 飞机座椅电源加装 STC 取证，设计改装能力由部件级跃升到系统级，实现在驾驶舱—客舱充电产品全覆盖。

威海广泰空港设备股份有限公司实现了空港装备全系列电动化，“智能充换电站”已交付重庆机场，解决了空侧电动产品充电时间长的痛点。自动靠机技术、人脸识别技术和智能防碰撞系统已投入应用。截至 2023 年底，拥有空港装备专利 502 项，发明专利 85 项，实用新型专利 359 项，外观设计专利 58 项，软件著作权 3 项。

五、对外贸易与合作

山东航空装备制造企业主动参与国际交流合作，不断增强产品竞争力。山东太古飞机工程有限公司为多家国外客户完成了飞机定检及改装。波音 737 客改货出口额连续三年达到 85% 以上。山东翔宇航空技术服务有限责任公司与新加坡航空、德国汉莎、庞巴迪等公司保持合作。山东艾诺智能仪器有限公司生产的飞机地面静变电源产品出口埃塞俄比亚，参与柬埔寨暹粒机场、菲律宾宿务机场、巴基斯坦瓜达尔港机场建设，打破了欧美对航空电源市场的垄断；威海广泰空港设备股份有限公司产品出口到亚洲、欧洲、非洲、南美洲和大洋洲 90 多个国家和地区，与瑞士国际空港服务有限公司、阿联酋航空公司、孟席斯公司、TCR、宏亚公司等客户长期合作，产品覆盖全球 1000 余座机场，全年取得订单 6.21 亿元，同比增长 352%。东方蓝天钛金科技有限公司 2023 年参加巴黎国际航空航天展，与多国航空客户达成合作意向。山东济钢金航航空科技有限公司参与海外市场业务，接洽埃及、尼日利亚、刚果（金）等国家客户，就无人机零部件、反无人机系统等达成了多项合作、采购意向。

六、重大基础设施建设

（一）日照通用航空产业园区建设项目

园区基础设施配套建设，抓好机场核心区“10 纵 6 横”路网收尾工程。新开工道路 6 条、5 千米，统筹推进路网、水网、热网建设。空港污水处理厂竣工验收，已正式运营。推进招商引资平台建设，空港新一代信息技术产业园 2～4 号楼 3.7 万米^{2}标准厂房已启用，3 个项目入驻；1.75 万米^2 1 号厂房已完成主体建设；3.4 万米^{2}曙光标准厂房已收尾，多个项目已入驻。

（二）潍坊航空航天产业园项目

总投资 60 亿元，占地近 500 亩，园区已建成厂房 17 栋，仓库 2 栋、配套楼 6 栋，总建筑面积 29 万米^2。引进鑫精合公司、山东宇航推进航天科技有限公司等行业头部企业，推进星途探索项目实施，加快推进辉锐光电项目。形成以鑫精合公司为引领，涵盖飞机、火箭、卫星三大领域的新材料、零部件、整机全产业链布局。

（三）东营市航空基础设施建设

一是海科化工 50 万吨 / 年生物基航空燃料技术改造及配套项目，占地 190 亩，建成后可实现工业及交通领域碳减排 83 万吨 / 年，项目总投资 12 亿元。二是宏丰年产 20000 吨高性能金属新材料项目，占地 140 亩，一期规划建设精密制造航空航天智能调节阀车间、模型车间 3.9 万米^2，项目总投资 4.6 亿元。三是恒鑫航空配件研发生产项目，占地约 54 亩，建设厂房 2 万余米^2，建设研发楼 1 栋，加工、装配、试验、总装及检测车间共 6 栋，安装设备 30 台（套），建成后可年产航空配件（航空发动机叶片）10 万件。总投资 1.4 亿元。

七、行业管理

（一）加强政策供给

加快制订出台《山东省无人机产业高质量发展实施方案（2023—2025 年）》《山东省通用航空装备创新应用实施方案（2024—2030

年）》，推动打造以无人机为代表的通用航空装备产业体系。

（二）组织招引活动

召开无人机产业链创新发展大会，组织有关单位企业推介重点产品，加强无人机产业链建设，开展产业链项目签约，落户多家有影响力的企业。

（三）丰富拓展应用场景

遴选发布山东省无人机典型应用场景和重点产品，打造特色化示范场景，开展产品、场景和解决方案的精准对接。

（四）加强通航装备产业技术创新

组建高端智库，培育产业链服务支撑机构，围绕滨州等有基础的城市，争取头部企业来山东省布局，做大产业规模。推动山东省工业级无人机制造业创新中心和无人机检验检测中心建设，力争尽快形成产业倍增效应。

河南省

一、本地区基本情况

2023 年，河南省共有规模以上民用航空企业 12 家，从业人员 1400 多人，省级及以上民用航空研发平台 6 个，其中河南省工程技术研究中心 4 个，河南省企业技术中心 1 个，拥有国家航空植保重点实验室 1 个。

河南省拥有重点航空产业园区 3 个，分别为新乡航空航天专业园区、安阳市通航产业园和安阳市北关区无人机产业园，积极推动民用航空集聚发展。新乡航空航天专业园区经过多年发展，已经形成以电控液压、机载配件为主的飞行器配件及地面保障设备，以无人机为主的低空飞行器和过滤与分离产业三大板块，尤其是过滤与分离产业经过多年聚集发展，已经形成过滤整机及零部件生产的产业集群。安阳市通航产业园和安阳市北关区无人机产业园，已形成了无人机整机、发动机、飞控、无人机专用电池、零部件加工、飞控手培训、飞防服务、检验检测、飞行测试、数据服务等产业链完备的无人机产业发展集群。

二、生产经营情况

2023 年，河南省民用航空工业实现营业收入 8.67 亿元，企业的平均利润率约 11%。

三、主要产品

（一）无人机

安阳全丰航空植保科技股份有限公司，拥有油动单旋翼智能悬浮植保机、电动多旋翼智能悬浮植保机等多种植保无人机；安阳蜂巢智能装备有限公司，重点生产固定翼无人机、多旋翼无人机、垂直起降固定翼无人机、直升机及智能无人机装备等，目前研发型号数量已达 20 余种。

（二）航空设备及系统

安阳市豪克航空科技有限公司，主要从事航空复合材料螺旋桨及旋翼新产品的开发、新工艺的研究等；重点围绕航空复合材料螺旋桨及旋翼关键核心技术，着重解决固定翼飞行器螺旋桨系统优化设计、垂直起降航空器旋翼系统优化设计、新型航空复合材料的研究与开发等问题，实施螺旋桨及旋翼产品测试中心相关的关键技术研究和测试平台的建设。

新乡巴山航空材料有限公司、新乡平原航空液压设备有限公司、新乡平原航空技术工程有限公司、新乡平原航空器材有限公司等企业，重点为航空领域配套零部件，包含金属丝、高精度金属滤网、钢丝螺套、普通滤芯、单丝编绕滤芯、粉末烧结滤芯、烧结板网滤芯、过滤器、飞机尾翼除冰加温元件、自封接头、滤芯等主要产品。

艾文斯（焦作）新材料有限公司生产在线除气过滤设备和铝熔铸陶瓷功能材料，包括陶瓷过滤板、铸咀板、在线除气过滤设备等铝加工行业新型配套材料。

（三）其他民用航空产品及服务

河南永煤碳纤维有限公司主要产品为 MT300 级、MT700 级碳纤维。洛阳航辉新材料有限公司，主要产品为高端钛合金、铝合金及高温合金等关键结构件、组件，主要应用于航空、电子等高端装备领域。洛阳市建园模具制造有限公司主要产品为塑料模具、压铸铝模具、冲压模具及注塑产品。洛阳力肯航空科技有限公司主要产品为电子机箱、电子支架。蜂鸟智造提供农业航空植保服务及飞控手教学培训等。

四、产品开发与技术进步

艾文斯（焦作）新材料有限公司研制生产铝熔铸陶瓷功能材料，产品覆盖几十个国家和地区，与中国铝业、忠旺、魏桥、麦达斯等多家国际知名企业建立长期合作关系。一是开发高目数泡沫陶瓷过滤板技术，该技术突破国外技术封锁，泡沫陶瓷过滤板高温性能优异、5μm杂质过滤效率60%~80%。二是开发铝锂合金专用衬体材料技术，该项技术采用荷叶仿生结构，解决活泼轻金属锂的钻蚀问题。

新乡巴山航空材料有限公司每年自主开发新产品30余项，拥有有效专利73项。新乡平原航空液压设备有限公司通过现有专利技术转化为科技项目，“机载计算机液体冷却技术”项目获得航空工业集团科学技术奖二等奖。

河南永煤碳纤维有限公司初步建成高性能碳纤维研发基地、中试基地和人才培养基地。近两年积极研发新工艺、新产品，拓展产品市场。T300生产线组织实施T300碳化线扩产年产500吨T300-12K碳纤维项目。

洛阳航辉新材料有限公司致力于大型薄壁复杂钛合金及高强高韧铝合金精密成形技术的研发和应用，围绕航空、电子等领域对钛及铝合金产品的需求，针对制约我国钛及铝合金成形技术瓶颈，主持参与省市级科研项目16项，已完成5项，突破了钛合金及铝合金大中型复杂薄壁构件先进制造的工程化技术、质量控制技术、技术适应性、快速产量工程模式等关键问题，掌握了钛合金及铝合金关键结构件、高精度钛合金激光焊接等的核心技术和关键工艺，可根据需求独立设计、生产各种钛合金及铝合金等产品。累计申请专利44项，其中发明专利23项。“超大尺寸复杂薄壁钛合金结构件一体成形技术”获得了第七届“创客中国”创新创业大赛全国500强、入围第十一届中国创新创业大赛全国赛、第七届“创客中国”河南省中小企业创新创业大赛三等奖、第十四届河南省创新创业大赛三等奖、洛阳市第七届创业之星大赛二等奖等奖项。

五、行业管理

（一）加强技术引领

坚持把科技创新作为航空工业发展的第一动力，加强科技创新平台建设，提高自主研发能力，始终保持技术领先、产品领先，部分重点企业有自主研发平台。指导企业加大技术创新力度，鼓励企业积极参与行业标准制定，加快新产品开发，积极抢占市场前沿。

（二）做好企业培育

持续做好本地航空工业企业培育，积极帮助企业争取项目、资金、荣誉等支持，指导企业做好“专精特新”中小企业和“高新技术企业”等项目申报，鼓励企业融入国际民用航空产业链，提升企业核心竞争力。

（三）深化企业服务

持续开展企业家培训活动，打造高素质的企业家队伍，深入做好企业调研，扎实做好“万人助万企”活动，深化企业服务意识，提升服务企业水平，积极帮助企业协调解决发展中的困难问题。

湖北省

一、本地区基本情况

截至 2023 年底，湖北省民用航空工业企事业单位超过 80 家，涉及特种飞行器、通用飞机、无人机研发制造，救生防护产品、飞机座椅、航空仪表、水系统等部附件系统研发制造，飞机维修、客改货、拆解等领域。特种飞行器、航空救生装备产品研发制造和总体航空维修能力在全国领先。湖北省在航空领域建设有国家级企业技术中心 2 个，省级企业技术中心 5 个，航空产业园区 3 个。

二、生产经营情况

2023 年，湖北省民用航空工业实现主营收入超过 26 亿元。各骨干企业工业总产值保持平稳增长。

三、主要产品

（一）民用飞行器

"海鸥" 300 轻型水陆两栖飞机、AG50 轻型运动飞机、"晨龙天使" 飞机，AS700 载人飞艇，涵道风扇动力系统，多旋翼、固定翼等系列无人机，热气球、滑翔伞、动力伞等轻型民用航空器。

（二）航空设备及系统

各类民机座椅，驾驶舱门系统，水 / 废水系统，航空电动机系列，发电机及发电机组系列，环控系统，直升机加油及抛放装置，新型塔台综合管理台，机载设备，辅助设备，厨房设备，无人机通信指挥车，无人机地面站，无人机地面防空车，无人机回收系统，无人机防控系统等。

（三）民用飞机零部件制造

螺旋桨，起落架零件，干燥器组件，压力平衡阀，卡箍标准件，迎角传感器，谐振式结冰探测器，图像式结冰探测器，过冷大水滴结冰探测器；发动机支架组成，飞行员及乘客座椅组成，飞控系统，客货舱地板，机身结构件及钣金件等；C919 风挡雨刷，干燥器，防冰伸缩管，C919 风门组件机载产品；各类航空紧固件；整流罩，机翼前缘，襟翼，方向舵，尾锥。

（四）其他民用航空产品

航空防护救生装备，应急救生装置，弹射动力装置，降落伞，救生开伞器，航空运动产品，腐蚀防护产品，航空装饰件，客货舱地板，精密测绘仪器等系列产品。

（五）航空维修及服务

民航整机定检维修、喷涂及改装。波音系列、空客系列、CRJ、ERJ、俄制飞机等多个机型的液压、气动、电气、燃油、飞行操纵、机载应急设备、起落架、复合材料、直升机旋翼和旋翼传动部件、通航发动机、螺旋桨等附件的维修。波音 737 系列和空客 A320 系列 8C 能力、新舟 MA60 最高级别检、波音 737CL-6C 检、民航整机喷涂、飞机拆解及客改货等业务能力。航空器辅助动力装置（APU）的维修。航空器舱内设备、飞机内饰等，采用冷气动力喷涂、超声速喷涂、等离子喷涂等对飞机结构件的维修。

（六）相关产业的产品及服务

培训服务种类齐全，包括结构修理、机身门窗修理、防腐处理、复合材料修理、喷漆等航空部件修理培训，轻型飞机、无人机飞行及培训服务。蔚蓝集团、湖北龙昊航校、湖北电鹰科技公司等单位的轻型飞机、无人机驾驶培训业务稳步发展。

四、产品开发与技术进步

（一）民用飞行器

AG50 轻型运动飞机已经取得型号合格证（TC）、生产许可证（PC）。"海鸥" 300 飞机、AS700 飞艇取得型号合格证（TC）。中国特种飞行器研究所获得航空工业集团科技进步奖二等奖1项、三等奖6项，授权发明专利40件，形成国家或行业标准数量合计7项。旭日蓝天、普宙科技、电鹰科技等企业积极研发大中型无人机产品。

（二）航空设备及系统

湖北航宇嘉泰飞机设备有限公司（简称航宇嘉泰）的双通道经济舱座椅正式加入空客A330飞机座椅选型目录，完成全部中国技术标准规定（CTSO）取证工作。JT220座椅平台进一步客户化开发和验证，平台构型和功能选项更加丰富，产品质量和可靠性明显提升。Slim构型加入A320飞机座椅装机目录。在技术方面，初步掌握了座椅多机构运动仿真技术、座椅关键复材部件自制工艺技术能力。形成了皮革包覆材料设计和工艺规范，掌握皮革、PC板、金属件修复技术并实现应用交付。与空客合作的绿色泡沫垫材料取得新进展，技术可行性验证完成。在国内率先进行了美国联邦航空局（FAA）TSO127c适航技术的研究和应用，起草了CTSO127c适航规章，通过中国民用航空局、中国民航大学及相关工业方的评审。

（三）民用飞机零部件制造

航空工业武汉仪表有限公司建立了完善的设计保证体系、生产质量体系、设计研发体系和软件开发体系。公司质量体系通过了AS9100D和CCAR-21认证。突破了电脉冲除冰系统设计、复合材料内嵌加热片、液态金属喷涂及修剪、光纤冰型测量等关键技术，掌握了多原理飞机防除冰系统的集成技术，为主机提供了防除冰系统解决方案。

江汉众力实业有限公司主要产品包括通航飞机发动机支架，起落支架、驾驶员座椅、乘客座椅以及机翼、排气管系统、辅助动力系统零部件，以及商用大飞机乘客座椅金属骨架。

宜昌斯塔娜航空科技有限公司主要从事复合材料航空螺旋桨和航空零部件设计制造，在结构设计、制造工艺、气动性能等核心领域具有完全原研的技术优势，是国内唯一取得美国联邦航空局（FAA）随机认证和中国民用航空局（CAAC）随机认证的自主品牌螺旋桨企业。

（四）其他民用航空产品

航空工业航宇救生设备有限公司主要从事航空防护救生/空降空投装备的研制，主要产品涉及应急撤离滑梯、救生船、救生衣、氧气面罩、医疗救护单元、驾驶员/乘员座椅、水/污水系统、轻型飞机救生/整机回收系统、直升机应急漂浮系统、消防吊桶以及航空救援任务设备等方面，为国内诸多用户提供相关产品和服务。

（五）航空维修及服务

武汉航达航空科技发展有限公司（简称航达公司）保持平稳快速发展。公司目前已获得多项国家发明专利、实用新型专利及软件著作权，建立各种飞机附件维修能力8000多项，在国内同类型企业中维修能力领先，在气动、液压、机电等附件的维修方面积累了丰富经验，业务范围涉及波音系列、空客系列、中国商飞ARJ21、多尼尔、加拿大喷气飞机、亚马逊系列飞机、俄制飞机等各种在用机型的各类附件，以及各种飞机发动机附件。航达公司计量中心于2023年获得中国合格评定国家认可委员会（CNAS）实验室认可。

贝迪克凌云（宜昌）飞机维修工程有限公司（简称贝迪克凌云）拥有1座定检维修机库、1座喷漆机库及1架座客改货机库，定检维修机库和客改货机库均具备4机位生产线、喷漆机库具备1条喷漆线（可容纳宽体机喷漆），拥有丰富的波音737NG与空客A320系列飞机定检、结构修理、改装、喷漆和拆解经验。在维修能力建立的同时，贝迪克凌云能提供快速的AOG支援，在国内各大机场进行应急保障工作。所获专利10余项，已申报国家高新技术企业。

湖北超卓航空科技股份有限公司积极投入产品研发，在冷喷涂金属增材再制造应用方面，通过设备升级和技术参数优化提高材料性能上限，适应新机型产品的重载特性。积极开发铜合金、钛合金、不锈钢、高温合金以及多组分金属材料等新材料的冷喷涂工艺技术，扩展技术应用范围。此外，开发冷喷涂技术进行功能涂层加工，在防腐、导热、导电、抗磁、减磨、封严等领域进行应用探索，2023年共获得6项发明专利。

五、对外贸易与合作

航达公司是波音、普惠、霍尼韦尔、空客、赛峰以及一些海外航空公司的合格维修供应商，为其提供飞机起落架大修、发动机附件维修、APU 附件维修等方面的服务。其进出口业务主要体现在零备件的采购进口、技术合作、维修服务出口三个方面。

凌云（宜昌）航空工程有限公司主要通过贝迪克凌云与以色列航空工业公司（IAI）在波音 737 客改货项目上进行技术合作。通过植入 IAI 先进的管理经验以及人员和技术优势，致力于打造波音 737NG 机型客改货亚洲改装中心，做强做大宜昌地区民航 MRO 产业，为客户提供优质、高质的飞机 MRO 服务，实现管理、生产、市场国际化。

航宇嘉泰与英国汤姆森航空公司的协同全面推进，启动了研发协同，完成相关培训，建立了协同工作平台；成立了 ACS 中国售后服务中心，开展售后协同业务，开展了零部件的生产协同，促进了公司部件维修能力提升。

六、重大基础设施建设

1. 荆门市特种飞行器智能制造科技园项目。项目拟投资 10 亿元，主要建设特种飞行器总装厂房、停机坪、下滑道、码头等，以新型航行器、通用飞机、浮空飞行器等航空装备智能制造、试飞交付和客服服务为核心业务，打造特种飞行器智能制造科技园。项目建成后，将形成百亿级产值园区，吸引 2000 余名高科技人才，创造近万个就业机会。

2. 咸宁赤壁市智能无人系统基地项目。项目投资超过 3 亿元，主要建设赤壁中试谷 · 智能无人测试基地、“中国遥感小镇”、赤壁遥感与智能无人系统实习实训基地，推动建设武汉大学数字化乡村振兴研究中心赤壁基地。

3. 武汉市东湖高新区低空共享无人机应用示范区建设项目。总投资约 3 亿元，在全区范围开展低空共享无人机应用示范区建设，服务全区 13 个职能部门、8 个街道办、8 个园区办，构建 28 个城市治理应用场景、6 个经济生活应用场景。

七、行业管理

2023 年 7 月，湖北省财政厅等两部门联合印发文件，明确支持航空航天产业发展，对于取得型号合格证（TC）、生产许可证（PC）的企业，给予 100 万元的一次性奖励；对于取得大飞机维修资质的企业，给予 100 万元或者 300 万元的一次性奖励；2023 年，共奖励 AG50 飞机取证等项目 600 万元。11 月，湖北省发改委等两部门联合印发《关于培育壮大民用无人机产业的实施意见》，提出了支持低空经济发展的 21 条具体措施。多次组织航空航天产业发展座谈会，指导无人机协会开展学习《无人驾驶航空器飞行管理暂行条例》学习宣贯等活动，编印《通航动态》12 期，加强行业对接交流，协调推动重大项目实施。

湖南省

一、本地区基本情况

截至2023年底，湖南省航空工业企业达500多家，规模以上航空工业企事业单位100家，从事航空关联产业人员5万多人。受低空空域管理改革试点成果推动，湖南省基本形成了中小航空发动机、通航整机、飞机起降、减速传动、机载设备等系统级优势产品谱系。基本建成了全国重要的中小航空发动机研制基地，株洲中小航空发动机产业获批国家先进制造业集群，入围全国重点培育的45个世界级产业集群名单。

二、生产经营情况

2023年，湖南航空产业产值约595亿元，同比增长10.2%。全省通航飞行5.06万小时，同比增长71.6%。

三、主要产品

湖南省民用航空产业主要产品包括民用航空发动机及配套零部件、民用燃气轮机、轻型运动飞机及民用无人机、航空材料等。

（一）航空发动机

航空发动机冰风洞设施入选全省“4+4科创工程”，一期工程已竣工。500千瓦功率量级APU（KD50）样机正在进行验证试验，已完成压气机、燃烧室、模型涡轮性能和部分结构强度试验。1300千瓦功率量级APU（KD130）研制项目完成总体技术方案优化设计和部件试验件工程设计，正同步试制。

（二）航空整机

山河星航阿若拉通用飞机交付60架，已累计交付260余架，安全性、可靠性和实用性进一步得到验证。SA750多用途运输机已完成首飞试验，该机型最大起飞重量7.5吨，载重超3吨，满足大载重、短距起降、复杂气象、无人化作业等需求。

（三）起落架系统

完成AG600项目技术状态冻结、实物状态冻结，装机备件1099架、3件试验件、3架装机件主起落架缓冲支柱返厂交付，421项鉴定试验，机载软硬件计划阶段审查，配合主机完成了AG600M大型水陆两栖飞机应急救援综合实战演练，加速构建以AG600项目为龙头的航空应急救援装备体系；正式交付首架批产C919大型客机起落架。C919飞机起落架装配试验生产线正式进入运营阶段。完成ARJ21项目22架份起落架装配交付至中国商飞公司。

（四）无人机

电动垂直起降航空器（eVTOL）研制进展较快，为大众集团（中国）研制的1.6吨起飞重量的SV160E缩比样机完成全模态飞行，全尺寸正样机已实现小速度前飞。国内高层建筑消防系留无人机完成产品研制，实现120米稳定作业，顺利通过国家科学技术部揭榜挂帅项目里程碑节点考核，已完成产品鉴定并展开销售。空中应急照明小型系留无人机列入国网电力夜间施工强制照明装备名目，以及中国石化装备采购目录。“飞玥”“云翼”“雷霆”等系列无人机广泛应用于公安、消防等领域。

（五）其他民用航空产品

湖南翔为通用航空有限公司取得CCAR135部、CCAR136部、CCAR141部资质，自主研发的航空高压水炮取得中国民用航空局适航认证。株洲时代橡塑元件开发有限责任公司绝热技术突破16项技术、解决6项世界难题，为国内首座低温冰风洞提供技术支撑。时代新材和株硬集团分别拿下省重大科技攻关项目“特种装备用先进复合材料动力叶片”“核级机械密封用硬质合金装备技术”。

四、重大基础设施建设

协调批量核准55个通用机场场址，一次性

签订 29 个通用机场军地协议；娄底桥头河通用机场实现通航运营，建成长沙湘府公园、韶山滴水洞等 2 个 A 类直升机起降场。审批核准宁远、龙山等 5 个通用机场，7 个通用机场出具评审意见；完成全省 7000 个直升机起降点的布局规划方案，并积极着手推进医疗、应急起降点的建设。

五、行业管理

（一）强化统筹规划

湖南省政府办公厅出台《湖南省现代化产业体系建设实施方案》，将航空作为培育壮大新兴产业的重要内容，并明确打造通航产业综合应用区，为湖南省航空产业发展指明了方向。

（二）构建保障体系

先后出台并实施《湖南省低空空域划设方案》《湖南省低空空域协同运行办法》《湖南省通用航空条例》《湖南省低空空域目视飞行办法》《湖南省无人驾驶航空器公共安全管理暂行办法》《湖南省低空空域协同运行空管保障协议》《湖南专项低空航图》全省域低空空域监视通信网、可为全省提供服务的 A 类飞行服务站等 12 项工作。

（三）强化合作对接

成功举办第三届湖南（国际）通航产业博览会、第六届航空航天航海产业发展论坛、第二届北斗规模应用国际峰会等系列活动。推动成立长沙市大飞机产业联盟，湖南省大飞机产业已形成长沙、株洲 2 个集聚区，相关企业在中国商飞供应商库中的合格供应商由 1 家增加到了 3 家，潜在供应商 9 家，通用供应商由 12 家增加到 34 家。

广东省

一、本地区基本情况

作为广东省高端装备制造产业集群五大重点发展产业之一，广东省航空装备产业已逐渐形成以广州、深圳、珠海等地市为中心的产业发展格局，初步形成包括航空材料、航空电子设备制造、机载设备、通用飞机、无人机、航空维修、航空运营服务在内的产业体系。2023年，广东省共有23家企事业单位（不含中央在粤企业）纳入全国民用航空工业统计管理信息系统，从业人员25422人。

二、生产经营情况

2023年，广东省纳入全国民用航空工业统计管理信息系统的23家航空企业实现主营业务收入约486.83亿元，同比增长5%；工业总产值约487.45亿元，同比增长3.7%；利润总额约83.05亿元。全年交付民用航空产品约338.2亿元，其中：无人机约194.64亿元；民用航空器机载系统和设备约0.29亿元；民用航空器修理及零部件修理约43.53亿元；民用航空器零部件及其他民用航空产品和零部件约65.7亿元。

三、主要产品

（一）民用航空器

小型多旋翼飞行器、可折叠便携式多旋翼一体机、农业植保机及相关配套软硬件等产品。

（二）航空系统及设备

飞行控制系统及地面站系统、飞行平台、云台系统、数字图像传输系统、无线遥控和成像终端、飞行参数记录系统、综合数据采集与振动监测系统、直升机健康与使用监测系统（HUMS）、直升机仪电设备综合维修检测系统、飞机泊位引导系统、智能监控系统、空港自动化物流处理系统、航空货物处理系统、现代物流仓储系统、自动化立体停车系统、行李处理系统、驾驶舱语音记录仪、机载无线局域网系统、机载音频播放器、机载视频播放器、机载驾驶舱视频监控。

（三）航空维修、改装及服务

飞机、机载设备、零部件及附件的维修，航线维护，适航及服务改装，基地维修，发动机的维护、修理和翻修。

（四）其他民用航空产品

旅客登机桥、航空食品车、升降平台车、机上服务用品等。

四、产品开发与技术进步

2023年，广东省民用航空工业企业研发人员有5177人，占民用航空从业人员总数的20.36%，较2022年提高1.6%。投入研发费用约57.15亿元，约占营业收入总额的11.73%，较2022年提高2.3%。新增取得授权的民用航空产品发明专利1675件。

（一）深圳市大疆创新科技有限公司

截至2023年底，累计申请专利超20000件，其中PCT专利超6000件。发明专利占比超40%。全球商标布局57个国家和地区，注册1700多件。

（二）广州极飞科技股份有限公司（简称极飞科技）

2023年研发投入1.533亿元，占营业收入的29%。截至2023年底，国内申请专利3776项，获得授权2357项，其中发明专利授权619项，实用新型专利授权1181项，外观设计专利授权557项。打破知识产权国际壁垒，进入欧美日等发达国家市场，获得专利授权58项。

（三）珠海保税区摩天宇航空发动机维修有限公司（简称珠海摩天宇）

珠海摩天宇重视自主创新，开发了超高压

水剥离去除涂层、等离子 / 火焰热喷涂、真空钎焊、精密机加、三维检测、无损探伤、高速磨削叶尖等维修技术，取得了 16000 多个零部件的翻修许可，获得了 V2500 高压压气机前 / 后鼓的等离子喷涂硬涂层更换等 9 个高附加值的资源论证修理的维修授权。目前已获得专利 56 项，其中发明专利 8 项、实用新型专利 48 项；软件著作权 21 项。

（四）深圳中集天达空港设备有限公司（简称中集天达）

中集天达先后成立了 3 个现代化研发中心，分别为登机桥技术研发中心、物流技术研发中心及 GSE 研发中心，相应配套数字工程实验室、全球最大登机桥试验场地。

（五）广州飞机维修工程有限公司（GAMECO）

GAMECO 是国家“高新技术企业”及广东省飞机维修工程技术研究中心单位。拥有有效发明专利 49 项、有效实用新型专利 212 项，2023 年新增专利申报超 50 项。

五、对外贸易与合作

（一）对外贸易

2023 年广东省民用航空工业出口交货值为 262.21 亿元，同比增长 9.3%。

（二）对外合作

1. 深圳中集天达空港设备有限公司：与邦纳、西门子、施耐德、西克、荷兰苏科斯等国外高新技术企业形成战略伙伴关系，与荷兰 Schiphol 机场、法国 ADP 机场集团等合作进行跨界创新、联合开发，整合产业链和价值链，形成以中集天达及天达产品为核心的创新生态圈，推动创新发展。

2. 深圳市大疆创新科技有限公司：在 9 个国家设有 17 间分支机构，销售与服务网络覆盖全球 100 个国家和地区。大疆创新占据全球消费级无人机市场 70% ~ 80% 的份额，在全球民用无人机企业中排名第一。

3. 广州极飞科技股份有限公司：极飞科技发展足迹遍布五大洲，在海外设置了 27 个试验站，部分无人机型号在美国、日本、澳大利亚、瑞士、英国等多地获得了合规运营。2023 年海外销售总额为 1.35 亿元。

4. 珠海保税区摩天宇航空发动机维修有限公司：自正式运营以来，珠海摩天宇已获得中国民用航空局、欧洲航空安全局、美国联邦航空局、日本民航局，以及英国、澳大利亚、沙特阿拉伯和印度等 20 多个国家的适航维修许可证。

5. 广州飞机维修工程有限公司：GAMECO 设有澳大利亚分公司及新西兰分公司。公司拥有中国民用航空局（CAAC）、美国联邦航空局（FAA）、欧洲航空安全局（EASA）等 30 个国家和地区适航当局批准的民用航空器维修许可证，并通过了 AS9100、AS9110、ISO9001、ISO14000、ISO18000、Nadcap、CNAS 等标准体系认证。

六、重大基础设施建设

广州市白云国际机场三期扩建工程。项目总投资 537.7 亿元，计划于 2025 年建成，其中，T3 航站楼工程继 2023 年 6 月主楼 A 区首块主体结构正式封顶后，先后迎来东指廊首榀网架完成提升、中区花冠柱顺利封顶、南侧钢结构花冠柱吊装完成等重大节点。目前，主体结构进入收尾冲刺阶段，部分区域转入二次结构砌筑；主楼区域全面进入屋面网架拼装，A2、A3 区已进行综合提升；指廊钢结构网架拼装完成 70%；幕墙、机电安装进入施工阶段。

2023 年 12 月 31 日，东四、西四指廊正式投入运营，现有 T1、T2 航站楼连成整体，共同组成白云国际机场第一航站区，全球最大单体航站楼在广州就此诞生。其中，东四指廊为国际指廊，西四指廊为国内混流指廊。这两条新指廊启用之后，白云国际机场新增登机口 35 个，近机位 25 个，白云国际机场现有航站楼使用面积及效率大幅扩大，运营能力得到提升。

七、行业管理

（一）加强规划引领

2023 年 12 月，修订印发《广东省培育高端装备制造战略性新兴产业集群行动计划（2023—2025 年）》，实施航空装备工程，支持广州临空经济示范区和深圳、珠海通用航空产业综合示范区建设。支持企业、高校、研究机构建立省航空产业创新平台。支持珠海航空产业园建设，推动中航通飞 AG600 水陆两栖飞机批量生产和通用航空科研及试飞设施建设。发挥广州、深圳、珠海、东莞等重点地市优势，加速打造通用飞机制造、航空地面设备制造，以及民航维修业务等领域为重点的通用航空制造业体系。

（二）出台相关政策

深圳市出台了《深圳市低空经济产业创新发展实施方案（2022—2025 年）》《深圳市关于支持低空经济高质量发展的若干措施》，推动低空经济发展。广州市印发实施《广州市临空经济区条例》《广州空铁融合经济示范区建设总体方案》已报省政府，空港型国家物流枢纽获批建设。珠海市成立珠海通用机场建设工作领导小组，实施《珠海市加快通用航空产业发展工作方案》等政策措施，扩大通航制造业规模，推进航空航天产业链不断延伸。

重庆市

一、本地区基本情况

重庆航空工业包括以重庆金世利航空材料有限公司、重庆通用航空有限公司、重庆亿飞智联科技有限公司、重庆三耐科技有限责任公司等为代表的企事业单位30多家，主要为通用航空有人机整机和复材零部件研制企业、工业无人机整机研制企业、航空发动机研制企业、无人机机载系统和设备研制企业，以及航空材料和发动机叶片研制企业，从业人员约1000人。目前已初步构建“制造＋运营＋服务”、高端金属材料“研发＋制造”的发展格局。

二、生产经营情况

2023年，重庆市航空工业主要单位实现主营业务收入8.6亿元。

三、主要产品

（一）航空材料和部件

重庆金世利航空材料有限公司生产的高端钛合金熔炼及坯料，包含5000吨铸锭，3000吨棒材、管材、板坯、锻件、线材、型材等；重庆两航金属材料有限公司（简称两航金属）生产的航空航天发动机机匣等大型复杂薄壁钛合金铸件产品；重庆丰利钛新材料科技有限公司开展航空用高端钛合金管材研发制造；重庆三航新材料技术研究院有限公司开展航空航天新材料、热加工、制造装备、应用软件等技术的研发与产业化；重庆三耐科技有限责任公司生产的各类多晶、单晶航空发动机叶片及其他部附件。

（二）无人机

重庆亿飞智联科技有限公司研发制造巡查用复合翼工业级无人机，用于海上、边境巡查业务。

（三）航空培训与维修服务

华夏航空教育科技产业有限公司开展民航飞行员训练、乘务员训练、商用飞机维修培训，以及航空部 / 附件维修业务；重庆渝翔航空飞行培训有限责任公司针对A320机型开展民航飞行员复训。

四、产品开发与技术进步

重庆四为智能装备有限公司完成两航金属产线的大型凝壳炉改造，实现多项链条的革新，完成了制壳线设计安装；重庆长天航空材料研究院有限公司通过CNAS复评审和扩项评审；重庆三耐科技有限责任公司与中国科学院金属研究所签订单晶专利许可协议，单晶叶片项目已启动，目前首批单晶叶片已生产出来，送中国科学院金属研究所测试。

五、对外贸易与合作

重庆两航金属材料有限公司开发承接了GE公司的外协订单，2023年完成订单1200万元。

六、重大基础设施建设

星网集团重庆系统院建设重庆卫星互联网运行控制中心，项目总投资4.6亿元。

七、行业管理

（一）人才

大力整合行业专家资源与专业教育培训资源，为重庆市航空航天产业发展提供智力支持与人才保障。打造航空航天产业专家智库，积极与国内航空航天领域知名高校建立良好的沟通机制与渠道，做好人才户籍、就业、住房、医疗、子女入学等保障服务。

（二）资金

航空航天产业具有“投入高、风险高、回报高、周期长”的特殊行业属性，需要长期性、扶持性、专项性支持，中短期社会及经济效益较难兼顾，产业缺失基金难以发展。重庆市产业支持母基金、两江基金及海南生态软件园集团正在加快组建100亿规模子基金（一期30亿元），目前已签订合作协议，未来主要聚焦卫星互联网融合产业。重庆航投集团正在与航天投资集团、渝富控股积极推动成立50亿规模重庆空天信息产业基金（一期30亿元），目前已形成三方合作框架，未来主要聚焦卫星互联网核心产业。

（三）政策

重庆市高度重视空天信息产业发展。在产业政策方面，2023年2月28日重庆市政府发布《关于加快推进以卫星互联网为引领的空天信息产业高质量发展的意见》（简称《意见》），提出打造千亿级空天信息产业，形成空天信息产业基础设施主阵地、原始创新策源地、产业发展集聚地、应用服务新高地。重庆市发改委正在牵头制订与《意见》相应的《重庆市人民政府关于加快推进以卫星互联网为引领的空天信息产业发展行动计划》，将于近期发布实施，助推重庆市空天信息产业快速优质发展。此外，2023年9月8日重庆市经信委印发了《重庆市加快推进北斗产业高质量发展行动计划（2023—2025年）》，提出到2025年重庆北斗产业整体发展水平进入国内先进行列，成为全国重要的北斗创新成果转化地、产业发展聚集区和规模化应用示范区。

四川省

一、本地区基本情况

四川省是我国重要的飞机制造基地之一，拥有众多科研院所、生产制造企业和试验研究基地，具有较完整的飞机和航空发动机总体设计、总装制造、系统集成和验证试验体系，民用航空工业发展程度较高，产业基础、技术能力、人才资源位居全国前列。

四川省从事航空及相关领域的企事业单位200余家，主要由中国航空工业集团有限公司、中国航空发动机集团有限公司、中国电子科技集团有限公司在川企事业单位，以及地方国企、民营配套单位构成，从业人数近10万人。建有成都航空产业园、成都航空发动机产业园、成都青羊航空新城、自贡无人机产业基地等产业园区。建有国家高端航空装备技术创新中心等创新平台，拥有高空模拟试车台和飞行器空气动力性能验证评估平台，在飞行器总体设计制造、航空发动机研制、航电系统研制和航空先进材料制造等方面处于国内领先水平。

二、生产经营情况

2023年纳入四川省民用航空工业统计系统的企事业单位（含央属企业）实现工业总产值189亿元，同比下降4.5%。

三、主要产品

（一）民用飞机

主要发展大飞机机头及通用飞机、气象无人机、警用无人机、植保无人机、多功能无人机等多种民用飞机。主要包括：新支线客机ARJ21、大型民用客机C919、大型宽体客机C929的机头系统；AG600、新舟60、新舟700、AC312、“海鸥”300、“小鹰”500等飞机部组件；通用型支援保障无人机、多载荷无人机、电动旋翼无人机、共轴双桨无人机、垂直起降固定翼工业无人机等无人机系统。

（二）航空发动机

主要发展民用航空发动机各类机匣件、环形件、蜂窝密封件、钣金件、吊挂件等零部件生产，产品应用机型包括GE航空公司的Leap系列、GE90系列、GEnx系列、GP7200、Passport20、CF-34，罗罗公司的遄达XWB、遄达1000、遄达7000、遄达700、RB211、BR725及“珍珠”系列，霍尼韦尔公司的HTF7000系列和HTS900系列，以及国内商用发动机长江1000A和S100项目系列零部件。

（三）机载系统和设备

主要发展机载航电系统、机载电源系统、航空燃油测量与控制系统、航空发动机点火系统和航空发动机传感器、信号器、信号处理装置、密封类、滑油屑末检测类产品等。机载航电系统主要发展C919、新舟700、AG600等重点民机型号的通信导航系统、信息系统、客舱系统、数据链产品；机载电源系统主要发展C919、ARJ21、AG600、新舟60、新舟700飞机的蓄电池，伊尔-76、波音系列及空客系列飞机的蓄电池，AC311、AC312E、AC312C、AC313直升机的蓄电池，通用飞机（小型飞机）的蓄电池，“翼龙”1、“翼龙”2无人机的蓄电池等民航飞机用蓄电池及电源系统。航空燃油测量与控制系统、信号处理装置等主要发展C919、AG600等民用飞机和发动机型号配套产品。

（四）其他民用航空产品

主要发展飞机结构件、起落架、航空模锻件等民用航空产品，为C919、A320、A330、A350、波音787、运12/12F、“小鹰”500、AC313、AC312C及AG600等机型大量供货；发展碳纤维航空复合材料、航空钛合金、功能涂层材料等，在飞机结构件、磁性材料、密封件、易熔合金等领域广泛应用；承接A320前/

后登机门、A350下垂板和扰流片、湾流G280公务机机头和后机身，以及波音787方向舵等项目的转包生产。

（五）相关产业的产品及服务

主要发展空管设备、机场配套设施、整机修理加改装和发动机维修服务等。空管设备主要有ADS-B地面站、二次监视雷达、低空空域协同运行中心、测试应答机、测距仪、多普勒甚高频全向信标、移动式管制中心系统、机动式ADS-B管制系统、飞行指挥车、AeroMACS机场宽带无线通信系统；机场配套设施主要包括机场新能源特种车、行李货物智能分拣输送系统、机场冷链驳运车、智能旅检系统、值机设备、航空集装器等一系列机场航空物流专用设备。维修服务主要发展CFM56系列、LEAP系列发动机维修，A320系列飞机整机深度维修、航线维修，飞机FMC、FCC、FMGC、FCU、MCP、ELAC、FWC、SDAC、ATC、ILS、GLU、ADF、VHF、HF、ADC、PSCU、SPU、SCU等电子/电气部附件维修，飞机IDG、APU、ACM维修等业务。

四、产品开发与技术进步

（一）产品开发

在民用飞机领域，成都飞机工业（集团）有限责任公司（简称航空工业成飞）自主研制的“海燕”I型无人机完成交付验收，该型无人机用于气象探测，具备执行高速、高升限飞行任务等能力，曾圆满完成成都大运会机动气象观测保障和川西高原西南涡、南海台风监测机动气象观测等任务，为大型赛事保障、台风与高原气象探测提供有力支撑，有效破解气象资料空白区域、复杂环境下观测数据不足等难题。中国第二重型机械集团德阳万航模锻有限责任公司突破钛合金精密锻件成形技术，成功生产出首件C919钛合金精密缘条钛合金模锻件；A320飞机主起落架外筒锻件第1000件成功锻造。四川飞机维修工程有限公司顺利完成并交付国内首架A321客改货。成都纵横自动化技术股份有限公司发布纵横昆仑JOS-C2000第三代无人值守系统、CW-100应急通信侦察无人机系统，并在多个领域开展了落地应用，实现了无人机自动巡检、自动充电、异地部署、远程规划指挥、数据自动回传等功能。

在航空发动机领域，中国航发成都发动机有限公司完成国外客户包括GE、罗罗、霍尼韦尔等公司48项新产品试制，相较2022年实现显著增长。完成国内客户中国航发商发长江1000A发动机29项产品试制。全年实现国内外民机业务产品开发数量和质量的阶段性提升，为后续业务发展奠定坚实基础。

在机载系统和设备领域，四川九洲空管科技有限责任公司场面监视雷达取得民用航空空中交通通信导航监视设备使用许可证；广域多点定位系统取得民用航空空中交通通信导航监视设备临时使用许可证。

（二）承担及开展的民用航空科研项目

在民用飞机领域，四川腾盾科技有限公司承担四川省经信厅重大技术装备攻关揭榜任务，研制大型多用途货运无人机系统。

在机载系统和设备领域，四川九洲空管科技有限责任公司承担国家重点研发计划2项、国家科技攻关项目1项。四川泛华航空仪表电器有限公司与电子科技大学开展基于PowerPC架构CPU板卡设计与开发、光纤液位测量系统、基于测温原理的光纤液位传感器、火花能量直接测量方法研究、光电信号器等方面项目合作。

（三）技术进步

在民用飞机领域，中航成飞民用飞机有限责任公司重点在设计技术、制造技术、检验检测技术、信息技术4个方面开展攻关，首次在国内实现了民机机头大部件全层级容差分析，初步构建了面向C929机头项目的结构和强度设计规范架构；完成了C919机头登机门/服务门自动钻铆技术应用攻关，自动钻铆应用覆盖面较2022年度提升20%；优化了A350项目数字化检测路径规划、测量过程指导显示及单人测量模式，测量效率提高了50%；推进MSA测量系统分析技术在A320登机门、A350扰流片和A350下垂板项目上的应用推广，测量重复性和再现性结果从31%降至10.5%，提高了数据采集的准确性，保证了测量系统稳定可靠；搭建基于商密局域网环境的协同平台网络，发布国产大飞机协同设计制造流程方案，打通了企业内外部异构应用系统（PLM、ERP、MES

等）的数据关联，实现国产大飞机机头产业链的资源和能力整合共享，实现跨专业、跨地域协同制造，有效支持国产大飞机批产上量；构建工艺信息数据，重构工艺结构化编制逻辑，完成装配指令（AO）/ 制造指令（FO）等典型工艺文件结构化编制平台开发，实现“从无到有”的跨越。

在航空发动机领域，中国航发成都发动机有限公司完成制造过程模拟仿真、三维数字化工艺设计、新工艺开发等 10 项公司级工艺攻关；全年完成 81 件发明专利申报，取得授权发明专利 34 项；获省部级（含集团）以上科技成果奖 4 项。四川国际航空发动机维修有限公司陆续开发了低压涡轮热喷涂尺寸恢复的修理、涵道盖板螺帽和衬套更换的修理、HPT 转子连接螺母涂层更换的修理、高压涡轮外封严保持器等离子喷涂恢复尺寸的修理能力等 16 项重要技术能力。

在机载系统和设备领域，四川泛华航空仪表电器有限公司“耐高温、高可靠点火装置技术研究及应用”“一种集成机械指示和电气信号的线位移传感器研制”等 4 项科技成果获评航空工业集团科技进步奖二、三等奖。中电科航空电子有限公司突破“通信导航系统高安全高可靠体系架构设计”“北斗导航系统集成及综合性能验证技术”，全年申请 20 项相关专利，“基于北斗的商用客机自主可控全球追踪监控系统关键技术及应用”获中国交通运输协会科学技术奖一等奖，“JZ/DJ 中小型复合翼长航时侦察无人机系统”获中国电子科技集团科技进步奖二等奖。四川九洲空管科技有限责任公司“星基 ADS-B 全球飞行监视关键技术及应用”获得 2023 年中国航空学会技术发明奖一等奖，“面向智慧空管的复杂场景评估决策关键技术及应用”获得 2023 年中国航空学会科技进步奖二等奖，“中国民航空中交通航迹运行安全监控系统关键技术及应用”获得 2023 年中国电子学会科技进步奖一等奖。

在其他民用航空产品领域，中国第二重型机械集团德阳万航模锻有限责任公司针对产品锻件表面开裂、打磨量大的技术难题，建立了钛合金高温塑性变形损伤演化模型，提高钛合金锻件表面裂纹数值模拟预测精度，突破钛合金锻件高精度表面开裂预测技术；在工艺精益中，25 项重点产品达成“一日制造”目标，实现“取消非增值工序、提高生产效率”的目标；在控制精益中，实现了长度达 4.7 米的 TC4 钛合金缘条极限制造。

五、对外贸易与合作

（一）对外贸易

2023 年，中国航发成发抢抓全球航空市场需求恢复的机遇，与 GE 航空航天、罗罗、霍尼韦尔、GE 能源、菱动航改等公司保持密切合作关系，积极推进国际合作，实现出口转包收入 9.87 亿元（按 1 美元兑 7 元人民币汇率折算），同比增长 8.5%。四川国际航空发动机维修有限公司与美法合资 CFMI 公司、GE 公司、法国 SAE 公司等众多国际航空领域企业保持经济合作，2023 年全年进口航空材料达 5 亿美元，境外转包修理服务贸易金额达 1.6 亿美元，与国外航空专业工具设备供应商签订采购合同约 1000 万美元，境外发动机大修完成 89 台，占全年大修产量的 53.61%。成都纵横自动化技术股份有限公司 2023 年贸易额为 8552 万元，占公司主要营业收入的 28%。

（二）对外合作

中国第二重型机械集团德阳万航模锻有限责任公司持续深化与法国赛峰等国际知名民用航空装备制造企业合作，4 款国际民用飞机 13 项起落架模锻件产品大批生产并交付。

四川海特高新技术股份有限公司（简称海特高新）与赛峰集团签订合作协议，授权海特高新作为该公司生产的滑梯、救生筏、厨房插件的售后服务中心，负责 C919、ARJ21 选装的滑梯、救生筏、厨房插件的售后维修工作。海特高新与德国空中客车改装公司易北飞机有限公司签订合作协议，成为该公司 A321 机型全球第一家客改货项目第三方改装公司。

六、重大基础设施建设

2023 年，四川成都航空产业园已建成高品质产业载体近 100 万米^2，项目一期、二期、三期和“四中心”全部建成交付，累计落户企业 22家，签约项目 42 个、投产项目 27 个，投入设备超 1600 台（套），入驻员工 2000 余人。

累计生产零部件超 154 万件，热表处理中心处理零部件 113 万件。检验检测中心集成了渗透、力学、化学、电学等 13 项试验检测能力，物料中心、交付中心集成了原材料及产品的集中仓储、运输等功能，园区实现全功能运营。德阳经济开发区航空航天燃机装备精密锻件智能制造基地项目一期建成投产、二期已完成初步设计；什邡市航空装备研发制造基地项目开工建设，总投资 5 亿元。

中国航发成发充分利用现有科研生产条件，新增了大型反推力型架、镗铣加工中心、数控立式加工中心、数控立式车床等工艺设备，形成了大涵道比风扇增压级单元体、外部结构及短舱组件等研发制造能力，保障了商用发动机的研制条件。中电科航空电子有限公司投资 1200 万元，启动相关设备生产线前期建设工作。四川腾盾科技有限公司投资 1.2 亿元，购买金牛区人工智能产业园内土地约 100 亩，用于建设腾盾科创全国总部基地。四川泛华航空仪表电器有限公司完成 007 号综合装配厂房建设工作，为传感器产品与电子产品生产模式的转变、物料存储方式的变化提供了强力支撑。四川九洲空管科技有限责任公司购置便携式网分仪、Questa Prime 等仪器、设备和软件 367 台（套），完成了成都创新中心建设并投入使用，为高能级科技创新平台运行提供了更为有力的保障。德兰航宇航空发动机、燃气轮机用特种合金精密环锻件智能制造技术产业化基地项目（一期）完工投产；四川凌峰航空液压机械有限公司新开工重大技改建设项目，为作动筒、锁定装置等机载产品产能提升建设项目，已完成环评预评价，完成实施自动化车削柔性生产线、立式真空炉、液压锁智能生产线等工艺设备；爱思达航天科技四川研发与生产基地项目一期建设完成，一期建设已完成验收通过，开始生产，二期正在修建主体、办公楼墙体；德阳远航航空动力研发及产业化基地项目生产车间、附属用房、试验用房施工完成，区域工程施工及围墙施工已完成。

七、行业管理

2023 年，四川省各级高度重视民用航空工业发展，持续发挥政府在行业发展中的引导作用，将成都市航空产业集群、成都市无人机产业集群、自贡市无人机产业集群、绵阳市无人机产业集群作为省级战略新兴产业集群推进建设；成都市实施建圈强链行动，确立了航空发动机、大飞机制造与服务产业链作为重点产业链，出台《成都市促进航空发动机产业高质量发展的专项政策》《成都市促进工业无人机产业高质量发展的专项政策》支持政策措施；绵阳市游仙区成立航空与燃机（空天）产业链专班，制定印发《游仙区产业链链长制常态化工作推进机制》，自贡市出台《自贡航空产业园招商引资引智项目投资政策扶持办法》，大力推进四川省民用航空工业发展。

广西壮族自治区

一、本地区基本情况

2023 年，广西壮族自治区认真执行《广西民用航空发展规划（2021—2035 年）》，按照“抓基础、建通道、强枢纽、促货运、育通航、聚产业、优治理”的工作思路，积极把握新时期民航发展新机遇，高水平推进广西民航高质量发展。目前，广西正积极与北京理工大学、航天 31 所、北京航天测控、昆明船舶设备集团等院所、高新技术企业，开展国际先进材料、中小型航空发动机、智能化装备、高端装备测控设备等设备的研发生产。积极引进无人机上下游产业链，重点引进联合飞机、亿航等整机项目落地，培育桂林飞宇、智神等核心零部件配套企业做大做强。

二、生产经营情况

2023 年，广西壮族自治区民用航空规模以上整机制造业企业有 5 家，实现主营业务收入约 3308 万元，同比增长 11.4%。

三、主要产品

（一）民用无人机

广西壮志雄心科技有限公司主要产品：D200 无人直升机、ZZXX-XF50 应急救援无人机、ZZXX-XF25 应急救援无人机、ZZXX-4000 行业应用无人机、ZF-422 植保无人机。服务项目主要有无人机应急救援服务、无人机编队表演、货物运输、无人机驾驶执照培训、青少年无人机创客研学等。

广西祥云亿航智能科技有限公司主要产品：EH216S、216 消防机，216 物流机，飞鲨物流机和 VT30 等机型。

（二）重油发动机

广西银翼动力科技有限公司主要产品：二冲程直喷式航空煤油（重油）无人机发动机，功率在几十千瓦量级，涵盖产品的研发、生产和销售。

四、产品开发与技术进步

广西银翼动力科技有限公司 3.3 千瓦重油发动机已完成首台无人机的装机验证和首飞任务，在进行最后的试飞验证及量产准备工作。312cc 系列发动机也已完成原理样机验证及样机装机试验。根据国内无人装备动力市场情况，积极推进 45～120 千瓦二冲程重油发动机研发进程，持续强化广西在二冲程重油发动机领域的优势。

广西祥云亿航智能科技有限公司产品 EH216S 消防机于 2023 年 10 月获颁型号合格证（TC），2023 年 12 月取得了单机适航证。

五、重大基础设施建设

（一）贺州总装制造基地项目

在贺州市投资建设“小鹰”700 飞机贺州总装制造基地项目，项目总占地 73 亩，建筑面积 34151.81 米^2，项目总投资约 25 亿元。

（二）航空轮胎产业基地

以桂林航空轮胎制造产业为牵引，以高端装备制造、战略新兴材料为核心，积极对接航天科工三院等科研院所，布局飞航装备制造产业，开展民航轮胎设计、制造、检测技术研发，打造橡胶产业研发、生产、展示、立体销售一体化平台。积极建设桂林橡胶产业园区，培育桂林蓝宇、中化三环等一批橡胶产业链制造企业，支持桂林蓝宇建设大飞机航空轮胎产业基地，打造航空胎、载重胎、乘用车胎等全系列产品。

贵州省

一、本地区基本情况

贵州省航空工业起步于“三线建设”时期，经过多年发展，已形成以教练机、无人机为引领的飞机整机研发制造体系，在中小推力发动机及航空发动机叶片等核心零部件研制领域处于国内领先地位，初步形成了涵盖飞机和航空发动机整机、机身结构件、机载系统、航空基础件、地面装备、运营服务等重点环节的产业链，为贵州省经济社会发展做出了突出贡献。目前全省参与民用航空生产及配套的企业有40家，其中，航空工业集团在黔企业14家，江南航天集团4家，中电振华集团1家，中国航发集团5家，民营企业16家。多家企业的产品参与国内民用飞机重点项目配套，培育了6个国家级企业技术中心、15家国家级“专精特新”小巨人企业。航空制造优势技术逐步向高端工业基础件、汽车零部件、医用设备等民用领域转化，具备较好的产业基础。

二、生产经营情况

2023年，贵州省航空工业完成工业总产值约300亿元，工业增加值55亿元，同比增长10%。

三、主要产品

（一）整机

中航贵州飞机有限责任公司（简称贵飞公司）民用产品有以“鹞鹰”为代表的中空低速无人机系统；贵阳高新泰丰航空航天科技有限公司（简称高新泰丰）自主研发的“自由莺”GGAC-100型轻型运动飞机于2023年12月取得生产许可证（PC）；中国航发贵州黎阳航空发动机有限公司是我国中小推力涡喷、涡扇航空发动机研制、生产、维修、服务基地，研制生产了两大系列20多个型号的航空发动机。

（二）总成和系统

中国航发贵州红林航空动力控制科技有限公司是主要生产航空发动机控制系统产品及燃机控制系统产品的专业企业，产品有航空发动机主燃油调节器、加力燃油调节器、油气分离器、滑阀、活塞等；贵阳航空电机有限公司生产航空二次电源系列产品、配电产品、电机类产品和结冰信号器等；贵州华烽电器有限公司主要生产航空电机、电连接器、飞行员操纵装置等航空产品；贵州枫阳液压有限责任公司主要生产航空液压、气压、电磁、燃油液压件；贵州新安航空机械有限责任公司主要生产飞机起落架及附件、飞机电源、应急门逃生机构；贵州永红航空机械有限责任公司主要生产热交换器、高速旋转机械（涡轮、泵、风机）、滑油箱、冷却装置等。成立航空技术（贵阳）有限公司主要产品为航空发动机燃油喷射系统。

（三）零部件

贵州省航空产业链较为健全，拥有配套相对完整的飞机及航空发动机科研生产基地。贵飞公司主要从事飞机框梁、飞机后机身和机翼等结构零部件配套。赛峰飞机发动机（贵阳）有限公司、贵州大东风机械有限公司（简称大东风机械）主要从事发动机叶片的制造、加工及相关产品模具的设计。贵州航宇科技发展股份有限公司为不同类型的航空发动机提供各类铝合金、钛合金、高温合金等优质锻件。贵州安大航空锻造有限责任公司（简称安大航空）从事航空发动机、飞机和燃气轮机等特种材料锻件研制生产，主导产品有钛合金、高温合金等自由锻件、模锻件和环形锻件，航空发动机高温合金和钛合金环形件，直升机桨毂等温锻件，航空闪光焊接环形件。航飞精密、高新泰丰为飞机、航空发动机提供螺母（含自锁螺母）、螺栓、螺钉、铆钉等。贵州黎阳国际制造有限公司（简称黎阳国际）为航空发动机提供转动环、风扇轴等，贵州航天电器股份有限公司、利奇（贵州）航空电器有限公司主要产品包括电连接器、继电器、接触器及电气控制组件。

四、产品开发与技术进步

2023 年，贵州省抢抓国产大飞机发展机遇，与中国商飞深化合作关系，目前已有贵阳航空电机有限公司、安大航空等 9 家企业纳入中国商飞合格供应商清册。2023 年 6 月，贵州省人民政府发布贵州省科学技术奖获奖名单，“通用航空 Ti6Al4V 合金薄壁异形环件成形技术及工程化应用”获贵州省科学技术进步奖二等奖；“航空发动机液压作动筒智能制造单元开发与应用”“高温合金闪光焊环形件成形技术及工程化应用”“高可靠高性能航空电机关键技术研究及应用”等项目获贵州省科学技术进步奖三等奖。

五、对外贸易与合作

贵州省鼓励企业在更大范围、更广领域和更高层次上参与国际竞争和合作，支持企业与相关方加强合作，共享共建国际营销渠道和资源，对外转包形成较为稳定的业务和规模。航宇科技主营业务已全面融入全球商用航空发动机制造产业链，成为美国 GE、英国罗罗、美国普惠、法国赛峰、美国霍尼韦尔、德国 MTU 全球六大民用航空发动机制造商在亚太区的核心供应商，分别签订了主流窄体、宽体客机新一代发动机用环形锻件的长期协议；安大航空成为了美国 GE、英国罗罗、美国普惠等十余家国际航空制造企业的锻件供应商；黎阳国际是法国赛峰亚太最大的供应商，是美国 GE 公司的核心零件供应商、美国柯林斯中国最大供应商；赛峰飞机发动机（贵阳）有限公司、大东风机械对外提供发动机叶片。

六、重大基础设施建设

中航重机股份有限公司航空通用基础结构制造产业园项目获航空工业集团重点支持，目前中航重机技术研究院项目和安大宇航产能提升项目已开工建设；航宇科技航空发动机、燃气轮机用精密环锻件柔性智能制造产业园建设项目已完成平场及手续办理；安大民用航空锻造产业园项目、航天江南航天智能制造基础件产业集群（一期）项目、航发精铸贵安涡轮叶片生产基地项目、安吉精铸航空产业园项目等一批重点项目稳步推进。

七、行业管理

（一）依托贵州省航空产业基础，抢抓国产大飞机发展新机遇

2023 年 6 月，贵州省与中国商飞签订《贵州省人民政府　中国商用飞机有限责任公司战略合作框架协议》，明确双方在扩大配套、产业培育、航空运营、产业链创新等领域开展合作，共同努力在贵州省形成布局合理、产业明晰、资源要素有序分布的航空产业集群发展格局，做大做强贵州省航空产业。2023 年 11 月，中国商飞公司客户大会在贵阳市举行，进一步深化了双方战略合作。

（二）规划建设贵州航空产业城

2023 年 5 月，贵州省人民政府先后批复了《贵州航空产业城总体发展规划（2022—2025 年）》，出台了《支持安顺市建设贵州航空产业城的若干政策措施》，以安顺市为核心，辐射带动贵阳市和遵义市的航空产业发展，着力打造全国重要航空产业基地。

云南省

一、本地区基本情况

云南省从事民用航空产业的企业以运营为主。据不完全统计，云南省从事通用航空产业企业有 19 家，其中，有 11 家是通用航空公司和飞行俱乐部，从事旅游、培训、其他服务业。属于制造业的只有 8 家企业（含无人机制造企业），均为小微企业。

为促进和加快云南省民航产业高质量发展，云南省发展改革委、云南省交通运输厅、云南省工业和信息化厅等部门推进拟定加快云南省民航产业高质量发展实施意见。为促进云南省无人机制造业发展，云南省工业和信息化厅、云南省委军民融合办公室联合印发了《云南省无人机产业发展三年行动计划（2023—2025 年）》。省内部分有条件的州市开始筹建航空产业园区，红河州、弥勒市通用（低空经济）航空产业发展规划已经编制完成。

云南省民用航空制造企业以民营企业为主，基础薄弱。弥勒浩翔科技有限公司研发生产的 DL-2L 双座轻型运动型飞机 2014 年成功实现首飞，2019 年 4 月，DL-2L 双座轻型运动型飞机获颁型号合格证，2022 年 11 月获得生产许可证，实现了云南省整机研发制造的零的突破。该企业 2023 年交付飞机 5 架，销售收入 484 万元。

二、生产经营情况

2023 年，云南省民用航空制造业销售收入约为 700 万元。企业经营情况普遍不佳。

三、主要产品

云南弥勒浩翔科技有限公司研发生产的 DL-2L 双座轻型运动型飞机、DLE128MA 农用植保无人机；昆明电缆集团航安线缆有限公司生产民用航空导线和耐高温导线产品；云南高科新农科技有限公司等民营企业开发生产小型无人机，产品型号少、用途不多、规模很小。

四、产品开发与技术进步

云南弥勒浩翔科技有限公司成立于 2007 年，主要研发生产和销售航模发动机，目前已形成 DLE20-200 等 20 型全系列航模发动机和活塞式航空发动机的研制能力，拥有全部自主知识产权。弥勒浩翔科技有限公司航模及其他航空专业领域技术研究重点方向主要有 3 方面：轻型飞行器设计、小型活塞式航空发动机技术开发、无人机混合动力技术研发。其中，DLP-1730 型活塞式发动机已经开发 7 年，仍在地面台架测试，运行正常。

云南钛业股份有限公司成立于 2009 年，是云南省钛金属材料研发生产的国有控股企业，主要从事钛及钛合金大型锭坯熔铸、钛卷板、线材、型材、钛制品和钛设备工艺技术研发与产业化。云南钛业股份有限公司“十四五”期间专业领域技术研究重点方向主要有 Ti-Al-V-M 系新型低成本高强韧钛合金开发及应用。

五、行业管理

云南省委、省政府针对世界和国内通航产业的发展态势，高位推动谋划，采取一系列措施促进云南省民航产业的发展。2023 年以来，云南省政府多次召开专题会议，听取有关工作进展汇报，研究民航产业高质量发展问题，确定工作重点。按照省委、省政府工作要求，云南省工业和信息化厅进一步加强对云南省企业投资民用航空制造业的宏观指导，协调推动涉及全省民用航空产业发展有关政策措施的细化和落实工作。

陕西省

一、本地区基本情况

陕西省是中国航空工业重要基地之一，形成以飞机设计、整机制造、试飞鉴定、强度检测、专用装备制造、航空材料制备、零部件加工、航空服务、人才培养等较为完善的航空工业体系，综合实力居全国前列。拥有全国知名的西北工业大学、西安交通大学等高校和中国飞行试验研究院（简称试飞院）、航空工业第一飞机设计研究院（简称一飞院）、航空工业西安飞行自动控制研究所（简称自控所）、航空工业飞机强度研究所（简称强度所）、西安航空计算技术研究所（简称计算所）等科研院所，以及中航西安飞机工业集团股份有限公司（简称中航西飞）、陕西飞机工业有限责任公司（简称陕飞公司）、中国航发动力股份有限公司（简称航发动力）等龙头企业，1000余家企业围绕航空产业链进行配套制造生产。现有航空工业集团企事业单位19家，科研院所5家和中国航发企业2家，为航空工业进行专业化配套的机械、电子、锻造等企业400余家，从业人员12万余人。有5个国家重点实验室、10多个国家级企业技术中心和5个区域计量站。陕西航空产业园区（基地）建设情况如下。

（一）西安阎良航空产业基地

聚集富阎一体化深度发展，西安阎良航空产业基地为驻区单位解决60余项服务保障事项，提供用地829亩，推动9个项目实现开工。航空城智汇谷等4个特色园区平台项目完成建设。西飞民机研发中心项目完成投资6亿元，长安先导航空宇航智能制造实验室完成83类、112台设备购买。成立冷喷涂增减材再制造联合实验室等4个联合研究中心。蓝天通航机场临时空域获批。参加2023中国（西安）先进制造暨数字工业博览会获优秀组织奖。举办招商推介活动18场次。重点型号科研稳步推进，全力保障C919的研制工作；AG600M飞机B-0DCC架机首飞成功，MA600应急救援系列飞机改型研制完成详细设计和任务系统原理性试验。先后有6项科技成果分别获技术发明和科学技术进步奖二、三等奖。机械摩擦磨损控制研究基地揭牌。现有28家省级瞪羚企业、10家秦创原“三器”示范平台。引进培养高层次人才6人，建成300余人的“航空银晖专家智库”。与18所高校签署人才培养合作意向书，开展校企双进活动共39场，促成就业意向2818余人。

（二）汉中航空经济技术开发区

坚持以航空产业为主导，汉中航空经济技术开发区现入驻企业460余家，其中规模以上企业40家、高新技术企业34家、省级“专精特新”企业6家。2023年完成规模以上工业总产值180亿元，同比增长6%，其中航空主导产业产值170亿元，占比94%。启动实施航空小镇基础设施建设，稳步推进升创国家级高新区建设，培育11户高新技术企业。总投资296.6亿元，安排重点建设项目47个。做好项目保障，完成项目备案51件、涉及总投资122亿元。成功签约48个招商引资项目。围绕“西汉蓉航空产业带”供应企业定向发力，30家企业自主创新、拓展领域。盘活存量资产，吸引6家企业入驻园区。

（三）西咸新区空港新城

西咸新区空港新城围绕科技强区战略，落实制造业发展奖励补助政策兑现资金1454.6万元。成功举办第八届“创客中国”陕西省临空专题赛、第四届西部数字经济博览会和“数字化赋能国家级航空枢纽建设与发展论坛”。航空产业网等8个项目、临空先进制造国际合作3个项目初步确定落地空港。组建近60人的科技经纪人队伍，31家科转项目落地空港。设立4家高校科转平台，新增16个成果转化项目和56家企业。加快重点项目建设，机场三期扩建工程完成整体建设的62.2%，配套工程完成64.38%。与航天711所共同建立的“租赁+回购”模式成为西安市创新案例。

二、生产经营情况

2023年，陕西省航空工业整体经济下行压力较大，民品产值113.2亿元。

三、主要产品

（一）民用飞机

C919、C929大型客机研制。中航西飞完成C919大型客机大部件产品生产交付任务。中航电测公司完成C919、C929等民机传感器类产品的配套，航空电气公司交付C919项目6套机箱、19台闪电抑制器，东方仪表公司交付C919多型角位移传感器样机。

AG600飞机研制。中航西飞完成AG600机身、机翼等关键核心部件研制任务；中航电测公司完成AG600飞机9项产品的研制和AG600M部附件配套；计算所完成AG600等部件级产品配套。宝成仪表公司为AG600飞机配套的航姿基准系统、近地告警软件通过局方审查，应急磁罗盘完成取证任务；自控所完成AG600项目技术状态冻结、软硬件适航审查和鉴定试验三大责任状任务；东方仪表公司配套AG600传感器完成技术状态冻结；航空制动公司完成交付AG600前主机轮、刹车系统等自研产品任务；庆安公司通过AG600机载软硬件阶段审查；试飞院完成AG600的40%表明符合性试飞。

ARJ21、“新舟”系列飞机。中航西飞完成交付ARJ21、“新舟”系列飞机机身、机翼等关键核心部件生产任务；中航电测公司实现ARJ21客改货、两型机投送系统装机试飞，亮相亚洲通航展；东方仪表公司为ARJ21配套了多型角位移传感器；千山电子公司完成了ARJ21项目CVR装机验证首飞及FDR适航申请。

AC313、AC313A、AC312E飞机研制。华燕仪表公司分别为新舟60、新舟710、AC313、TP500等民机配套了光纤航姿系统；计算所分别在AC313A、AC312E、AS700等直升机和通航领域配套了部件级产品；宝成仪表公司完成近地告警设备在AC313直升机飞行验证任务；航空电气公司配合AC313A项目主机完成高原试飞；千山电子公司开展AC352项目国产化论证。

（二）航空发动机及燃油控制系统

产品涉及发动机压气机、燃烧室、涡轮、机匣等关键部件，包括盘类、环类、封严类、轴类、机匣类、涡轮叶片和压气机叶片，以及其他结构类零件等。

（三）航空设备及系统

涉及飞控、高升力、登机门平衡缓冲、侧开舱门平衡缓冲、襟翼控制、灭火任务控制、反推作动、维护打开、电子导航、航姿、货运、主货舱门和飞行数据采集器、飞行数据记录器、飞行数据记录、机轮刹车等系统，以及扭力杆、支承轴承、飞行锁作动器、起落架、齿轮－齿条转弯机构、应急地平仪、转弯侧滑仪、传感器、作动筒、同步轴锁、有锁作动器和同步软轴等。

（四）航空新材料

包括钛材、特种金属等；碳纤维、织物、预制体、预浸料及复合材料制品；轻质高强度镁锂合金材料，以及陶瓷基复合、声学超构、热阻、高效重防腐、电磁屏蔽等材料。

（五）其他航空民用产品

包括飞行模拟器、客舱训练模拟器、机务训练模拟器和工程试验设备，相关音频、通信及软件技术，飞行环境监视系统、应急撤离信号系统、ELT应急定位发射器、伸缩电缆装置、风水电气动能供应、齿轮减速器等。

（六）飞行服务中心

榆林市低空飞行服务中心运行顺利，2023年7月上旬，FH-98大型无人机在榆林试验区历时40分钟，航程100千米，顺利实现国内大型无人机夜航转场往返试验飞行，为支线物流常态化运行奠定坚实基础。共有28家企业在神木、靖边、马合通用机场累计开展无人机试验测试飞行8461架次，时长2658小时。

四、产品开发与技术进步

（一）产品开发

1. 民用飞机及部件

C919飞机。2023年5月29日，首架国产大型客机 C919 成功载客商业飞行。在研制过程中，中航西飞承担了翼盒、襟翼、副翼、缝翼、中机身（中央翼）等 5 个工作包的研制装配任务，占 C919 机体结构的 50% 以上，其中核心部件翼盒为唯一供应商；计算所承担了机载信息系统处理计算机和光电转化器研制；强度所承担了全机强度试验；中航电测公司承担国产化缝翼钢索接近传感器研制任务；宝成仪表公司获中国商飞 C929 宽体项目 RFP 三项。

新舟 60/600 飞机。新舟 60 飞机是国产双发涡桨支线客机，新舟 600 是新舟 60 飞机升级换代产品。计算所为新舟 60 配套了部件级产品；航空制动公司完成机轮刹车的研制任务；东方仪表公司独立完成新型液压壳体试制工作，形成阀芯阀套零件批量加工能力，突破高端液压元件零件核心加工难点；航空制动公司完成交付新舟 60/600 前主机轮、刹车系统等自研产品任务。

新舟 700。新舟 700 飞机是中航西飞全新研制的涡桨支线飞机。计算所配套了新舟 700 部件级产品；航空电气公司完成新舟 700 项目主电源系统及子系统和配套产品 CDR 评审工作；试飞院开展新舟 700 国产化集成验证。

ARJ21 飞机。中航西飞完成 ARJ21 支线飞机大部件产品生产交付任务。中航电测公司形成航空货运系统“通用部 / 附件、投送任务系统、装载测量系统”三大核心研制与配套能力；中航电测公司承担商飞 ARJ21 机型相关配套产品的研制。

AC313A、AC313 飞机。华燕仪表公司承接 AC313 直升机惯性基准系统（IRS）、黏稠姿态基准（AHRS）、集成备用仪表（ISI）等研制任务；东方仪表公司配套 AC313A 项目的飞控系统完成系统验证试验以及高原试验，预计 2024 年完成随机取证。

2. 航空发动机

航发动力为全球 20 多型航空发动机提供零件配套，是中国航发商发一级供应商，主要承担国产商用飞机发动机零部件、单元体等研制生产任务；西控公司完成多型产品的鉴定、试验，成功开发了机器人液压系统等新项目，实现主机新研究领域技术共进与配套，批产及修理累计交付 5347 台。

3. 刹车及机轮装置

航空制动公司圆满完成干线飞机、支线飞机、直升机、通用飞机、无人机机轮刹车系统等产品研制生产任务，支撑 1 机首飞，完成 3 机竞标，2 项课题达到结题状态；西飞民机无人机项目完成交付，完成 10 项机轮刹车零部件 PMA 产品取证，A320 碳盘首次销售顺丰航空。

4. 航空锻件

宏远锻造公司主要为商飞公司 ARJ21、C919、C929，中航西飞新舟 700，通飞公司 AG600 等民用飞机提供框、梁、架等飞机结构锻件产品。燃机叶片市场开发取得新突破，与龙江广瀚、航发燃气轮机公司签订 1660 万元 5R110 型燃机叶片合同；48 英寸[①] 大型叶片生产取得新突破；C919、ARJ21 后续订货持续增长。全年新品开发 568 项，新增客户 7 家。

5. 试飞与试验

试飞院首次开展国产民用涡扇发动机 CCAR33 部取证，新舟 60 灭火机完成平台首飞；强度所首次成功开展考虑坠撞环境影响的大型民机乘员应急撤离模拟试验；自控所实现 3 型产品验证；一飞院完成 30 余项科研生产任务、105 个考核节点。

（二）技术进步

中航西飞按期完成《清洁切削成套技术与航空、航天、汽车产线示范应用》项目研究任务。全年申请专利 251 项，获得专利授权 181 项，拥有有效专利 886 项，获得各类科技奖励 29 项。

中航电测公司突破关键基础材料工艺、油墨印刷试样、激光调阻技术等基础研究。申请专利 70 余项，其中发明专利 25 项。获航空工业 1024 软件开发大赛三等奖；与西安工业大学联合申报的陕西省高校工程研究中心获批。

长空齿轮公司首次成功研制的缝翼齿轮齿条产品实现应用，研制的 XB20 系列谐波减速器填补了我国航空领域微型谐波减速器空白、P 系列高精度高可靠性微小型行星减速器实现

① 1 英寸 =25.4 毫米。

了关键技术突破和可替代进口同类产品。

秦川集团公司五轴卧式铣车复合加工中心项目完成产品设计并投入试制9台；“航发燃烧室环形薄壁件多品种混线制造技术及其示范应用”项目完成主机结构、关键配套件及功能部件设计。攻克了高精高效磨齿机主轴数字化装配等25项关键核心技术。申报专利41件，授权专利48件。

陕飞公司16项科技成果完成鉴定，获省部级科技成果奖3项；申请专利282件，其中发明专利141件。

计算所突破跨代装备所需新一代计算平台，操作系统类产品“天脉3”研制成功，获批国家级“嵌入式共性基础软件技术创新中心”。

宏远锻造公司TC32、USS122G等新材料首次应用在飞机结构件、起落架锻件。《典型钛合金材料及锻件金相图谱研究》和《TB17高强韧钛合金材料研制与应用》项目荣获航发集团科学技术二等奖。

航空制动公司取得喷嘴挡板伺服阀、单喷伺服阀、垂直起降离合传动系统、混合制动、刹车转弯集成控制等多项技术突破。开展62项关键技术研究，完成5项科技成果鉴定评审，申请专利160项。

试飞院突破机载通用记录器、网络交换机等多项关键技术；《民用大中型无人直升机系统飞行性能飞行试验要求》填补国标空白。

华燕仪表公司完成姿态航向基准系统详细设计评审，机载激光高度表样机试制和试验验证；研制的支线客机DAL-A级姿态航向参考系统达到CDR状态，实现9机13项产品配套。长空齿轮公司完成了SRGS/1H齿轮齿条的鉴定试验、BF16-10齿轮箱鉴定试验大纲审查、生产鉴定审查和产品状态鉴定，分别交付三批共140套S型产品。宝成仪表公司完成17项产品研制任务，光纤陀螺电路原理、主要芯片及光学器件统型和多型光纤陀螺及陀螺组完成应用验证。首创国内非接触信号传输，成功研制出无线通电与无线信号传输相结合、传统环刷接触结构通电与无线信号传输相结合两型样机。航空制动公司和西飞民机无人机项目交付。东方仪表公司完成CDB40拖线型传感器式电动拧紧扳手设计定型。

五、对外贸易与合作

中航西飞完成了波音公司波音737系列飞机垂尾、空客公司A320/A321系列飞机机翼、机身等部件交付；波音737飞机垂尾和内襟翼项目订单分别新增48架份和16架份。航发动力与美国霍尼韦尔公司、苏州赛峰起落架公司、美国柯林斯宇航、英国伊顿公司开展合作，实现出口交付1350万美元，完成转包产品交付24万余件，交付产值9636万元。航空制动公司完成赛峰A321承压盘、隔热屏等4项产品研制和10项零部件产品的PMA取证。航发动力与GE航空项目签订了发动机类49个件号、计1.28亿美元、有效期为4年的协议；与ITP项目签订7个蜂窝环延期协议，金额超过1000万美元；罗罗项目2个件号份额从70%增加至100%，金额增加46.9万美元；2023年对外贸易实现转包生产出口交付22269万美元。庆安集团公司转包产品营业收入1.33亿元。秦川集团公司实现出口收入3.83亿元，增长20.51%；其中，主机出口收入增长77.28%。宏远锻造公司通过波音公司13项新品试制并实现批产，新增500万美元订单；国际市场订货同比增长30%，销售收入增加60%以上。

六、重大基础设施建设

1. 汉航研发中心工程项目。该项目年度投资2150万元，总建筑面积15000米^2，已完成主体施工和竣工验收。项目建成后交付承租方使用12年，预计年平均租金收入约220万元。

2. 供应商产业园区集聚发展项目。由长空齿轮公司建设，认购土地约10亩，建设厂房面积2800米^2，已有3家供应商准备入驻，预计2024年建成投产。

3. 大型模锻液压机项目。由宏远锻造公司建设，已完成安装、冷试，具备热试条件。一期项目完成53项（111台（套）设备），涉及合同金额9312万元。

4. 西安高新区“华秦科技新材料园”项目。总投资10亿元，由华秦科技公司建设，已完成11.5万米^{2}主体工程建设，2万米^{2}厂房已满足投产条件。

七、行业管理

（一）签订新一轮战略合作协议

围绕推进大飞机产业发展战略，在大飞机研制体系建设、大飞机机体结构件生产、大飞机机载系统研制、大飞机国产标准件研制、大飞机试飞等方面，陕西省政府与中国商飞公司开展合作，签署了《重点领域深化合作备忘录》。

（二）加快推进航空产业链发展

召开航空产业链专题推进会，制订印发陕西航空产业链三年行动计划，梳理重点项目146项。

（三）重点建设项目有序推进

航空发动机通用飞行平台首飞成功。做好推进C919飞机项目落户陕西相关前期信息沟通对接及可行性报告起草工作；民用飞机试飞中心建设得到工业和信息化部支持，机载系统创新中心已获省级授牌。航空供应链基础配套园、西部传感器产业园二期、旋翼机生产制造基地等重点项目加速推进。

（四）积极搭建航空产业合作交流平台

在陕西靖边海则滩机场成功举办无人机产业大会，来自全国60余家单位约2.45万人次参会，30余家企业、34架动态表演飞机、近100架静态展示飞机参展，成功引进项目投资12.3亿元。在西安举办“2023西安无人机大会”，360多家单位参加，19个项目完成签约，签约金额超18亿元。

甘肃省

一、本地区基本情况

甘肃省现有航空工业企业8家，分别是航空工业万里机电有限责任公司（简称万里）、航空工业兰州飞行控制有限责任公司（简称兰飞）、航空工业天水飞机工业有限责任公司（简称天飞）、神龙航空科技有限公司（简称神龙航空）、甘肃长风电子科技有限责任公司、甘肃澳雷通用航空有限公司、甘肃席勒航空工业有限公司和甘肃东舟公共飞行服务有限公司。其中，万里、兰飞、天飞隶属于中国航空工业集团有限公司，甘肃民营企业仅有神龙航空为规模以上企业。

目前，甘肃省从事工程应用型无人飞行器和通用航空轻型飞行器研发、生产和飞行培训为一体的一批高科技民营企业，在工程化应用型无人直升机、固定翼轻型通用飞机、自转旋翼机、双座动力伞、动力三角翼方面拥有双缸对置式航空发动机、新材料机架结构、设备搭载云台等各型专利，拥有自主知识产权。

神龙航空被国家科学技术部列为国家“十二五”科技支撑计划、国家公共安全应急装备关键技术研究与装备研制项目单位，被甘肃省政府列为甘肃省通用航空及无人机产业链链主企业单位。

二、生产经营情况

2023年，甘肃省民用航空工业营业收入2539.80万元，工业总产值5108万元，工业增加值2068万元，利润365.08万元。

三、主要产品

（一）飞行器系列

轻型无人直升机SLA系列SLA-GH260、SLA-GH52、SLA-GH111、SLA-GH111 H2、SLA-GH111 H3、SLA-GH111 H4、SLA-GH170、SLA-GH170H1、SLA-GH170H2、SLA-GH170H3、SLA-GH190、SLA-GH190H1、SLA-GH500、SLA-GH1000；共轴多用途高原型“蚱蜢”10~20系列无人直升机；“天蝎”轮式双座动力伞；WILD THING（瓦尔辛）两座单发轻型固定翼飞机、分体式旋翼机、DB飞行器等。

（二）航空维修改装及服务

神龙航空长期从事无人机的研发制造，拥有无人航空器研发改造及维修技术人员20余人，各类加工维修设备100余台（套），可实现市场现有各型无人机的维护保养任务。针对无人机维护保养工作中存在的现实需求，能够以第一时间响应、第一时间出动、快速到达现场、快速实施维修与定期进行走访、定时进行保养相结合的方式为无人机进行全面维修保养服务，做到维护与处置相结合，常态保养与应急处置相结合，确保无人机设备始终保持状态正常随时履行作业任务。同时可提供无人机航测、农林植保和应急救援等服务。2023年，神龙航空承担了国网酒泉供电公司输电运检中心无人机维护、甘肃送变电工程公司运维无人机维保项目。

天飞公司涉足民用航空维修和航空部件制造领域，现有职工1066名，生产区占地面积280亩，隶属于西飞产业集团，是上市公司中航西飞的全资子公司，航空维修服务涵盖整机维修、辅机维修、外场维护三大业务板块，具备对10余个机型维修服务能力；航空制造任务主要面向中航西飞、航空工业成飞两大产业集团提供民机、无人机部件等研制、生产配套，以及无人靶机机体制造、集成总装、放飞保障等。

（三）人员培训

多旋翼无人机、无人直升机、固定翼无人

机、垂直起降固定翼无人机驾驶员、机长及教员的执照培训考试服务。

四、产品开发与技术进步

2023 年，神龙航空分体式旋翼机项目完成了三维建模、整机结构设计、摩托车构型、动力装置选配、控制系统构建及原理样机性能测试，针对测试中出现的问题，做了进一步优化，使产品技术指标、性能等得到有效提升和保证。

第三部分

企业发展概况

中国航空工业集团有限公司

一、企业基本情况

中国航空工业集团有限公司（简称中国航空工业集团）是由中央管理的国有特大型企业，是国家授权投资的机构，2008年11月由原中国航空工业第一、第二集团公司重组整合而成。中国航空工业集团设有运输类飞机、直升机、机载系统、通用航空、航空研究、飞行试验、航空供应链、专用装备、汽车零部件、资产管理、金融、工程建设等产业，下辖100余家成员单位、25家上市公司，员工逾40万人。

中国航空工业集团大力发展民用航空产业，自主研制AG600大型水陆两栖飞机，系列发展新舟60、新舟600、新舟700等“新舟”系列支线飞机，AC311、AC312、AC313、AC322、AC352等AC系列民用直升机；大力发展AG50、AG100等AG系列，运12系列，SF50轻型公务机，“西锐”系列通用飞机和民用无人机；全力支持C919大型客机、ARJ21新支线飞机发展。承接国际航空转包生产任务并成为空客、波音的战略合作伙伴和优秀供应商；组建客舱系统公司，积极拓展民机客舱内饰业务，为国内外客户提供优质座椅、内饰等产品。以通航运营发展为推手，以商业成功为目的，努力成为国内通航产业系统解决方案的实践者、通航产业链健康快速发展的推动者、国家通航产业战略目标实现的贡献者。

二、生产经营情况

2023年，中国航空工业集团实现经营收入5896.8亿元，同比增长6.3%；实现利润257.5亿元，同比增长11.0%。在民用航空产业方面，实现收入286.5亿元，同比增长28.7%；交付各类民机664架，国际转包交付额9亿美元。

三、主要产品

2023年，中国航空工业集团在产在销的主要民机产品有：新舟60/600等涡桨支线飞机；运12E/F、AG50、AG60、AG100等通用飞机；AC311A、AC312E、AC352等AC系列民用直升机。民用无人机产品主要包括“翼龙”2应急救援型无人机、“翼龙”2气象型无人机、AR500系列无人直升机等。

四、新产品开发

2023年，中国航空工业集团承担的民机型号研制项目进展顺利。大型灭火/水上救援水陆两栖飞机AG600项目研制圆满完成“一个确定，两线试飞，三类试验”年度目标，5月确定适航取证构型，6月具备执行灭火任务能力，10月圆满完成多机种协同航空应急救援综合实战演练，全面验证了AG600M灭火实战能力，12月全面完成40.5%表明符合性试飞和三类试验任务年度目标。AC313A直升机完成首次高原试飞，正式进入适航条款验证试飞。AC332直升机完成全状态首飞，正式进入适航条款验证试飞。新舟60灭火机完成6吨载水量投水验证试飞及所有科研试飞科目。新舟600搜救机、应急通信指挥机完成飞机详细设计，完成任务系统成品原理性试验。新舟700飞机完成飞机初步设计审查工作，完成自动飞行等系统关键设计评审。AS700飞艇载人型完成TC取证，无人型完成科研试飞。“海鸥”300飞机获得了型号合格证（TC），AG100获得了型号合格证（TC）和生产许可证（PC）。在民用无人机型号研制方面，“翼龙”1E应急型无人机完成科研试飞及技术鉴定工作。

五、航空科研

中国航空工业集团作为国产大飞机战略科

技力量，体系化支撑国产大飞机事业发展。全面完成 C919 和 ARJ21 飞机批产交付任务，有力保障 C919 飞机进入商业运行和 ARJ21 稳定交付，C929 机头、前机身等工作包研制和技术攻关取得阶段性进展。积极推进民机试飞改革，有效支撑国产大飞机试飞任务。

六、航空零部件转包生产

2023 年，中国航空工业集团全年实现国际转包交付 9 亿美元，同比增长 20% 以上。承担空客和波音等国际主流商用飞机零部件生产任务，全面满足国际合作伙伴生产需求。4 月在国家主席习近平和法国总统马克龙见证下，签署空客天津第二条总装线项目协议，并于 9 月举行开工仪式。该项目成为深化与空客公司、天津市合作新的里程碑，未来将有效利用天津两条空客 A320 系列飞机总装线形成的规模优势，持续深化合作，共同建设空客亚洲中心。

七、国际经济技术合作

发挥中国航空研究院（CAE）航空国际科技合作平台作用，深化国际技术合作，深入推进中国航空工业集团主责主业发展。全年主导制定并发布 ISO 国际标准 8 项。建立阿联酋技术创新联合实验室并投入运行，与哈利法科技大学签订合作协议，推动中阿航空科技交流。

八、进出口业务

2023 年，埃及斋月十日城铁三期、肯尼亚内罗毕环球贸易中心等项目有序推进，安哥拉新国际机场、柬埔寨金边国际机场、埃塞俄比亚电商库等一批航空基础设施项目顺利交付，中国航空工业集团全价值链服务能力进一步提升。成功举办非洲职业技能挑战赛、“一带一路”航空运输高级管理人才研修班，不断扩大海外职业教育项目范围，援萨尔瓦多国家体育场等多个项目顺利推进，通过“小而美”项目积极履行海外社会责任，共建“一带一路”不断深入，持续增进沿线国家民生福祉。

九、通航运营

截至 2023 年底，中国航空工业集团下属通航运营企业共计 11 家（含境外运营企业 1 家），业务范围向应急救援、科研试飞等制造业紧密相关领域进一步聚焦。主运营基地分布全国 9 个省或自治区，运营机队规模 287 架（国内 247 架），2023 年共完成飞行量约 11.5 万小时，较 2022 年增长约 14%，完成营业收入 10.69 亿元，较 2022 年增长约 23.3%。中国航空工业集团通航运营企业在森林防火、人工增雨、短途运输、科研试飞等细分领域处于行业领先地位，在国内运营航空器中，自主品牌和并购品牌飞机约占 1/3，显著高于行业平均水平，拉动了国产通用飞机的研制和应用。

中国商用飞机有限责任公司

一、企业基本情况

中国商用飞机有限责任公司是实施国家大型飞机重大专项中大型客机项目的主体，也是统筹干线飞机和支线飞机发展、实现我国民用飞机产业化的主要载体，主要从事民用飞机及相关产品的科研、生产、试验试飞，从事民用飞机销售及服务、租赁和运营等相关业务。

中国商飞公司于2008年5月成立，总部设在上海。中国商飞公司由国务院国有资产监督管理委员会、上海国盛（集团）有限公司、中国航空工业集团有限公司、中国铝业集团有限公司、中国宝武钢铁集团有限公司和中国中化股份有限公司出资组建。2018年底，新增股东单位中国建材集团有限公司、中国电子科技集团有限公司和中国国新控股有限责任公司。

中国商飞公司的使命是“让中国的大飞机翱翔蓝天”，愿景是“为客户提供更加安全、经济、舒适、环保的民用飞机”。中国商飞下辖设计研发中心、总装制造中心、客户服务中心、北京研究中心、民用飞机试飞中心、基础能力中心、营销中心、新闻中心、商飞学苑，以及四川公司、美国有限公司、民用飞机试飞中心东营基地、商飞资本有限公司、商飞集团财务有限责任公司等成员单位，在美国洛杉矶、法国巴黎分别设有美国办事处、欧洲办事处等办事机构。中国商飞公司参股中俄国际商用飞机有限责任公司、成都航空有限公司和浦银金融租赁股份有限公司。截至2023年底，中国商飞公司从业人员18677人。

2023年，是国产大飞机从研制阶段全面转向产业化发展新阶段的一年。中国商飞公司全体干部职工深入学习贯彻习近平总书记关于大飞机事业重要指示批示精神，牢记“大飞机事业一定要办好”的殷切嘱托，团结拼搏、砥砺奋进，收获了“两个历史性首航”等重大成果。C919在全球首家客户中国东航实现商业首航，首批3架航线运营平稳开局。ARJ21在海外首家客户印尼翎亚航空实现海外首航，累计交付国内外客户122架，通航140余座城市，载客突破1000万人次；首批2架货机交付客户，医疗机完成取证，系列化发展取得重要突破。C929立项研制，稳步推进初步设计。一年来，ARJ21和C919先后赴云南、新疆和中国香港演示飞行，大飞机的足迹更为坚实和宽广。

二、生产经营情况

截至2023年底，ARJ21-700飞机累计订单775架，全年交付ARJ21-700飞机24架；C919飞机累计订单1061架，交付C919飞机3架。

三、主要产品

（一）型号研制取得重要进展

C919全面设计优化。解决东航关注运行问题39项，解除飞机使用限制12项，完成102项设计优化。与中国民用航空局就EASA取证原则达成一致。高原型完成总体技术方案。

ARJ21加快系列发展。首批2架货机顺利交付，医疗机完成适航批准，指挥机完成全部符合性试验，灭火机完成详细设计评审。精品工程项目完成验收准备。

C929扎实初步设计。完成国家立项，冻结总体技术方案，完成一批关键研发试验，发放招标书（RFP），全面启动初步设计评审（PDR）攻坚。

（二）交付运营稳步提升

C919商业运营平稳。C919大型客机实现国内商业首航，安全载客超8万人次，飞越中国香港维多利亚港，极大提升民族自信心和凝聚力。2023年9月28日，作为C919大型客机的全球首发用户，中国东航再次与中国商飞在沪签署购机协议。东航在 2021 年签订首批 5 架的基础上，再增订 100 架 C919 大型客机。

ARJ21 迈向规模运营。在印度尼西亚开启海外首航，运行指标表现优异。机队载客突破 1000 万人次，5 架飞机投放新疆，实现疆内支线网络首次冬季、淡季不断航。

生产交付稳中有进。ARJ21 全年下线 24 架、交付 24 架。C919 全年下线 4 架、交付 3 架。制定客户协调“一司一策”，交付品质不断提升，单机生产试飞周期稳定在 3 天左右。

四、航空科研

上海市民用飞机 5G 工业智能融合创新企业重点实验室通过验收评审，正式挂牌成立；中国商飞公司院士专家工作站获 2023 年浦东新区及上海市优秀院士工作站称号；充分发挥平台集聚作用，联合举办第 11 届上海院士专家峰会；上海民用飞机健康监控工程技术研究中心成立了工程中心预测性维修政策与技术研究分中心。跨部门、跨领域整合创新资源、建设创新网络，与中国民航科学技术研究院、北京航空航天大学建立起稳定的合作平台。

五、航空零部件转包生产

2023 年中国商飞公司航空零部件转包生产共交付波音 737 水平安定面、波音 787 着陆灯整流罩、波音 777 背鳍、波音 737 扰流板 4 种转包零部件 419 架份，其中波音 787 着陆灯整流罩完成履约，合同期内累计交付 982 架份。产品质量稳定，一次提交合格率 99.99%，客户满意度 99.98%，获颁波音公司 2022 年度供应链绩效成就奖。

六、重大设施建设

2023 年，中国商飞公司坚决贯彻落实党中央、国务院关于进一步扩大有效投资的有关要求，落实国资委 2023 年投资工作要求，聚焦“促进主责主业高质量发展、提升产业链供应链韧性和安全水平、培育壮大新产业新业态新动能”三大投资领域，抓紧推动实施一批、系统谋划一批、提前研究储备一批，加强计划管控、做好任务跟踪和投资预算管理，较好完成年度各项工作任务。

提前启动新型号研保建设。上飞院 C929 系统综合试验厂房开工，上飞院 C929 试验条件二期、上飞公司 C929 复合材料二期等 2 个提前启动项目完成公司决策及机关备案。

全速推进批生产能力建设。上飞公司完成 C919 批产一期 200 台设备合同签订、中心主体结构完工；客服公司完成第 7 台 ARJ21 模拟机到货安装，C919 批产一期项目立项，客户服务训练基地二期开工。

加快部署创新型能力建设。完成上飞公司复材实验能力、北研中心绿色飞机中试基地项目立项；完成 5G 新基建项目一阶段建设，任务顺利转入二阶段。

七、机构调整和体制改革

优化经营体系。聚焦“一利五率”，建立模拟经济增加值考核机制，发布令号管理规则，全面开展场景化降本增效核算。强化单机和运营成本管控，建立完善公司产品目标价格体系，制定投资审减率考核指标。

加强 COMAC 管理。运用 IT 工具形成全量过程模型，发布制度文件提升三项行动方案，业务连续性体系运行覆盖 4 家单位。公司董事会在国资委考核中获评优秀。

持续深化改革。确定“12345”总体思路和“4+4”改革总体框架，全面启动公司改革深化提升行动，世界一流企业建设工作取得进展。

推进价值创造行动。推进对标世界一流价值创造行动，设立高质量发展推进办公室，设计 7 大类问题管控表单、优化平台，发布大飞机创新试验区高质量发展指导意见。

推进数字化转型。明确八大过程数字化目标，国资监管数字化智能化行动通过阶段验收。发布供应商需求管理系统，开发一本计划管理系统。司库管理系统圆满通过国资委验收。

建设 5G 工业园区。累计开发 450 余项 5G+ 赋能场景，荣获全国 5G+ 工业互联网试点示范单位和世界互联网大会领先成果奖。

持续优化质量体系。修订《质量手册》，设计保证体系修订升级版手册等。生产质量保证体系改进首件检验等体系文件。持续适航体系发布服务通告（SB）300 份。

严格安全管理。落实中央企业安全管理强

化年部署和要求，建设“1+3+N”应急指挥中心，全年未发生公司责任原因的交付运营飞机事故和征候，未发生较大以上生产、消防安全责任事故，未发生公司直接责任的试飞事故、征候，以及由于试飞不安全事件导致的飞机停场。

加强人才队伍建设。深化万人精兵、千人骨干、百人计划，举办第六届COMAC国际科技创新周，成立“大飞机产教融合联盟”。

打造原创技术策源地。成立3个联合工程中心，与北航、南航等成立大飞机研究院，举办上海院士专家峰会暨大飞机创新谷生态大会。

打造绿色商飞。建立民机全生命周期碳排放评估数据库，完成ARJ21飞机典型部件LCA碳足迹分析。开展能源双控管理，举办绿色商飞日、绿色发展论坛，持续推进公司绿色品牌建设。

探索前沿技术。成立商飞时代，新能源、新一代信息技术、新材料、绿色低碳四大工程全面推进。成立商飞智能，积极探索，打造工业元宇宙平台，纳入上海市“五个中心”建设规划。

加强风险合规管理。建立运行风险管理“三函”机制，推进35个内控模块的外规内化，定期开展内控检查评价，推动创新管理和知识产权管理融合，取得《创新与知识产权管理能力》四级评价证书。

深化合作交流。签署一批战略合作协议，组织多场重大接待活动，公司高层实现疫情三年来首次出访，“走出去、请进来”效果显现。“1+N”产业联盟逐步铺开，大飞机“朋友圈”不断壮大。

中国航空发动机集团有限公司

一、企业基本情况

中国航空发动机集团有限公司（简称中国航发）成立于2016年8月，是由中央直接管理，由国务院国有资产监督管理委员会、北京国有资本运营管理有限公司、中国航空工业集团有限公司、中国商用飞机有限责任公司共同出资组建，注册资本500亿元，注册地位于北京市海淀区。下辖27家直属企事业单位，拥有3家主板、2家科创板上市公司，在职员工7.02万人，拥有包括7名院士、200余名国家级专家学者在内的一大批高素质、创新型科技人才，具有较强的科研生产能力，以及较为完整的航空发动机、燃气轮机研发制造体系与试验检测能力。

中国航发秉承“动力强军、科技报国”使命，坚持“动力为本、质量制胜、人才强企、合作共赢”的经营方针，主要从事航空发动机、辅助动力、燃气轮机、飞机和直升机传动系统的研制、生产、维修和服务；从事航空材料及其他先进材料的研发与制造。中国航发设计生产的涡喷、涡扇、涡轴、涡桨、活塞式发动机和燃气轮机等产品，广泛配装于各类飞机、直升机和中小型发电机组，客户涉及航空、航天、船舶、能源等多个领域，为我国国民经济发展做出了突出贡献。

在新时代伟大征程上，承载着振兴航空动力的光荣使命，中国航发将以习近平新时代中国特色社会主义思想为指引，坚决贯彻落实习近平总书记重要指示批示和重要回信精神，深刻领悟“两个确立”的决定性意义，增强“四个意识”、坚定“四个自信”、做到“两个维护”，深入贯彻党中央、国务院和中央军委各项决策部署，积极践行“创新、协调、绿色、开放、共享”五大发展理念，始终秉持“国家利益至上”的价值观，充分发扬“务实创新、担当奉献”精神，坚持聚焦主业，坚持强军首责，努力做航空动力的保障者、制造强国的建设者和创新驱动发展的践行者，为早日建成世界一流航空发动机集团而奋力拼搏。

二、生产经营情况

2023年，中国航发实现航空民品及出口转包收入37.5亿元，同比增长22.7%。

三、主要产品

中国航发现有的民用航空发动机产品主要有涡轴16、涡轴8A/D、涡桨6等。现有的直升机传动系统产品主要有配装国产AC311、AC312、AC313直升机的传动系统，以及配装中法联合研制的AC352直升机的尾传动系统。

四、新产品开发

在商用航空发动机方面，针对C919国产干线客机需求，持续推动大型客机发动机长江1000A项目研制，稳步推进核心机和整机试验工作；针对双通道远程宽体客机需求，开展大涵道比大推力涡扇发动机项目研制；为满足支线涡桨飞机等需求，开展5000千瓦级民用涡桨发动机工程验证机（AEP500）研制，深化开展整机验证工作，同步开展型号研制。

在通用航空动力方面，涡轴16发动机实现首批4台交付，并签署后续订单；为满足5～6吨级民用直升机动力需求，开展1000千瓦级民用涡轴发动机（AES100）研制，全面开展适航取证，同步启动市场推介，确定首家先锋用户；针对未来通用航空动力需求，持续研发不同功率/推力等级发动机，以AES100核心机为基础派生发展的中小功率涡桨发动机（AEP100）

和小功率涡扇发动机（AEF100）实现台架性能达标，小功率涡轴发动机（AES20）完成型号合格证申请并获受理。在民用直升机传动系统方面，持续开展5～6吨级直升机传动系统研制。

五、航空科研

2023年，为满足大型客机发动机研制及适航取证需求，持续推进大型客机发动机关键材料与应用技术研究，基于关键材料研究成果拓展材料应用范围，丰富健全材料性能数据库。深入推进材料适航工作，开展涡扇发动机材料企业标准验证。

六、航空零部件转包生产

2023年，中国航发航材院、黎明、成发、航发动力、南方、西控科技、红林、北京航科、中传等9家单位持续开展国际转包业务，主要为GE航空航天、赛峰公司、罗罗公司、普惠加拿大公司、普惠公司、霍尼韦尔公司等国际主要航空发动机厂商提供零部件产品，转包产品范围进一步拓展，钛合金、高温合金等锻铸件形成批量交付，订单需求持续回升。全年航空零部件转包生产交付总额约35亿元。

七、国际经济技术合作

2023年，中国航发积极开展民机领域国际交流合作，以高水平开放合作助推民机产业高质量发展。强化央企责任担当，积极参与第三届“一带一路”国际合作高峰论坛、第六届中国国际进口博览会等重大主场外交活动，服务国家外交工作大局；发挥行业牵引作用，参加主办首届上海国际商用航空航天产业展览会、第三届空中丝路国际航空合作论坛，以及民用直升机动力交流研讨会等活动，提升知名度和品牌形象；抢抓后疫情时代合作机遇，借助中法政府间民用航空合作工作组等平台，加强与行业领先企业合作交流，对标世界一流加快提升民机研发能力。

八、进出口业务

2023年，中国航发进出口总额约59.9亿元，其中进口额约19.5亿元，出口额约40.4亿元。

九、重大设施建设

2023年，通过固定资产投资项目建设，一批关键重要条件建成投运，核心能力体系更加健全。中国航发商发建成核心机起动规律试车台等大型复杂非标先进设备设施，“长江”系列发动机研制保障能力初步形成；航发科技建成反推短舱专业化制造基地并全面投产，建成自动钻铆等自动化生产线并投入使用，制造能力持续提升；中国航发南方积极探索数字化、智能化制造技术在航空发动机零部件制造场景的应用，实现淬火、固溶、清洗等设备集成连线，具备长轴类零件热处理连续加工能力，人工成本降低50%、装炉量提升100%，满足低成本制造要求。

十、资本运营

2023年，中国航发坚持聚焦主责主业，稳慎开展资本运作，持续优化资本结构，拓宽融资渠道，服务主业高质量发展。一是精益投融资管理。不断优化股权结构，全年完成投资总计31.8亿元；权益性融资成效显著，全年外部融资总额96.42亿元。二是深耕资本运作项目。推动航材股份在上海证券交易所科创板首发上市，募集资金71.09亿元；有序推动中国航发动控所经营性资产企业化运营、中国航发商发增资引战、成都成发科能动力工程有限公司重组等项目。三是持续提高控股上市公司质量。新增1家科创板上市公司，控股上市公司增加至5家；召开首次集体业绩说明会，航发动力、航发控制再获信息披露A类评价。

十一、机构调整和体制改革

2023年，中国航发深入贯彻落实党中央、国务院深化国企改革有关精神，制订新一轮改革深化提升行动实施方案，加速推进改革任务落实，按计划完成67项改革举措，第一年即完成总台账任务的30%；改革三年行动获国务院国资委总体考核A级。一体推进建设世界一流企业和价值创造、品牌引领等专项行动，初步构建集团品牌管理体系，1家单位入围创建世界一流专业领军示范企业名单，“双百”“科改”入选企业拓展至7家。

中国电子科技集团有限公司

一、企业基本情况

中国电子科技集团有限公司（简称中国电科）是中央直接管理的国有重要骨干企业，是我国电子主力军、网信事业国家队、国家战略科技力量。中国电科拥有电子信息领域相对完备的科技创新体系，在电子装备、网信体系、产业基础、网络安全等领域占据技术主导地位，肩负着支撑科技自立自强、加快数字经济发展、服务社会民生的重要职责，持续多年入选《财富》世界 500 强，2023 年位列第 252 位。

中国电科拥有包括 47 家国家级研究院所、19 家上市公司在内的 700 余家企事业单位，业务布局遍布国内 29 个省市自治区。中国电科拥有员工 23 万余名，55% 为科研人员，其中两院院士 13 人。拥有国家级重点实验室、研究中心和创新中心 41 个，拥有一批国内一流的中试线、生产线、装配线和机加工中心，形成了国内电子领域最完整的研究、设计、试制、生产及试验能力体系，取得了一批领先或接近国际水平的重大科技成果，在一些关键技术领域始终保持国内领先、国际先进。在民用航空领域，形成民机电子产品、无人机及通用航空产品等业务体系，取得了显著成绩，品牌地位逐年提升。

二、主要产品

（一）民机电子主要产品

通信导航系统、综合客舱系统（含机载娱乐系统）、信息系统、航空互联系统（北斗与卫通），以及特种飞机任务电子系统等。

（二）无人机及通用航空主要产品

中小型无人机系统、通用飞机、高性能复合材料，以及试飞服务等。

三、新产品开发

中国电科围绕民机电子、通用航空两大业务，全面拓展和提升民用航空领域的技术产品水平。在民机电子关键技术研究和开发上取得重大突破，多项技术居国际领先水平，并有多项专利获得受理和授权。

民机电子方面：中国电科下属航电公司承担了 C919、新舟 700、AG600 等重点民机型号的通信导航系统、信息系统、客舱系统、数据链等研制任务。同时，研发了北斗位置追踪设备、北斗辅助导航系统、采用相控阵天线的 Ka 宽带卫通系统、新型机载娱乐系统 iWO 等一批核心机载产品，行业领先。通过型号项目研制，航电公司已建立了较为完整的符合适航标准要求的研发体系、质量管理体系和标准体系，成为国内第一批建立较为完善适航体系的民机电子领先企业，形成了一支结构合理、素质过硬，具有国际视野和工程经验的人才队伍和一批具有自主知识产权的核心技术。

通用航空方面：中国电科下属航电公司通过针对无人机应用、飞行培训和通航作业等市场需求，重点布局中小型无人机系统、通用飞机、高性能复合材料，以及试飞服务等多项业务。无人机业务通过自主创新开发了两类 7 款中小型无人机系统，部分产品已取得市场突破；通用飞机业务通过对两型“钻石”飞机的引进、消化、吸收，形成自主研发制造轻型通用飞机的核心竞争力，提升关键设备国产化水平，其中 DA42 双发四座飞机在国内培训类市场占有率 60% 以上。

四、国际经济技术合作

中国电科按照拟订的发展规划，确定了“通过国际合作高起点切入民用航空电子领域”的实施战略。2023 年，中国电科通过国际合作支持自主研发的发展战略，继续坚定以“外”促“内”发展思路，在继续夯实前期与柯林斯、泰雷兹、钻石公司等国际公司合作成果的基础上，加速自主创新，通过国际化视野在民机电子和无人机及通用航空领域加强自主研发，争取实现突破。

五、重大设施建设

中国电科在民用航空发展过程中，积极推进内涵式与外延式相结合的经营策略，从体制机制上，探索出一条国有资本、民营资本、地方政府资本互相融合的投资与资本运作的发展模式。

2009年6月16日，中国电科为服务国家大飞机战略，整合地方资源，联合四川省、成都市、高新区三级政府，投资25亿元共同设立中电科航空电子有限公司（简称航电公司），专门从事民用航空电子领域系统级设备的系统设计、集成开发、产品研发和维修服务等业务。航电公司作为中国电科民机航电和通用航空产业发展牵头单位，负责牵头中国电科民机电子产业，联合集团内优势单位共同研发，现已在成都和芜湖分别建立航电产业园和通用航空产业园。

民机电子业务方面，中国电科下属航电公司与柯林斯和泰雷兹分别合资成立了中电科柯林斯航空电子有限公司（简称电科柯林斯）和中电科泰雷兹航空电子有限公司（简称电科泰雷兹）。其中，电科柯林斯是国内通信导航系统研发、生产和维修中心，是中国民用航空局CCAR-145部维修认证单位；电科泰雷兹以C919项目为契机，专门从事民用航空电子领域机载娱乐系统业务，是机载娱乐系统的销售、客服中心，已向空客、波音交付超过2000台（套）机载娱乐设备。

无人机及通用航空方面业务，中国电科投资成立了中电科芜湖钻石飞机制造有限公司。公司成立于2013年12月，以引进钻石公司DA42、DV20E两条飞机生产线起步，主要业务包括中小型无人机系统、通用飞机、高性能复合材料，以及试飞服务等，是国家发改委批准的首个国家级轻型通用飞机国家工程设计中心。

上海飞机制造有限公司

一、企业基本情况

上海飞机制造有限公司是中国商飞公司全资子公司和总装制造中心。前身为始建于1950年的飞机修理队，后更名为国营第五七〇三厂、上海飞机制造厂，于2008年5月整建制进入中国商飞公司。2009年6月，实现公司制改造，由上海飞机制造厂改制成为上海飞机制造有限公司。2018年3月，按照现代企业管理制度和国企改革要求，上飞公司成立第一届董事会，推动法人治理机制建设。上飞公司注册资本为83.1亿元。

上飞公司承担着中国拥有自主知识产权的ARJ21支线飞机、C919大型客机批生产和C929宽体客机研制任务，主要承担着飞机总装集成、关键零部件制造、维修、交付和转包生产等主营业务。上飞公司现有浦东和大场两大基地。大场基地占地面积489亩，主要承担航空零部件生产和波音转包生产，特种工艺、衍生机型改装等任务；浦东基地占地面积4049亩，主要承担ARJ21飞机和C919飞机总装集成、C929飞机研制，复合材料研发制造、航空零部件制造，以及飞机维修与交付等任务。截至2023年底，上飞公司在编在岗职工8195人。

二、主要产品

1. C919大型客机。稳步推进小批量生产，全年完成工艺文件（AO/AAO）归档近4万份，总装下线4架，交付客户3架。保障首家客户顺畅运营，2023年5月28日，首架交付机完成商业首航。推进欧洲航空安全局（EASA）取证，于内部平台发布工艺审定计划，并获得中国民用航空局认可。加强维修能力建设，新增发动机及辅助动力装置（APU）更换维修能力。推进衍生型发展，高原型（缩短型）项目完成立项申报。

2. ARJ21新支线飞机。形成生产线标准管控体系，生产节拍稳定在7天/架，总装下线24架，达接32架，交付22架，2架飞机实现海外运营。推进系列化发展，成功探索国产客机回收改装原型机取证交付路径，形成与维护、修理和大修（MRO）单位深度合作机制，首批2架客改货飞机交付，指挥机完成改装，医疗机实现取证。

3. C929远程宽体客机。攻克细长双曲共胶结、共固化工艺壁板制造等多项关键技术，复材关键技术的技术成熟度总体接近六级；加速复材机翼专项攻关，完成机翼M3级首件梁试验件试制；交付近380件结构件级试验件；基本建成复材试验验证能力；启动初步设计转段攻关。

4. 航空零部件转包生产。共交付波音737水平安定面、波音787着陆灯整流罩、波音777背鳍、波音737扰流板4种转包零部件419架份，其中波音787着陆灯整流罩完成履约，合同期内累计交付982架份。产品质量稳定，一次提交合格率99.99%，客户满意度99.98%，获颁波音公司2022年度供应链绩效成就奖。

三、产品开发与技术进步

ARJ21项目成功探索复材结构设计大改实施路线，C919项目掌握复材结构全尺寸试验验证核心能力。CE-25A全电飞机项目完成1∶2大尺寸缩比机总装下线，实现复材机身筒段自动铺丝和液体成形工艺装机应用。成立航空大模型实验室。复合材料实验室通过中国合格评定国家认可委员会（CNAS）现场评审。立项2项国家标准，发布142项企业标准，获得140项专利授权。组织13家长三角地区企事业单位成功申报临港大飞机制造创新联合体，并获得首批授牌认定。推动数字化转型赋能生产，建成机加蓝光检测线等多条智能数字化产线，实现胶结车间全生产要素及生产过程的数字化管理；新增落地5G工业场景10项；C大脑平台、天系列产品在项目管理、质量管控等业务领域实现应用；建设资产元宇宙、物料元宇宙、过程管控平台，实现资产调拨、盘点的实时动态反应，打通物流配送全流程。上飞公司获评“十四五”高质量发展科技创新示范单位。

四、国际经济技术合作

上飞公司的合资公司凯飞公司完成主体厂房钢结构安装和混凝土层板浇筑，搭建质量及内控体系，开展初设期运营管理工作；伊飞公司完成C919和ARJ21飞机管路产品配套交付；持续发展管路和泵阀维修服务业务，销售额分别比2022年增长308%、91.3%。赛飞公司完成C919项目线束配套交付；持续提供EWIS备件，支持C919和ARJ21飞机的航线运行。

五、重大设施建设

C919飞机批产一期项目完成关键核心设备采购和主要批产速率工装设计制造，450台（套）工艺设备投入使用。ARJ21飞机生产系统提升项目全面投产。宽体复材试验验证厂房、工艺试验验证厂房投入试运行。启动宽体研保复材二期项目建设，加快形成全机身设计，以及机身壁板研制能力。完成交付维修项目（完工部分）停机坪施工及完工机库钢结构主体、动力中心主体结构施工，加快建设完工生产能力。

六、企业改革改制

发布《上飞公司经营改革实施方案（2023—2027年）》，明确未来5年经营改革目标、思路及重点举措，完善“一利五率”经营指标体系建设。发布《上飞公司2023—2025年发展纲要》，加强战略规划引领。发布《上飞公司2023年全面深化改革工作要点》，分解改革任务，落实改革举措。成功申报国务院国资委“创建世界一流专业领军示范企业”，实施方案获评A+。制订、落实对标世界一流企业价值创造行动实施方案，完成8个方面61项措施，加快建设世界一流航空总装制造企业。加强企业管理改革实践，成立上飞公司管理诊断委员会；全年累计完成35个次级机构调整；初步建立以“包产到户”为核心的经营管理体系，在13个试点部门建立内部定价机制和独立核算规则。综合保税区运营实现业务提速。大飞机园实现项目导入14家，累计签约项目59个。上飞公司获评中国（上海）自由贸易试验区建设10周年制度创新样本企业。

中航西飞民用飞机有限责任公司

一、企业基本情况

中航西飞民用飞机有限责任公司（简称西飞民机）成立于2015年4月，是中国航空工业集团有限公司旗下中航西安飞机工业集团股份有限公司的成员单位。公司性质为国有控股企业，由中航西安飞机工业集团股份有限公司、中国航空工业集团有限公司、陕西航空产业发展集团有限公司等9家单位投资组建成立。

西飞民机是集民用飞机研发、总装集成、飞机修理、市场营销、用户服务为一体的民用飞机制造企业。西飞民机积极构建完备的民机产业发展体系，形成与国际接轨、功能健全的民机产业布局。当前主要产品包括“新舟”系列涡桨支线飞机、民用货机，以及人工增雨机、遥感机、医疗救护机等多用途飞机。

西飞民机积极践行“航空报国、航空强国”的初心使命，坚持“以客户为中心，以奋斗者为本”的发展理念，做优“新舟”产品、做强民机产业，致力于成为世界领先的中型固定翼运输机产品和服务的提供商，用中国高端制造、航空卓越品牌服务全球用户。

二、生产经营情况

2023年西飞民机营业收入6.44亿元，完成10架机合同签署，较2022年增加8架；实现2架机转场交付、5架机总装试飞；11架机定检维修，19架机加改装，科研生产取得重大进展。资产总额64.73亿元，较2022年增长12.91%。

三、主要产品

西飞民机主营业务范围为民用航空器的设计、生产、维修、试验、销售及相关技术服务，产品主要为新舟60/600系列民用客机、多用途飞机及特种机。截至2023年底，已交付各型“新舟”系列飞机120余架，分布在4大洲21个国家，在近300条航线上平稳运营，运送旅客超过1200万人次，培养航空管理人员、机务人员、飞行员等航空专业人才3300余名，为29个国家提供了逾500人次的适航官员专项培训，有效扩大了中国民机的品牌影响力。基于该平台的人工增雨机、遥感机、海监机、医疗救护机等多用途飞机已经得到广泛推广应用。

四、产品开发与技术进步

2023年西飞民机民用航空领域研发投入5.36亿元，围绕型号发展技术需求，探索客机发展与核心技术，完成商用无人系统场景分析、需求捕获、关键技术梳理；完成新能源飞机发展分析及关键技术方向确定。

五、国际经济技术合作

西飞民机基于“主制造商—供应商”研制模式，坚持核心业务自主创新，部件制造合作开展、零件委托加工的技术发展途径，积极寻求国内、国外制造技术资源和设备资源。

六、企业改革改制

2023年，西飞民机对标要求，精心部署，全面完成了国企改革三年行动高质量收官阶段穿透式考核，5个重点领域、22项专题任务、42项改革目标、37项改革举措全面完成，实现了上级确定的考核目标，取得了阶段性成果。承接上级党组关于国有企业改革深化提升、建设世界一流企业行动的决策部署，形成建设世界一流企业工作方案，改革部署不断深化，发展效能逐步显现。

空中客车（天津）总装有限公司

一、企业基本情况

空中客车（天津）总装有限公司（简称空客天津公司）成立于2007年，注册资本6000万欧元，位于滨海新区保税区空港经济区，占地面积约83万米^2，厂区员工1100余人。

二、生产经营情况

2023年实现工业总产值8.9亿元。

三、主要产品

空客天津公司主要从事空客A320系列飞机总装、喷涂，以及A330、A350系列飞机完成和交付等。具备每月总装交付6架A320飞机和完成交付2架A350飞机的能力。截至2023年底，累计生产交付了666架A320系列飞机和24架A350宽体飞机。

四、重大设施建设

空客天津公司拥有的空客A320天津总装线是空客公司在欧洲以外的第一条飞机总装线，于2006年获得国务院批准并选址天津空港经济区开始建设，2009年完成首架A320飞机交付。在空客A320项目成功合作的基础上，中外双方决定继续扩大合作范围，在天津建立A330宽体客机完成和交付中心。2017年，宽体客机完成和交付中心项目落成暨首架A330飞机交付。2021年，A330宽体客机完成和交付中心转产A350并完成首架A350飞机交付。2023年9月，空客A320第二条总装线项目正式开工建设，空客天津项目成为中法、中欧工业合作的典范。

中航通飞华南飞机工业有限公司

一、企业基本情况

中航通飞华南飞机工业有限公司（简称华南公司）隶属中国航空工业集团有限公司旗下中航通用飞机有限责任公司（简称航空工业通飞），成立于2012年，注册资金10亿元，是集通用航空产品市场营销、设计制造、试飞交付、客户服务为一体的综合性高新技术企业。华南公司地处粤港澳大湾区重要门户枢纽、珠江口西岸核心城市广东珠海，毗邻珠海机场，占地面积约46万米^2。

华南公司目前通过了AS9100D质量体系、试飞安全体系、职业健康安全管理体系、环境管理体系等资质认证，是国家高新技术企业和珠海市独角兽种子企业。设有国家级博士后科研工作站、广东省博士工作站、珠海市院士工作站，是广东省首批职业技能等级认定试点企业，先后荣获中央企业先进集体、中国青年五四奖章集体、中央企业青年文明号等荣誉称号。华南公司AG600总装生产线先后获批“全国爱国主义教育示范基地”，广东省、中央企业和航空工业集团“爱国主义教育基地”，每年接待逾万名参观者。

二、生产经营情况

华南公司目前仅有唯一型号AG600处于在研状态，尚未形成销售收入。截至2023年底，华南公司资产总额24.63亿元，同比减少10%；营业收入12.25亿元，同比减少37%；利润13万元，同比增加100%；工业总产值4500万元，同比下降92%。

三、主要产品

华南公司在研的大型灭火/水上救援水陆两栖飞机“鲲龙”AG600是我国首次自主研制的、为满足国家应急救援体系和自然灾害防治体系建设需要的重大航空装备，与大型运输机运20、大型客机C919并称为我国大飞机家族的“三剑客”。AG600技术验证机（001架）已成功实现陆上、水上、海上首飞，突破掌握了气水动融合布局、高抗浪适海船体、复杂高支柱起落架等关键技术，为项目发展奠定了坚实可靠的技术基础，实现了我国特种用途飞机研制领域重大突破，取得了国家创新驱动发展战略重大成果。

在2022年完成AG600全状态新构型灭火机1003、1005、1006三架机首飞的基础上，于2023年5月确定适航构型；6月完成典型灭火任务场景试飞，具备执行灭火任务能力，7月进入表明符合性试飞，12月完成40%表明符合性试飞科目。

四、产品开发与技术进步

华南公司承接国有资产监督委员会和航空工业集团原创技术策源地建设任务，全面完成9项行动计划共22项行动项，通过航空工业集团策源地建设中期评估及年度总结评审。技术体系建设完成131项关键技术清单梳理，并与航空技术体系目录2.0版一并发布。

2023年新增课题18项，年度管理在研课题67项，完成工业和信息化部验收10项，完成上级单位11项预验收，完成航空科技报告2篇。

华南公司AG600飞机于2023年全面完成航空工业集团研制任务目标。一是圆满完成灭火功能验证。联合试飞团队转战六地，完成了不同投水模式、投水量和投水速度等各种组合61架次/88小时验证试飞，投水139次，充分验证了典型任务场景投水灭火能力，2023年6月29日通过了航空工业集团组织的评审。2023年10月27日，2架AG600M协同完成航空应急救援综合实战演练，充分检验和展示了龙头装备的实战能力。基于用户4小时快速应急出动的需求，制订了应急救援飞行实施方案和能力清单，为后续快速响应出动执行灭火任务做好了准备。二是超额完成试飞任务。2023年全年飞行651架次/5499个试验点，架次完成率126.4%，试验点完成率162.8%，超额完成年度试飞任务。全年完成表明符合性试飞试验点1568个，占比40.5%，飞行包线全面放开，平台性能得到充分验证。三是稳步推进三类试验。2023年全年计划完成三类试验共计1177项。实验室试验完成197项，年度计划完成率100.5%；机上地面试验完成80项，计划完成率100%；除耐久、霉菌、盐雾试验外的设备鉴定试验共计完成811项，试验完成率90%。四是协同推进适航审查。审查双方构建高效协调机制，梳理确定了22165项适航取证“一本计划”，采取远粗近细管控模式，全面实践推进基于风险方法的审查。全年召开高层会议7次、审查会401次；评审试验大纲2001份，符合性验证资料3496份，发出型号资料评审表/批准表4543份；完成483项机载零部件/试验件、164项试验/试飞前的制造符合性检查，签发检查记录表1828份、适航批准标签463份。

五、国际经济技术合作

华南公司与美国西锐公司合作，采用TC证（型号合格证，归属西锐公司）与PC证（生产许可证，归属华南公司）分开的形式，建成国内“西锐”飞机总装生产线，实现散件进口后国内装配、国内销售，形成国内公务机产业链，2023年顺利完成SR20飞机12架机组装，实现4架机交付。

六、重大设施建设

2023年度投资活动坚持聚焦主责主业，坚持扩大有效投资，不涉及长期股权投资活动，固定资产投资主要保障AG600飞机研制顺利开展。2023年投资活动聚焦航材中心库房建设项目、航空器运行支持中心建设项目和207号喷漆与维修机库建设项目3个主要项目建设，同步开展ERP、经营办公、研制保障等基础能力建设，按照航空工业通飞管控要求，2023年实现了航空器运行支持中心建设项目工程竣工验收，完成了207号喷漆与维修机库建设项目初步设计上报，完成了航材中心库房可行性研究上报。通过年度投资活动，有效保障了年度经营目标落地，提升了AG600飞机研制保障能力，为华南公司后续高质量发展奠定了坚实基础。

七、企业改革改制

2023年完成华南公司董事会换届，法人治理体系持续走深走实，发布了改革深化提升加快建设世界一流企业实施方案和行动计划，形成59条建设举措；构建了管理者标准作业机制，实施管理提升专项，推进AOS体系运行阶段管理体系与业务管理能力双融双促。实现管理提升新突破，获1项国家级、8项省部级和2项集团级管理创新成果。

中航通飞华北飞机工业有限公司

一、企业基本情况

中航通飞华北飞机工业有限公司（简称华北公司）是由河北省人民政府与中国航空工业集团有限公司在石家庄飞机工业有限责任公司基础上共同出资组建，成立于2012年9月，注册资金15亿元，地址位于石家庄市栾城区。

华北公司是中国航空工业集团有限公司所属成员单位，是航空工业通飞的核心骨干企业。公司占地面积1400余亩，厂房面积14万米^2，拥有1200米跑道A1类通航机场一座，资产总额18亿元，在职员工900余人。公司以通用飞机研发制造为核心业务，是国内以研制生产通用飞机为主的专业化主机厂，具有机加、钣金、钳焊、铆接、复合材料加工、表热处理及飞机部装、总装、试飞等综合能力；积累了丰富的通用飞机研发、制造管理、适航取证、持续适航的经验和能力。企业荣获河北省省级企业技术中心、省级工业设计中心、省工业企业A级研发机构、省专精特新中小企业等荣誉，通过了AS9100D质量体系认证。

华北公司践行“航空报国”初心和“航空强国”使命，坚持“一体两翼、三个支柱”企业发展定位，即以航空制造为主体，以整机生产销售服务和航空航天零部件配套为两翼，形成通用飞机研制生产、工业级无人机制造、航空航天零部件生产三个支柱产业，致力于成为航空工业京津冀协同发展窗口和通航产业发展示范基地。

二、生产经营情况

2023年华北公司营业收入实现3.26亿元。全年生产交付各型飞机7架，其中运5B飞机6架，“国王”350飞机1架。

三、主要产品

1. 运5B飞机

运5B飞机是华北公司建厂之初就投入生产的经典机型，符合中国民用航空局CCAR23部适航标准，广泛应用于农林作业、飞行员培训、空中游览、航拍航测、空投伞降、客货运输、勤务用机等多个通航领域。

华北公司为进一步提升运5B飞机的飞行性能，降低运营成本，强化产品核心竞争力，重新焕发经典机型的市场活力，实施了运5B飞机换装涡桨发动机项目，已完成首飞，正在进行取证工作，运5B飞机换装涡桨发动机的性能及技术处于同级别机型先进水平。

2. “小鹰”500飞机

“小鹰”500飞机是我国严格按CCAR23部航空规章进行设计、生产、试验试飞、取证的具有完全自主知识产权的4~5座轻型飞机。“小鹰”500飞机可广泛应用于飞行培训、私人飞行、旅游观光、农林作业、航拍航测等通用航空领域。

华北公司综合考虑行业发展前景、市场需求、用户使用反馈等多方面因素，对“小鹰”500飞机实施了客户化改进项目，全面提升了机型的运营经济效益及乘用体验。

3. 工业级无人机

华北公司以运5B飞机为平台，合作开发运5U大型工业级货运无人机，满足航空货运市场和应急救援无人投放的需求，已实现首飞。

4. 赛斯纳208B飞机

赛斯纳208B飞机是一种单发涡桨多用途飞机，具有飞行速度快、商载大、可在未铺筑的跑道上起降、经济性好、可靠性高、维护简便等特点。受到短途客货运输公司，包机公司，航空快运公司，从事航空旅游、高空跳伞、航拍、人工降雨、应急医疗救援等业务不同用户的青睐。

5.“国王”350飞机

“国王”350飞机作为涡桨飞机中的代表具有出色的短距起降性能，具备高品质的客舱管理系统，可以满足客户各式各样的长途或高技术任务需要。

6. 飞机维修服务

飞机维修业务是航空产业链条中的重要环节，是高附加值的业务环节。华北公司下属飞机维修分厂，是少数具有通用飞机大修资质的制造企业之一，具有运5B飞机大修资质，主要开展飞机大修、改装业务。

四、产品开发与技术进步

华北公司坚持以市场为导向，加大产品研发投入力度，积极推动公司飞机产品客户化改进改型，提高公司技术创新水平，促进科技创新落到实处，2023年重点科研、协作、配套项目有序推进，科研任务取得阶段性成果。运5U物资投送型项目完成试飞、地面试验及货物投放试飞等任务目标；运5B飞机换装涡桨发动机项目完成性能、操稳、最小机组试飞大纲批准；配合完成“海鸥”300飞机型号合格证取证。

五、国际经济技术合作

华北公司的合资公司石家庄中航赛斯纳新增C90、B300飞机起落架翻修资质，维修改装能力不断提升。

六、企业改革改制

华北公司进一步深化改革提升任务，制订《改革深化提升加快建设世界一流企业实施方案（2023—2027年）》，统筹谋划9项改革举措和41项建设举措，一体化部署推进公司深化改革和世界一流企业建设工作。加强AOS管理体系建设，编制和修订下发AOS标准文件221份，以AOS流程信息化应用为重点，上线成熟流程12个，通过了航空工业集团首批AOS管理达标级验收审核。

浙江万丰飞机制造有限公司

一、企业基本情况

浙江万丰飞机制造有限公司是万丰集团旗下万丰飞机工业有限公司的全资子公司，成立于2021年，位于浙江新昌万丰航空小镇，注册资本1亿元，拥有员工近300人，是一家以飞机研发制造为核心的国际化企业，现与钻石奥地利、钻石加拿大形成国际布局，为全球钻石客户提供有力的技术保障和售后服务，实现国内国外遥相呼应、优势互补、资源共享、互动发展。

浙江万丰飞机制造有限公司主要研究方向为通用飞机整机及零部件的设计、开发，新材料的研究及测试，设备及系统的检验检测，以及复合材料结构件的先进制造工艺研究等。研发中心场地面积200米^2，包含办公区及材料实验室、检测室等。现拥有科技人员40人，占总人数比例达到14%，其中正高/博士3人，副高5人。

二、生产经营情况

2023年，浙江万丰飞机制造有限公司实现主营业务收入18963万元，实现销售收入10140万元，完成工业总产值11595万元，利润376万元。

三、主要产品

浙江万丰飞机制造有限公司主导产品为固定翼通用飞机DA40NG整机及复合材料零部件。内容包括通用飞机整机及部件的研发和制造，产品维护、维修服务等。飞机主要应用于俱乐部、飞行培训、私人用途、特殊用途，包括森林防护、应急救援、空中游览和海洋巡逻等领域，产品具有精度高、低能耗、低振动和长寿命等优势，通过AS9100、ISO14001、OHSAS18001和GB/T 29490等体系认证，并满足欧洲民用航空安全局（EASA）、加拿大航空运输管理局（TCCA）、美国联邦航空局（FAA）等通用飞机适航论证标准和要求。

四、产品开发与技术进步

截至2023年底，浙江万丰飞机制造有限公司已立项研发项目18项，完成17项，获批省级新产品8项，拥有授权专利96项，其中发明专利8项。现已获取中国民用航空局颁发的钻石DA20/DA40/DA42/DA62飞机、DF/FM轻型运动飞机的VTC证书，DA40/DF飞机的PC证书，同时获评轻型通用飞机浙江省工程研究中心，构建通航飞机的设计研发平台，于2023年获评高新技术企业，2023年获评绍兴市企业研究开发中心，极大提升了公司的科技创新能力。

五、国际经济技术合作

2023年度，浙江万丰飞机制造有限公司出口有关固定翼通用飞机复合材料机身等部件78件，累计实现销售金额5016万元。

山河星航实业股份有限公司

一、企业基本情况

山河星航实业股份有限公司（原湖南山河科技股份有限公司，简称山河星航）是2008年创办的一家产、学、研紧密结合的高科技股份制民营企业，专注从事通用航空领域载人轻型飞机和无人机的研发、制造和销售，是国家级专精特新“小巨人”企业，在职员工288人，其中研发人员77人，占职工总数27%。在国内低空空域管理改革政策背景下，山河星航依托“超强的战略定力、理性的发展路径、精干的技术团队、自主的研制体系”，历时多年，突破通用飞机数字化设计、基于超算的数字化风洞仿真、复合材料低成本成形制造、多源扰动作用下无人机航姿稳态控制等一批核心技术，探索了一条自主创新的通用航空发展路线，研发出10多个规格型号、具有自主知识产权的通航产品。

山河星航拥有中国民用航空局（CAAC）颁发的飞机型号合格证（TC）、生产许可证（PC），美国联邦航空局（FAA）颁发的LSA适航认证、无人机驾驶员培训资质及AS9100D国际航空航天质量体系认证；已获授权专利50多项，承担了多项国家级、省部级科技创新项目，获得首届“中国优秀工业设计奖金奖”“中国专利优秀奖”、第二届“芙蓉杯”企业组企业优秀奖、湖南省专利奖三等奖等荣誉。2023年12月，山河星航技术中心获评“省级企业技术中心”。

二、生产经营情况

截至2023年底，山河星航资产总额26534万元，负债率19%；近三年（2021、2022、2023年）主营业务收入分别为5163万元、9785万元、10603万元，营业收入稳步增长；研发投入分别为896万元、1159万元、2631万元，研发投入大幅增加。

三、主要产品

山河星航现有产品包括两座轻型运动飞机、大型固定翼无人机、多旋翼无人机和消防系留无人机等系列产品。

（一）“山河”SA60L/SA70L阿若拉两座轻型运动飞机

“山河”SA60L阿若拉飞机是由山河星航自主研制的单发双座飞机，是我国首个获得中国民航局适航认证的民族自主品牌轻型运动飞机，并取得美国联邦航空局适航认证。飞机采用碳纤维全复合材料，飞行性能、安全性均达到国际先进水平，适合私人飞行、飞行培训、飞行体验、旅游观光、航拍航测和遥感等应用。

“山河”SA60L阿若拉飞机历经10多年的技术积淀，不断进行技术优化和创新，已成功开发出SA60L、SA60L-T和SA70L-iS三个型号。“山河”SA60L系列飞机累计交付200多架，是中国市场占有率排名第一的轻型运动飞机。

（二）SA70U固定翼无人机

SA70U无人机是一款智能无人机系统。最大起飞重量700千克，实用升限7000米，具备高高原起降、短距起降能力，配置整机降落伞，可广泛应用于反恐侦察、边境巡逻、森林巡防、物资输送、通信中继等领域。

（三）“雷霆”多旋翼无人机

“雷霆”多旋翼无人机是一款纯电动六轴工业级无人机，可搭载吊舱、照明灯等多类型任务设备，执行地质勘探、巡线测绘、核辐射探测、物资输送、应急通信与照明等任务。整机核心部件采用冗余设计，具备任意单个部件故障后安全迫降能力；采用折叠结构设计，运输安装方便快捷，目前该机型已通过公安部检测机构认证。

（四）消防系留灭火无人机

SAX120E 高层建筑消防系留无人机系统是针对高层建筑消防灭火难题而研发的一款新型消防救援装备。该装备将无人机与地面车辆合二为一，系留无人机作为空中灭火作业平台，消防车为无人机提供集成储运，以及电力、灭火剂供给。系统具有灭火作业高度高、飞行时间长、响应速度快和占地面积小等特点。该装备为解决高层建筑消防灭火提供创新解决方案。

（五）高性能复合材料制件

可根据用户需求，提供从复合材料零部件设计、强度计算、复材铺层设计、复材成形制造、零部件测试等一体化服务方案。目前已完成具有代表性的产品包括大型固定翼无人机复材机翼、应急救援直升机复材水箱、全复材结构显控台和设备表面吸波复材面板等。

四、产品开发与技术进步

（一）载人轻型飞机领域

2023 年，“山河”阿若拉通用飞机交付 60 架，已累计交付 260 余架，累计飞行超 11 万小时，阿若拉飞机的安全性、可靠性和实用性进一步得到验证。

（二）无人机领域

1. 系留无人机

2023 年，高层建筑消防系留无人机完成产品研制，实现 120 米高度稳定作业。山河星航空中应急照明小型系留无人机列入国网电力夜间施工强制照明装备名目以及中国石化装备采购目录。

2. 电动垂直起降航空器（eVTOL）

2023 年，山河星航为大众集团（中国）研制的 1.6 吨起飞重量的 SV160E 电动垂直起降航空器缩比样机完成全模态飞行，全尺寸正样机已实现小速度前飞。

3. SA750 多用途运输无人机

2023 年，SA750 多用途运输无人机样机在山河星航下线，该机型由山河华宇公司牵头，山河星航作为战略协同研制，最大起飞重量 7.5 吨，载重超 3 吨，满足大载重、短距起降、复杂气象、无人化作业等需求，为湖南乃至全国的低空经济发展提供核心装备，助推湖南打造中国最大轻型运输飞机产业化基地。

五、国际经济技术合作

2023 年 9 月，经过严格规范的审查，阿若拉 SA60L 飞机获颁澳大利亚民用航空安全局轻型运动飞机适航认证，这意味着中国造的“山河”阿若拉轻型飞机可在澳洲进行销售，用于私人飞行以及飞行培训市场，并以此为起点，辐射欧洲市场。

六、重大设施建设

2023 年 6 月，总投资 6000 万元的新厂房、宿舍楼新建工程竣工验收并交付使用。

2023 年 12 月，山河星航首个省级技术平台“湖南省通用航空器工程技术研究中心”正式获批立项。

七、企业改革改制

2023 年 9 月，在新品牌发布会上，公司正式更名为山河星航实业股份有限公司。

哈尔滨飞机工业集团有限责任公司

一、企业基本情况

哈尔滨飞机工业集团有限责任公司创建于1948年，是我国“一五”时期156个重点建设项目之一，曾支援航空工业20余个厂所的建设，设有国家级技术中心和博士后工作站。所属企业有天津直升机有限责任公司（简称天直公司）、中国飞龙通用航空有限公司、哈尔滨通用飞机工业有限责任公司、哈尔滨哈飞空客复合材料制造中心有限公司（简称哈飞空客）等。

近年来，航空工业哈飞聚焦航空主业，加快推进航空产品升级换代，形成了以AC312E、AC332、AC352民用直升机和运12E、运12F固定翼飞机为代表的民机产品体系，全方位满足客户需求。航空工业哈飞拥有获得国际权威适航当局认可的、健全的设计研发制造体系，同时具备直升机和固定翼飞机设计研发制造能力。复合材料设计与验证等多项技术处于国内领先地位，是国内最大的航空复合材料零部件生产基地。

二、生产经营情况

2023年，航空工业哈飞实现民用航空收入10.12亿元，同比增长2.03%，其中通航运营收入4亿元，同比增长30.89%。

三、主要产品

航空工业哈飞目前在产的主要民用航空产品有AC312E直升机、运12系列飞机、运12F飞机、国外大部件和转包产品等。

（一）民用整机产品

航空工业哈飞生产的AC312E直升机具有在昼夜间及复杂气象条件下飞行的能力，具备优异的高原飞行性能，目前已取得中国民用航空局（CAAC）型号合格证和生产许可证。运12系列飞机是公司于20世纪80年代自主研发的一款轻型多用途飞机，目前已取得中、美、英、法、俄等14个国家的型号合格证/认可证，累计销往30余个国家和地区。运12F型飞机是在运12系列飞机的基础上，于21世纪初全新研制的一款双发多用途通用飞机，于2015年12月取得CAAC型号合格证，2016年2月获得美国联邦航空局（FAA）型号合格证，通过了中美航空器评审组（AEG）审查，该飞机以技术先进、空间宽敞和商载突出的优势在CCAR23部飞机中受到关注。在此基础上，2023年7月，运12F飞机获得欧洲航空安全局（EASA）颁发的型号合格证。

（二）出口及转包产品

2023年，哈飞空客向法国空中客车公司交付A350方向舵62架份、A350升降舵50架份、A320方向舵480架份、A350机腹整流罩52架份、A350S19舱门57架份、A320方向舵蒙皮132架份。航空工业哈飞向空中客车直升机公司（简称空直公司）交付H175直升机主机身2架份和尾段3架份；向法国赛峰短舱公司（简称赛峰公司）交付转包产品F7X短舱风扇罩7架份。

四、产品开发与技术进步

（一）主要研制项目

1. AC352直升机

AC352直升机是航空工业哈飞与空直公司采用项目对等合作的形式联合研制的一款6吨级通用直升机，可广泛应用于通用运输、近海海域作业支援、搜救、警用反恐等民用领域。

2. AC332应急救援型直升机

本项目旨在研制出满足CCAR最新适航标准要求的先进直升机，满足应急救援体系建设需要，推动我国航空应急救援能力快速成形。该型机未来将主要瞄准紧急医疗救护、警用执法、应急救援、高原作业和海上作业等目标市场。

3. AC352 搜救型直升机

本项目主要通过在 AC352 基本型已取得型号合格证（TC）的基础上开展应急救援改型研制工作，使其能够在海上搜索救援、应急运输等任务中发挥优势作用，助推形成快捷、高效、全天候的海上救助能力，完善我国救援直升机谱系，支持我国应急救援体系建设。产品未来将主要瞄准应急救援、警用航空等目标市场。

（二）2023 年取得的主要成绩

完成 AC352 和运 12E 两型机航空器评审工作；AC332 型机完成了 002 架机和 003 架机首飞，并首次亮相直博会；运 12F 飞机获得欧洲航空安全局（EASA）颁发的型号合格证，实现了国产飞机取得欧洲航空安全局型号认可零的突破。

五、国际经济技术合作

航空工业哈飞积极融入世界航空产业链，凭借先进的复合材料和整机制造技术优势，先后与美、俄、英、法等 10 余个国家开展合作。目前，与空直公司、英国 GKN 等公司有着直接的合作，现有 AC352/H175 直升机、赛峰 F7X 短舱风扇罩、GKN 发动机短舱等国际合作项目；航空工业哈飞旗下与空客集团合资成立的哈尔滨哈飞空客复合材料制造中心有限公司是 A350 系列飞机方向舵、升降舵等部件的供应商，A320 系列飞机方向舵的主要供应商。

昌河飞机工业（集团）有限责任公司

一、企业基本情况

昌河飞机工业（集团）有限责任公司始建于1969年，隶属中国航空工业集团有限公司，具备研制和批量生产多品种、多系列、多型号直升机和航空产品零部件的能力，是中国直升机科研生产基地和航空工业骨干企业。公司具有雄厚的科研生产和技术实力，设有博士后科研工作站，是国家企业技术中心、工业和信息化部首批“智能制造试点示范单位”，与清华大学合作成立了直升机先进制造研究院，拥有国家认可的理化计量中心重点实验室，设有航空应急救援重点实验室，是江西省航空应急救援装备保障及培训基地。公司荣获“智能制造标杆企业”，拥有的智能物流配送中心、精益制造生产线，数字化集成制造、复合材料加工、直升机动部件生产等处于国内先进水平。

昌飞公司现有资产总额191.97亿元，占地面积255.42万米^2，职工6000余名，其中具有中高级技术职称的人员1474名，享受国务院政府特殊津贴专家4名，航空工业首席技术技能专家5名、特级技术技能专家35名。

二、生产经营情况

2023年，昌飞公司实现工业总产值111.33亿元，营业收入82.39亿元，民用航空工业产品收入1.97亿元，利润总额0.74亿元。

2023年，完成1架AC311A直升机生产交付，完成租赁8架（2架AC313、2架AC311A、4架AC311）业务。

同时，加大了民机市场推广力度，开展了多项推广活动。一是开展调查研究，捕获细分市场需求。先后走访中信海直、湖南翔为通航等33家客户；重点研究航空应急救援、地方通用航空等市场发展趋势与动态，编制了10个省市《通航产业发展研报》，完成两型直升机《细分市场分析报告》。二是瞄准重点客户，加大市场推广力度。邀请重点客户参与AC311A、AC313A型机高原飞行活动，展示高原作业能力；参加中国航空产业大会，展示AC311A型机警用执法作业能力；参加珠海航展、天津直博会、首届北京应急展等展会，提升产品市场知名度。三是参与实战演练，提升品牌影响力。2023年5月16日，AC313型机参加丽江“应急使命·2023”高山峡谷地区地震灾害空地一体化联合救援演习，充分展现了直升机机动灵活、快速高效、受地形环境限制小等优势和救援救灾行动中不可替代的作用；2023年10月27日，AC311A、AC313两型机参加航空工业集团在湖北荆门组织的航空应急救援综合实战演练，有效验证了该两型机体系化的航空应急救援协同作战能力。

三、主要产品

昌飞公司始终坚持自主创新和国际合作相结合的发展思路，不断开拓民用直升机产品，与美国西科斯基公司、阿古斯特直升机有限公司、波音公司建立了良好合作关系，拥有1吨、2吨、3吨、6吨和13吨等多种民用直升机型号，已形成自主创新和国际合作齐头并进的产业模式。先后研制生产的民用直升机型号有以下几种。

（一）1吨级S300直升机

S300C直升机是美国施韦策公司在产的单旋翼带尾桨、1吨级轻型直升机。1956年10月首飞，1970年获得美国联邦航空局（FAA）适航证，现已进入批量生产，目前全球共生产销售了2000架。S300型直升机具有重量轻，体积小，各种辅助、助力设备少，适用性广泛，机动灵活，经济的价格及低廉的飞行、维护费用等特点。因而特别适合用于执法（公路巡逻、执法巡逻、空中指挥等）、训练（直升机驾驶员飞行训练和培养飞行员）和通用用途（旅游观光、工作巡视、体育、航拍等）领域，市场应用十分广泛。2006 年昌飞公司与美国施韦策、西科斯基、RSG 公司开展了一系列 S300C 项目合作，于 2019 年 4 月获得中国民用航空局颁发的 S300C 系列直升机生产许可证。

（二）2 吨级 AC311 系列型机

AC311 型机是在直 11 型机基础上改进改型的轻型民用直升机，2010 年 11 月 8 日实现首飞，2012 年 5 月 8 日完成型号合格证（TC）取证，2012 年 11 月 13 日完成生产许可证（PC）取证，并通过 AEG 评审，是我国首型通过 AEG 评审的旋翼类航空器。

为满足市场需要，提高整机性能，2014 年在 AC311 型机基础上进行升级改型，开展了 AC311A 型机研制，2014 年 8 月 14 日实现首飞，10 月完成高原试飞。2016 年 8 月完成 TC、PC 取证并通过 AEG 评审。

（三）13 吨级 AC313 系列型机

AC313 型机是按适航标准研制的大型民用直升机。2010 年 3 月 18 日实现了首飞，2011 年完成高原试飞，创造了国内直升机海拔 8000 米升限纪录。2012 年 1 月 5 日完成型号合格证（TC）取证，2012 年 11 月 13 日完成生产许可证（PC）取证，2013 年通过 AEG 评审。

为响应国家大型航空应急救援装备建设需求，昌飞公司加快开展大型直升机 AC313A 研制，2021 年完成铁鸟试验机总装及首飞机总装，2022 年圆满完成 AC313A 型机首飞。2023 年有效解决了飞行振动问题，完成了科研调整试飞、高原和高寒摸底试飞，并正式进入申请人适航验证试飞工作。

（四）C919 型机部件

昌飞公司承担了中国商飞公司 C919 前缘缝翼和后缘襟翼的研制，2012 年项目启动研制，2013 年完成了铁鸟试验件的交付。2014 年完成难加工零件工艺试验，2015 年完成本体件生产准备工作进入加工试制，2017 年完成首架本体件交付，2018 年完成 PPV 验证，2018 年交付第 2 架份，2019 年交付第 3 架份，完成了科研阶段 3 架份的交付任务。2021 年全面启动批产首架机的投产工作，2023 年实现批产配套生产 4 架份交付。

四、产品开发与技术进步

1. 统筹推进 AC313A 振动问题的排故、验证和科研试飞工作，2023 年完成了高置水平尾翼拉平、桨毂整流罩更改、斜梁去翼型等 30 余种解决方案的机上安装和试飞验证，并完成了振动问题归零。完成了 PT01、PT02 架机调整试飞，完成了海拔 1500 米、3000 米、4500 米的高原摸底试飞，开展了漠河地区高寒验证试飞，已全面进入取证试飞，有力地推动了 AC313A 研制工作。

2. 以客户需求为导向，拓展平台任务能力。对标国际先进机型，开展了 AC311A 竞争力提升工作，2023 年完成了 AC311A 消防吊桶 STC 取证；完成了国产高姿滑橇起落架取证；完成了液压燃油动力系统软管延寿取证；完成了航行灯、防撞灯、电加温后视镜装机验证。

3. 依托国家重点项目，推动航空应急救援产业发展。2023 年 8 月 14—16 日，联合中国人民解放军总医院、航天 613 所、中日友好医院、重庆大学等单位，组织 AC313 型机赋能国家重点研发计划“航空医学应急救援关键技术装备及应用示范”课题的实飞集成应用，检验科研成果的可行性和通用性；联合北方工业大学、重庆大学等单位，建成 1 套航空医学应急救援沉浸式模拟训练系统，初步具备航空医疗救护人员的培训能力；参与的中国工程院重点项目《航空医学应急救援培训标准化战略研究》通过验收。

4. 2023 年 8 月 1 日，江西省人民政府印发《关于 2022 年度江西省科学技术奖励的决定》，授予昌飞公司“AC313 大型民用直升机”2022 年度江西省科学技术进步奖特等奖，授予昌飞公司“C919 客机大型复合材料襟缝翼研制”2022 年度江西省科学技术进步奖二等奖。

五、国际经济技术合作

（一）波音 767/737

2023 年，昌飞公司完成波音 767 零件交付 10183 件，波音 737 零件交付 2976 件，交付额共74.54万美元。完成波音767/737货款回收62.53万美元。2023年波音767交付指数为99.8%，交付业绩为绿色，达到银牌。组织完成波音项目会，波音公司项目经理对项目交付进展、交付质量、产能等进行评估，并对昌飞公司的完成情况给予了较高的评价。

（二）S92尾斜梁

2023年，完成交付S92尾斜梁4架份（397～400号），累计完成交付400架份，交付额114.74万美元（含备件）；协调中航国际完成S92尾斜梁货款回收324万元；8月组织召开S92项目会，与外方讨论外购件生产和交付问题，协商因当前中美关系的不确定性影响S92出口限制等风险防范方案。

六、重大设施建设

2023年，昌飞公司民用航空基础设施建设项目4项，新开工1项，总投资12913万元，其中新开工项目投资1158万元，续建项目投资11755万元。

昌飞公司通过基础设施建设，为型号研制、批生产提供了必要的条件，提升了核心制造能力，推动了直升机制造智能化发展，有力保障了型号研制任务的完成。

七、企业改革改制

2023年，昌飞公司被国务院国资委纳入“科改企业”名单，开展了新一轮改革深化提升行动。获得航空工业集团改革三年行动“改革先进单位”称号。昌飞公司全面配合航空工业集团、中航科工和中直股份资本运作，配合完成了尽职调查、评估、审计等工作，完成上海证券交易所注册，昌飞公司成为中直股份全资子企业。

深圳市大疆创新科技有限公司

一、企业基本情况

深圳市大疆创新科技有限公司（简称大疆）成立于2006年，致力于成为持续推动人类文明进步的科技公司。大疆经历创业之初6年的积累，于2012年开创民用无人机行业，带来了划时代的无人机系统与影像解决方案，并开启了“天地一体”的影像新时代。大疆产品广泛应用于影视传媒、能源巡检、遥感测绘、农业服务、基建工程、前沿应用等多个领域，为各行各业提供了高效、安全、智能的工具。

二、生产经营情况

2023年，大疆产值为371.29亿元。

三、主要产品

主要包括可远距控制拍摄的一体化小型多旋翼飞行器、全新一代可折叠便携式多旋翼一体机。随着精灵Phantom 4在2016年的推出，多旋翼飞行器正式步入了机器视觉时代，通过“计算机视觉”与“机器学习”实现障碍物躲避及智能跟随等创新功能。通过不断提升的空中相机方案，将人类的视野从地面延伸至空中，创造出观察世界的全新角度。通过持续的创新，大疆致力于为无人机工业、行业用户以及专业航拍应用提供性能最强、体验最佳的革命性智能飞控产品和解决方案。

四、产品开发与技术进步

作为国家级高新技术企业，大疆一直非常重视知识产权的创造、管理、实施与保护工作，坚持以自主创新作为经营方针，积极创造自主知识产权，并形成了知识产权保护的立体网络。大疆自成立之日起就开始进行知识产权的相关申请工作，截至2023年底，全球专利申请量累计超20000件，其中PCT专利（国际专利）申请量超6000件。大疆不仅重视知识产权数量，更重视知识产权质量，以专利为例，发明专利占比超40%。全球商标布局57个国家和地区，注册1700多件。

大疆的业务已从无人机系统拓展至多元化产品体系，在无人机、手持影像系统、机器人教育等多个领域成为全球领先的品牌，并将技术延展至自动驾驶、激光雷达、高清摄录一体机等新领域，先后获得国家技术创新示范企业、全国质量标杆、广东省科技进步奖特等奖、中国驰名商标、制造业单项冠军企业等殊荣。

中航（成都）无人机系统股份有限公司

一、企业基本情况

中航（成都）无人机系统股份有限公司（简称中航无人机）是中国航空工业集团有限公司着力打造的无人机产业化、市场化平台，成立于2007年，2018年完成重组，并于2022年6月在上海证券交易所科创板上市。中航无人机具备无人机设计、研发、制造、销售、服务一体化能力，是国内大型固定翼长航时无人机系统的领军企业。

2023年，面向国家重大需求，统筹大气象、大应急等重点领域产业发展和升级；针对客户需求，围绕气象探测需求研制“海燕”气象探测系列无人机（“翼龙”2，“翼龙”10），在成都大运会活动天气服务保障中，高质量完成了机动气象观测保障任务，为第31届世界大学生夏季运动会开幕式的气象服务保障提供了强有力的支撑；2023年台风“杜苏芮”福建省受灾地区应急救援、2023年甘肃积石山县地震应急救援等实战任务中，提供实时侦察、回传现场高清图像和视频数据等资料，恢复公网和专网通信，为现场高效指挥、快速救援提供重要保障，成为应急力量中枢。

二、生产经营情况

2023年，中航无人机实现营业收入26.64亿元，同比下降3.94%。实现利润总额3.28亿元，2023年末总资产73.62亿元。

三、主要产品

（一）无人机系统

中航无人机主要产品为“翼龙”系列大型固定翼长航时无人机系统，由无人机平台、地面站、任务载荷及综合保障系统组成。中航无人机聚焦大型固定翼长航时无人机系统，以拓展市场应用为基础，实现产品谱系化发展，目前产品已发展了“翼龙”1、“翼龙”1D、“翼龙”1E、“翼龙”2、“翼龙”2D、“翼龙”2H、“翼龙”3等无人机平台，具备全自主多种控制模式、多种复合侦察手段和全面灵活的支持保障能力。“翼龙”系列无人机系统已在国内国外多个用户、多种场景得到大量实践应用。

（二）无人机技术服务

中航无人机持续深耕无人机技术服务市场，为客户的应用需求提供专业飞行服务，实现了人工影响天气作业、气象探测、应急救援等领域的成功应用，并提供各种载荷验证的试验飞行服务。2023年，中航无人机参加应急使命2023演习、“杜苏芮”防台风应急保障、甘肃地震救援等任务；完成大运会天气服务保障，开展青藏高原无人机人工增雨（雪）试验等任务，实现服务民生福祉的宗旨，促进企业形象提升，扩大了“翼龙”品牌影响力。

四、重大设施建设

2023年，中航无人机开始在自贡布局建设生产试飞相关能力，建成总装、试飞功能区，优化飞行保障条件，构建以自贡为飞行主基地，以特殊场景飞行基地为补充的“1+*N*”试飞基地布局。

五、企业改革改制

2023年，中航无人机建立了满足监管要求的上市公司治理体系，全面换版权责清单，完善治理制度；持续强化“三会一层”建设，保持外部董事占多数，加强董事会授权管理和职权落实；落实证监会独立董事制度改革要求，新建《独立董事专门会议工作制度》，修订完善《独立董事工作制度》、三个董事会专门委员会的工作细则等相关制度，多举措促进独立董事作用发挥。全面梳理公司治理情况，结合专项治理行动和治理体系建设行动方案的落实，以管理公司治理AOS流程体系建设为抓手，推动治理能效不断提升。

广州极飞科技股份有限公司

一、企业基本情况

广州极飞科技股份有限公司成立于2012年，致力于运用机器人、人工智能与新能源技术为农业赋能。极飞科技长期以智慧农业为发展方向，依托强大的研发与先进制造实力，不断将高新技术应用于农业生产管理的各个环节，实现科技的普及化、成果的产业化以及产品的普惠化，搭建起广大农民与科技之间的桥梁。

极飞科技在农业无人机领域深耕细作已达12年，自主研发了农业无人机、遥感无人机、农业无人车、农机自驾仪、农业物联网和智慧农业系统等一系列创新产品。通过构建完善的软硬件产品体系和数据闭环，为广大农户提供了精准、高效、灵活且经济的无人化生产解决方案，有效解决了农业生产中劳动力短缺、管理粗放，以及环境污染等难题。企业荣获国家级专精特新“小巨人企业”、广东省首批制造业单项冠军示范企业、国家知识产权示范企业，以及2023年广州独角兽企业等多项荣誉。此外，企业研发机构同时获评国家级、广东省级和广州市级工业设计中心、广东省植保无人机工程技术研究中心等资质。

极飞科技已构建起一套完整且高效的企业体系，以研发中心为核心，不断突破技术壁垒，更新迭代；生产基地实现精益制造，确保产品质量；销售网络遍布全国，为客户提供便捷服务；售后服务中心全天候待命。各部门协同合作，确保企业高效运转，为客户提供卓越服务。

极飞科技总部位于广州，总资产已达13.58亿元，员工总数超过1151人，其中技术研发人员占比超过34%。通过整合研发、制造、销售和服务网络资源，极飞科技成功将智慧农业技术推向规模化应用和落地，实现了技术的商业价值与社会价值的双重提升。

截至2023年底，极飞科技的产品已覆盖全球各大洲共计63个国家和地区，累计农田作业面积17.2亿亩次，为全球农业生产提供技术支持。同时，还积极承担社会责任，培训了14万名农业无人化设备操作员和教员，助力提升农业劳动者的技能水平。

二、生产经营情况

2023年，极飞科技实现主营业务收入5.288亿元，实现销售收入5.284亿元，实现营业利润–0.86亿元。

三、主要产品

（一）农业无人机

主要包括P150 2024、P60 2024、P100 Pro2023以及V50 Pro2023等型号。通过搭载极飞科技自主研发的飞行控制系统和离心喷洒等核心技术，实现精准施药、播种、施肥等多元化作业，极大地提升了农业生产的效率与质量。

（二）遥感无人机

主要包括M2000 2022、M500 2022以及经典的M500 2019等型号。该系列遥感无人机具备高精度测绘和感知能力，能够迅速捕捉地理空间信息，为农作物生长监测、环境监测等领域提供精准、可靠的数据支持。遥感无人机的广泛应用，不仅推动了农业机械化、智能化、自动化的进程，更大幅提升了农业生产效率。

四、产品开发与技术进步

（一）新产品研发与创新

2023年，极飞科技在新产品研发方面取得了显著进展，全年研发投入达1.533亿元，占当年销售收入的29%，发布了农业无人机P150 2024和P60 2024系列具有创新性和市场竞争力的新产品。新产品凭借70千克大载重、搭配全新柔性叶轮泵等创新技术，受到了市场的广泛关注和好评。

（二）科技成果

极飞科技在科技成果转化方面取得了显著成果。截至2023年底，国内专利申请数量已达到3776件，获得授权2357件，其中发明专利授权619件，实用新型专利授权1181件，外观设计专利授权557件。此外，极飞科技打破知识产权国际壁垒，进入欧美日等发达国家市场，获得专利授权95件。

在科研方面，极飞科技积极参与并主持了多项国家级和省级重点研发计划。先后主持和参与了国家重点研发计划、省重点研发专项项目等相关科研课题9项。

五、国际经济技术合作

（一）国际合作项目与成果

极飞科技积极参与国际合作项目，与全球多个国家和地区的科研机构、企业建立了深度的合作关系。通过共同研发、技术交流以及市场推广等方式，取得了显著的合作成果，为全球无人机技术的创新与发展做出了积极贡献。极飞科技海外发展足迹已遍布五大洲，在海外设置了27个试验站，部分农业无人机型号设备在美国、日本、澳大利亚、瑞士、英国等多地获得了合规运营，2023年海外销售总额1.35亿元。

（二）国际市场推广与品牌建设

极飞科技注重国际市场的拓展与品牌推广，建设了品牌中心，构建海外业务系统，积极参加国家科技成果展、世界论坛、国际农业机械展览会、农交会等大型展会，加快技术和产品走向国际市场。2023年9月，极飞科技参加首届“全球可持续农业机械化大会”，携参评专利转化的P系列农业无人飞机亮相展览，与来自13个国家的40多款机械设备，一同展示了农业机械技术的创新成果；2023年5月，极飞科技受邀参加中国澳门第三届BEYOND国际科技创新博览会，面向国际市场发布P100Pro农业无人飞机，为全球用户带来更高效、精准的农业生产解决方案。

六、重大设施建设

极飞科技于2021年在广州市黄埔区九佛街道莲塘村启动极飞超级农场示范基地项目，总投资2100万元。2023年，该项目的建设重点聚焦于超级农场空间站的打造、智能装备研发的深化，以及数字化农田的全面建设。截至2023年底，这些核心工程的完成率在95%以上。

黄埔产业园极飞超级农场示范基地项目不仅是一个实体项目，更是极飞科技展示其前沿智慧农业技术成果的重要平台，汇聚了多元化的智慧农业解决方案，通过实施验证、实地演示和专业的培训活动，直观地向客户展现了这些技术的实际应用效果。

七、企业改革改制

面对日益激烈的市场竞争，极飞科技不断深化改革改制，优化企业治理结构和管理机制。逐渐建立完善的现代企业制度，明确各部门的职责和权限，提高决策效率和执行力。同时，极飞科技加强企业文化建设，倡导创新、协作、共赢的价值观，激发员工的积极性和创造力。

苏州极目机器人科技有限公司

一、企业基本情况

苏州极目机器人科技有限公司（简称极目机器人）成立于2016年，是一家以科技守护万物生长为愿景，研发、制造与生产适用于户外作业、复杂环境的农业机器人科技企业。

极目机器人是国家专精特新“小巨人”企业，国家高新技术企业、江苏省潜在独角兽企业，工业和信息化部新一代人工智能产业创新重点任务揭榜单位，拥有江苏省智能植保无人机工程技术中心，获得吴文俊人工智能科学技术奖技术发明奖二等奖、江苏省人工智能优秀奖、江苏省双创人才、苏州市十佳农业科技企业、姑苏创新创业领军人才等荣誉称号，是苏州工业园区无人机产业联盟理事单位、人工智能产业协会理事单位。

极目机器人利用双目视觉与雷达融合实现农业无人机在丘陵山地复杂环境的自主避障技术，改变了传统基于测绘的作业模式，大大提升了作业效率及安全性；同时开发了CCMS常温双峰弥雾喷头技术，解决了树木及高秆作物航空植保的均匀性和穿透性问题，实现了农业无人机从大田到丘陵山地的地形可覆盖范围拓展，同时也实现了从低秆作物到树木作物种类的可覆盖范围拓展。公司核心研发团队人员来自7个国家，横跨高铁、汽车、电子工业和农业等行业，汇聚了视觉、控制、人工智能、计算机软硬件、农业植保和育种等各领域知名专家。所形成的核心技术在环境感知、规划控制，以及果树喷洒设备等方面具有144项专利技术。

极目机器人是国内资本股东数量较多的农业无人机科技企业，融资股东包含国际股东淡马锡、巴斯夫、嘉里集团等，国内股东包括中信农业基金、建银国际、万丰奥特、百果园、元禾控股、新希望等产业资本，助力极目机器人加速国内外市场布局。同时极目机器人具有广泛的国内与国际合作伙伴，包括中化、隆平高科、先正达、巴斯夫、富美实、中国艺交所、保利集团、广州科易、口味王、康恩贝等知名企业，以及中国农科院、中国农业大学、华南农业大学、南京农业大学等科研院校，为极目机器人产业的全球化提供巨大助力。

近三年来，极目机器人通过自主研发方式相继研发立项20多项，现已推出EAJ-100、EA-30XP和EA-30X等多款植保无人机，喷洒作业次数达2935万亩次，覆盖国内外经济作物面积达611.5万亩，推出商用玉米去雄检测系统，均获得客户高度认可。公司拥有有效专利115项，其中授权发明专利26项，软件著作权36项。

二、生产经营情况

2023年，极目机器人完成主营业务收入12531万元，纳税额267万元，培养人才上百人，吸纳就业30人以上，研发投入3064万元，研发投入占比24%。

三、主要产品

极目机器人以视觉和智能控制为核心技术，成功将三维机器视觉、自主驾驶和控制、AI图像识别、精准变量喷洒等前沿技术应用在全域感知智能植保无人机、智能农机装备、精准数字农林业上。智能植保无人机可实现自动路径规划和L4级自主飞行、自主智能避障、0.7米超低空仿地飞行（防药剂飘散）、复杂环境免测绘、90度以下地形全覆盖、双目昼夜无差别自主作业、超高树木仿冠层自主飞行、10米落差无障碍；全球离线模式再升级，单基站覆盖面积5000亩，在RTK断联情况下，可持续安全飞行，尤其适合丘陵山地、果树等经济作物的飞防植保和施肥，是丘陵山地飞防专家。

四、产品开发与技术进步

极目机器人最新发布的 EA-J100 全域智能感知植保无人机在多个技术领域实现了显著的突破，确保了作业过程的安全、智能、高效和经济效益的完美结合。

（一）激光复眼视觉系统革新

EA-J100 采用了先进的激光复眼视觉系统，该系统具备超凡的动态模拟能力，可在动态移动中迅速探测、精准定位与识别目标，有效规避障碍物。其 360 度全域视角与高清分辨率相结合，感知范围广阔，能够覆盖一个足球场大小的区域，最小可分辨直径低至 1 厘米的障碍物，如枯树枝、电线杆等，为无人机飞行提供了全方位的安全保障。

（二）航线算法与作业效率优化

通过升级的航线算法，实现了无人机起降与转向的同步优化，大幅减少了非作业飞行时间。其最大作业速度可达 13.8 米 / 秒，作业效率最高可达每小时 360 亩，显著提升了作业效率。

（三）三维地图构建与复杂地形适应

搭载高性能机载芯片，EA-J100 能够实时构建作业环境的三维地图，并自主生成安全飞行航线。在平原、水面、山地等复杂地形中，该无人机能够实现 10 米 / 秒高速飞行状态下的精准绕障与仿地飞行，仿地高度可达 15 米，展现出卓越的地形适应能力。

（四）智能吊运系统升级

EA-J100 配备了智能吊运系统，最大吊运承重 60 千克，具备快装快拆功能及自动脱钩装置。结合防摆控制算法，提升了吊运飞行的安全性。配套吊运引导器可实现一键找点与自主飞行，大大降低了操作难度，提高了吊运效率。

（五）播撒与喷洒系统创新

该无人机的播撒系统可与喷洒作业系统实现快速换装，50 千克（70 升）播撒箱采用大功率电机与可更换式刀片搅拌器，下料均匀且速度最大可达 110 千克 / 分钟。智能测算物料密度与播幅设定功能，大幅减少了重播与漏播现象，有效喷幅最大可达 15 米。

（六）喷头技术革新

第三代常温双峰弥雾喷头采用全新出水口设计，雾化效果更加均匀，雾滴粒径连续可调。标配高雾化及大流量两种喷盘，满足不同作业场景需求，同时有效提升喷盘寿命。四弥雾喷头可快速切换并自动识别，提升了果树等厚冠层作物叶背面着药量与均匀度。

（七）夜航作业能力增强

EA-J100 全面同步了白天作业功能的夜航作业能力，开放夜航绕障功能，无须额外标记障碍物即可安全进行夜航作业。

（八）手飞增强模式与智能遥控器升级

手飞增强模式结合了全新感知系统，实现了手动模式下的定高、定向飞行与全向避障功能，无须地块测绘即可实现快速、安全、精准的手动作业。全新升级的智能遥控器采用 7 英寸大屏，内置 8 核处理器与高性能芯片，操作界面友好且流畅，搭配高清 FPV 系统，可实时生成农田高清地图，大幅降低人工劳动强度。

（九）测绘与通信系统革新

标配的测绘器可在茂密树林环境下快速获取 RTK 信号，“极链”通信站集成了高精度测绘、离线基站、信号中继和吊运引导等功能，满足更多复杂场景需求。

（十）电池与充电器技术创新

采用行业创新的 CTB 壳芯一体化超充电池，结合类刀片电池结构设计，实现快速散热与高效循环。充放电双接口设计解决了高温作业接口过热问题。配备的 9000 瓦集成散热充电器支持 5C 充电，最快 9 分钟充满，满足全场景作业需求。

五、国际经济技术合作

随着全球化进程的加速和国际贸易的不断发展，极目机器人积极开展国际经济技术合作与交流，与先正达、巴斯夫等国际知名企业和研究机构建立了广泛的合作关系，共同开展技术研发和产品创新。同时，企业还积极参加国际展览和技术研讨会等活动，展示最新技术和产品成果，扩大品牌知名度和国际影响力。

成都纵横自动化技术股份有限公司

一、企业基本情况

成都纵横自动化技术股份有限公司（简称纵横股份）成立于2010年4月，是成都市高新技术企业，注册资本8758万元，现有员工700余人，研发人员超过150人，是国内规模领先、极具市场竞争力的工业无人机企业之一，致力于为客户提供智能化、平台化、工具化的工业无人机系统，在国内发布并量产垂直起降固定翼工业无人机，成为工业无人机主流布局形式之一。

二、生产经营情况

2023年，纵横股份实现营业收入30176.34万元，同比增长5.03%；实现净利润-6449.99万元，同比减少147.55%。全年综合毛利率44.64%，较2022年增长约6.05%；研发投入总额7266.00万元，较2022年增加84.27%；持续培育新市场，销售费用较2022年增加33.35%；管理费用较2022年增加33.52%。

三、主要产品

具有吨级以下谱系化中小型工业无人机产品，包括CW-007、CW-15、CW-20、CW-25/E/H、CW-30、CW-40、CW-80、CW-100等系列；最大起飞重量涵盖6.8～110千克，载荷0.8～25千克，航时1.5～10小时，产品涵盖纯电动无人机、油电混合无人机，以及以氢燃料为代表的新能源无人机系统。产品性能保持行业先进水平，具有稳定性高、模块化组装、全程自主飞行、自动避障等特点，能在多种复杂地形起降作业，无需操作人员干预即可完成巡航、飞行状态转换、垂直起降等飞行过程，可实现一机多载或多载切换，搭载光电吊舱、航测相机、激光雷达、合成孔径雷达、航磁传感器、大气传感器等无人机任务载荷，满足各类行业用户需求。

（一）垂直起降固定翼无人机系统

当前的重点机型为CW-15、CW-25E、CW-40、CW-100等产品。其中：CW-15垂直起降固定翼为纯电动无人机，通过主动安全技术保障飞机从起飞到降落的全部过程，大幅提升无人机的安全保障能力。此外，CW-15无人机在续航能力、航电系统、载荷种类、二次开发接口设计等方面较传统产品得以飞跃提升，大幅提高智能化水平，可广泛应用于安防监控、应急、测绘、巡检等行业多种应用场景。

CW-25E无人机为纯电动长航时垂直起降固定翼无人机，是一款载荷能力达6千克的大载重、长航时、多元化任务设备集成的电动无人机平台，能搭载长测程激光雷达、MiniSAR等大载重设备，并具有模块化设计、操作简便等特点，可应用于矿山、测绘、安防监控、应急、巡检等行业，为高精尖大型传感器航空搭载应用的首选电动无人机平台。

CW-40无人机为长航时油电混动垂直起降固定翼无人机，为双尾撑布局，具备垂直起降、全自主起飞、RTK定点起降、精准导航等功能，实现10千克载荷能力，续航时间最长可达10小时，有效控制半径可达200千米，可用于大面积、长距离视频监控场景。CW-40无人机通过搭载高性能任务传感器，广泛应用在边防巡检、海岸线巡查、安防监控、应急、森林防火等场景。

CW-100无人机为超长航时垂直起降油电混合固定翼无人机，飞行时间可达10小时，有效载荷能力达25千克，能够同时搭载遥感传感器、稳定云台、光电吊舱、定位定姿系统等多种任务设备。CW-100无人机起降条件要求低、机动灵活、操作简便，可应用于复杂、综合性应用场景。2023年推出CW-100应急版无人机系统，可同时搭载卫通、光电吊舱、公网基站/

PDT 基站、宽带自主网多种设备，可用于复杂地形进行大规模、远距离、“三断”场景下的通信保障，实现超视距灾情数据实时采集回传。

（二）多旋翼无人机系统

PH 系列工业级多旋翼无人机为公司配套现有垂直起降固定翼无人机应用场景而开发的产品，其高度集成无人机飞行平台与载荷，高效协同公司固定翼平台、地面站系统而实施任务作业。现有产品包括 PH-007、PH-X、PH-20 三款旋翼无人机产品。

PH-007 多旋翼无人机为全复合材料机身，重量轻、刚性强；采用前掠折叠臂设计，具有快速展开和折叠、体积小、便于携带等优点，可应用于航拍、监控、测绘等领域。PH-X 多旋翼无人机采用创新的三旋翼布局形式，使用便捷、抗风性能好、巡航速度快，同时具备环境智能感知能力，可搭载激光雷达、航测相机、光电吊舱等多种载荷或载荷组合，适应多种任务场景。PH-20 多旋翼无人机采用六旋翼设计，拥有大载重、长航时、系统集成度高、可靠性好等特点，广泛适用于安防监控、地理测绘、电力线巡检、露天矿地测量、油气管道巡检等场景。

（三）大载重无人机系统

为满足下游需求，纵横股份积极开展吨级以下新型无人机系统的产品研究与技术探索，引入专业团队，专项开发新型中空长航时、高性能、低成本无人机产品。立项研发的大载重无人机系统具有挂载能力强、短距起降优异、部署灵活等技术优势，具有良好的应用前景。

（四）无人值守系统

2023 年发布了纵横昆仑 JOS-C2000 第三代无人值守系统并在多个领域开展了落地应用，实现了无人机自动巡检、自动充电、异地部署、远程规划指挥、数据自动回传等功能。为了实现无人值守系统更高效能的应用与更大规模的普及，研制出新一代无人值守系统纵横昆仑 JOS-C800，具有更长的飞行航时、更大的载荷能力、更短的部署周期、更低的运维成本。

（五）无人机应用软件系统

1. 纵横云

纵横云无人机管控平台是一款集指挥调度、信息共享、数据分析、辅助决策为一体的可视化无人机管控平台，深入安防等细分行业应用，使用户能够对无人机远程管控，实现对目标数据实时获取、分析、应用的全流程闭环管理。

2. 纵横鹰图

纵横鹰图为集任务规划、飞行监控、飞行任务操作、实时拼接、AR 叠加、AI 识别等功能于一体的地面站软件系统。该软件具备航线智能规划的功能，可根据不同的光电吊舱任务载荷自动生成航线；具备无人机实时视频处理并可视化的功能，可基于公网或电信网络对无人机视频进行推流或获取视频元数据；具备飞行过程中对飞机下发控制指令的功能；纵横鹰图还具备实景在三维地图上的叠加显示，以及图像实时拼接的功能。

3. 纵横飞图

纵横飞图为用于飞行计划，数据收集、处理和分析的综合无人机测绘软件。该软件将无人机飞行平台、地面控制指挥系统和全域位置服务有机结合，基于行业经验，形成软、硬、云一体化和集产品与服务为一体的产品解决方案。该软件可简化作业流程，提高作业效率和质量，降低用户成本、提升使用体验，满足行业用户日益提高的产品需求。

四、产品开发与技术进步

2023 年，纵横股份围绕新产品研发、现有产品改进升级、应用解决方案开发等方向进行产品研发投入，重点包括纵横昆仑无人值守系统、大载重无人机系统、新型多旋翼无人机等产品，开发全新的无人机航电系统、新架构的无人机指挥控制软件，不断提升产品的安全性、可靠性、易用性，完善行业应用解决方案。

1. 产品方面

2023 年 3 月，企业发布纵横昆仑 JOS-C2000 无人值守系统，该产品大大降低了无人机系统的操作难度、提升了智能化水平，为无人机在智慧城市、森林防火、电力巡检、智慧空管等应用场景的大规模普及应用奠定了基础；基于一代产品开发新型无人值守系统，实现无人机平台、机库系统、软件系统等一体化设计，进一步提升产品作业效率和可靠性；基于纵横大鹏 CW-15 无人机搭载全新国产长测程激光雷达系统、国产 1 亿像素中画幅相机先后发布相关产品；发布 CW-100 应急通信侦察无人机系统，作为中型无人机救援平台，可根据应急场景需求搭载卫通、光电吊舱、PDT 集群基站、公网基站、宽带自组网设备、MESH 中继模块等设备，具备强大的融合集成能力，能在复杂环境下为用户提供多种通信、侦察方式，高效、精准地完成预定任务。多旋翼无人机方面，以下游用户需求为牵引，开展多型多旋翼无人机产品研发，其中一型取得重大突破。大载重无人机方面，研制的大型固定翼无人机系统于 2023 年 5 月成功首飞，并在年内顺利完成各项科研测试项目，相比同级别产品具有载荷能力强、部署灵活、性价比高、短距起降等优势。

2. 软件方面

2023 年完成纵横星图初代软件产品的研发，实现终端指挥控制应用的统型；持续推进纵横云系列软件的功能优化，实现更广无人机平台接入能力，并提供云原生的解决方案；在自研网络动态地理信息服务器的基础上，实现了地理编码、时空数据目录等服务，能够满足 OGC 系列地理信息服务的全私有化部署需求；在自研流媒体服务器和 GB28181 服务器的基础上，实现了流媒体应用服务器的产品开发，在 Web 端支持 AI、AR、去雾、图像增强等功能，支持远程更新和部署 AI 模型，满足流媒体类数据服务和应用服务的全私有化部署需求；持续加强人工智能相关算法研发投入，实现无人机多种目标的检测识别功能，不断扩展工业无人机应用场景。

纵横股份获得“四川省专利奖三等奖”；纵横昆仑无人值守系统荣获“复合翼无人机技术创新案例”；纵横大鹏 JoLiDAR-LR22S 多平台机载激光雷达扫描系统荣获“无人机＋激光雷达技术创新案例”；与广东省国土资源测绘院完成的“固定翼无人机 LiDAR 应急测绘关键技术与应用”获得 2023 年度金粤自然资源科学技术奖一等奖；参与研发的高寒地区露天煤矿无人机全天候综合管控智能平台荣获煤炭行业标杆案例。

五、国际经济技术合作

2023 年纵横股份主要外贸产品为纵横大鹏无人机 CW-15 及 CW-25，贸易额为 8552 万元，占企业主要营业收入的 28%。

浙江科比特创新科技有限公司

一、企业基本情况

浙江科比特创新科技有限公司（简称科比特）创建于2009年，致力于打造行业领先的无人机产业平台，是基于“硬件+SAAS平台+服务”的无人机综合解决方案提供商，打造了完整的硬件制造和服务产业链生态，是具有完整的无人机制造产业链的厂商，同时也是国内成熟的移动智慧城市解决方案服务商。科比特推出的“IUAV云享飞”全国无人机服务平台，是行业领先的无人机服务销售、人员培训、无人机销售、设备租赁等信息化综合平台。

近年来，科比特陆续成为公安部、国家电网、中国国电、中石油的重要供应商，并成为中国联通、中国电信、华为的优质合作伙伴。公司移动智慧城市业务陆续在全国多个城市落地，分销网络及服务网络遍布全球，成为国内极具发展潜力的企业之一。

二、主要产品

1. 无人机整机

科比特以标准化、模块化为基石，携全产业链能力，经过实战磨炼出“入云龙”系列多旋翼无人机、“小旋风”系列工业级4翼无人机、“插翅虎”系列垂直起降固定翼无人机，以及“玉麒麟”四旋翼无人机等多个优秀的产品系列，具备根据实际作业需求进行快速定制化开发的生产能力，并积极寻求各国合作生产商。

2. 系统与解决方案

深入行业，将大量重复危险的人工作业，用无人化、智能化的装备和软件及大数据系统代替。科比特已经在城市管理、智能消防、应急救援、智能航测等领域建立起行业领先的解决方案。

三、产品开发与技术进步

1. 飞行控制系统

自主研发工业级无人机飞行控制系统，自动保持飞机的正常飞行姿态和规划航线飞行，支持多组传感器冗余备份，为无人机的飞行安全提供多重保障。

2. 标准化载荷

标准化载荷拥有统一的任务负载接口设计标准，无机型结构差异限制，实现载荷的快速安装与拆卸，极大提升作业效率。

3. 飞行动力技术

拥有完整的飞行动力系统开发技术，包括智能电池、电机、电调、桨叶，以及相关配套产品等。

4. 无人机云调度云指挥技术

通过云调度管理平台，可以实现对接入平台的无人机进行实时监控、实时管理、实时调度与可视化指挥等功能，达到资源的高效利用，为行业信息化建设发挥重大作用。

5. 全碳纤维一体成形

碳纤维具有密度低、强度高的特性，使用全碳纤维一体成形的机型，机身重量极轻且具备防雨、防尘、耐高温的特性，极大提高了飞行器的飞行能力

6. 高清图像传输

自主研发的高清图像传输模块，包含飞机发射端和发射调参模块、地面接收端，具有操作简单、兼容性好、功耗低、传输距离远、接收灵敏度高等特点。

7. 飞行测试技术

可分别测试无人机的结构与材料的强度。包括机身静态测试、机身动态测试、材料强度测试、机身振动测试、机身抗风防水测试等，大大提高了研发速度和飞行安全系数。

8. 无人机巡检自动化处理技术

通过无人机巡检自动化处理技术可快速对巡检后的作业数据进行归纳、整理与分析，形成一套完整的数据报表与作业报告，为指挥决策与问题解决提供依据。

四、企业改革改制

作为拥有坚实研发力量与雄厚行业背景的国家级高新技术企业，科比特在技术快速发展的同时，打破现有格局，根据工业级无人机的实际需求，并购了工业级无人机产业链上下游的 13 个团队公司，成为国内打通无人机全产业链的企业。

深圳市道通智能航空技术股份有限公司

一、企业基本情况

深圳市道通智能航空技术股份有限公司（简称道通智能）成立于2014年，是全球领先的无人机数字化行业解决方案供应商。道通智能总部位于深圳，在美国西雅图、德国慕尼黑、意大利、新加坡、越南等地设立境外分公司和研发基地。其中，研发基地占地总面积达4297.62米^2，研发人员在非生产人员中占比50.1%。截至2023年底，道通智能在全球布局专利申请2772项，其中，授权专利1298项，授权发明专利496项。

二、主要产品

道通智能作为掌握无人机全链条核心技术的国家高新技术企业，聚焦无人机自主化、集群化、数字化，持续推动AI、云、大数据、物联网、组网技术在无人机领域的应用，为安防、巡检、应急、测绘等千行百业和全球用户提供前沿领先、智能、高效的无人机解决方案。

EVO Max系列、道通“龙鱼”系列、EVO Ⅱ V3系列、道通多旋翼机巢、道通“龙鱼”机巢等产品在甘肃积石山地震灾害应急救援、深圳南山半程马拉松、深圳大鹏应急局森林防火巡查、东莞虎门海防打私、上海港航非法船只巡查、河南郑州特大暴雨抢险救援等公共安全及应急管理任务执行中均取得显著成效。

三、产品开发与技术进步

道通智能产品多次赢得国际权威奖项。其中，EVO Max 4T荣获2023红点设计奖；EVO Nano+、EVO Lite+荣获2022红点最佳设计奖，成为无人机行业手捧两个红点最佳设计奖荣誉奖杯的企业；EVO Nano+、EVO Lite荣获2022 iF产品设计奖，等等。

四、国际经济技术合作

道通智能力求加大全球市场的渠道投入与布局，与国家电网、中国海防、公安部紧密合作，积极参与全球专业展会和线下研讨会，在海外入驻百思买集团、B&H Photo Video、Fnac、Darty、Mediaexpert等大型跨境平台及连锁渠道，受到全球市场及客户的高度认可。

深圳市科卫泰实业发展有限公司

一、企业基本情况

科卫泰实业发展有限公司（简称科卫泰）成立于 1997 年，总部位于广东省深圳市，是国家高新技术企业，是国内工业级无人机及无线移动视频传输系统领域的领先企业，致力于无线移动视频传输系统、多旋翼无人机系统及无线网络传输产品的研发、生产与应用。

近年来，科卫泰基于多年在无线通信、视频编解码等领域的技术积累，在专业微型无人机相关研发与制造领域持续发力，先后在复合材料成形工艺、无人机飞行控制系统、无人机数据链通信系统、低延时视频传输系统、无人机机器视觉系统、微型自稳定云台、地面站软件及一体化控制系统、地面站自动跟踪天线系统等方面进行长期的技术研究和投入，为行业用户提供微型无人机系统解决方案及服务。

二、主要产品

科卫泰目前已形成两大产品类型，一类是高清无线图传产品，包括机架式接收机、手提箱式接收机、中继、应急布控等；另一类是多旋翼无人机及配套产品，包括“幻影”系列多旋翼无人机、双镜头两轴自稳云台、集成式地面站控制系统等。基于自主研发的产品优势和诸多行业的特殊需求，科卫泰面向不同行业推出一系列解决方案，包括智能交通、电力、森林防火、公共安全等行业。科卫泰产品广泛应用于应急、环保、电力、林业、海洋、城市管理、石油化工和国土测绘等领域。

三、产品开发与技术进步

科卫泰坚持自主研发、技术创新的发展理念，基于多年在无线通信、视频编解码等领域的技术积累，近年来在工业级无人机领域进行深入研发和持续创新，取得了 200 余项无线通信和无人机自主知识产权。同时以客户需求为导向，可为不同行业不同用户提供定制化服务。作为国内工业级多旋翼无人机研发制造商，科卫泰致力于为用户提供更加安全智能的无人机产品和全面精准的解决方案。

四川一电航空技术有限公司

一、企业基本情况

四川一电航空技术有限公司（简称四川一电）成立于2019年11月，是宜宾市新兴产业投资集团有限公司（占股40%）和AEE一电航空技术有限公司（占股60%）联合投资成立的企业。四川一电专注于飞行器系统、无人机系统、高端智能光电系统产品的研发与制造，已建成多条无人机生产线、无人机自动停机坪生产线、高端光电吊舱和高端红外吊舱生产线，以及无人机配件生产车间，员工总数超过300人。

二、生产经营情况

2023年，实现营业收入3.6亿元，同比增长406%，研发投入1201万元。

三、主要产品

主要包括无人机智能机库设备（如JK05双舱、JK06单舱、JK07双舱等），以及旋翼无人机、系留无人机，共轴双桨、自转旋翼、吊舱无人机，无人自动值守机库，苍穹系统管理平台，产品广泛应用于应急、消防、城市管理等领域。

四、产品开发与技术进步

（一）产品开发

1. JK05双舱停机坪设备：该设备为智能无人机三合一平台系统。

2. JK06单舱停机坪设备：作为JK05的补充，单舱版提供灵活的空间解决方案。

3. G08-8频段反无人机系统：一款能有效识别并应对多频段无人机威胁的安全保障系统。

4. 智慧光伏、智慧交通平台系统开发：构建了基于物联网技术的智能化管理平台，分别应用于清洁能源管理、交通管理。

5. SC系列智能出行装备（包括SC16、SC20、SC21、SC22、SC18等型号）。

（二）技术进步

1. 智能避障技术：增强了产品的自主感知障碍物自动导航能力，使其能够在复杂环境中自由穿梭。

2. 高性能传感器技术：提升了数据采集的准确性和响应速度。

3. 机器视觉技术：优化了视觉识别算法，提高了图像处理效率。

4. 多机交互传感技术：实现了设备间的无缝协作，提升了系统的整体性能。

5. 低空无人机防御技术：加强了对低空区域的安全监控与防御能力。

2023年，四川一电共取得33项专利证书，其中包括26项实用新型专利、6项外观设计专利，以及1项发明专利。

五、国际经济技术合作

四川一电消费类产品已销往欧美、澳洲、日本等全球多个品牌连锁超市、卖场及专业分销渠道，并与苹果、高通、红牛、软银、万得城电器、迪卡侬、空客等全球众多经销商及合作伙伴建立了长期稳定的战略合作关系。警用装备产品已广泛用于欧美、中东等国家的执法机构。四川一电在大力开发国外市场的同时，持续引进高水平专业人才打造人才梯队，保持与国外知名研究机构和高校深度合作，占领海外市场，扩大战略客户使用份额和国外市场份额，在无人机自动化、智能化细分领域中持续深耕，做大、做强。

中国航发商用航空发动机有限责任公司

一、企业基本情况

中国航发商用航空发动机有限责任公司成立于2009年，是由中国航空发动机集团有限公司与上海烟草集团有限责任公司、上海电气控股集团有限公司、上海国盛（集团）有限公司共同出资组建的股份多元化企业，注册资本105.93亿元，下设部门35个、全资子公司1个，建有闵行和临港两个基地，占地面积1686亩，致力于在上海打造商用航空发动机产业基地。

中国航发商发作为国家商用大涵道比涡扇发动机总设计单位和总承制单位，主要从事商用飞机动力及其相关产品的设计、研制、生产、总装、试验、销售、维修、服务、技术开发、技术咨询，以及货物和技术的进出口业务，建有6个省部级科技创新平台和企业技术中心，设有院士专家工作站、博士后科研工作站，是国家引才引智示范基地、上海市海外高层次人才创新创业基地、上海市产学研合作创新示范基地。截至2023年底，在册人员2450人，硕士及以上学历占比76%，中级职称及以上专业技术人员占比63%，拥有一支高素质商用航空发动机人才队伍。

中国航发商发秉承“创新驱动、质量制胜、人才强企”的发展战略，以“提供商用大涵道比涡扇发动机系列产品及相应服务”为使命，以“成为商用航空发动机全球主制造商之一”为愿景，秉承“责任、开放、包容、共赢”的价值观，构建商用航空发动机的设计研发、生产制造、总装总承、适航取证、供应链管理、市场营销与客户服务等核心能力，打造强劲“中国心”，助力实现“中国梦”。

二、生产经营情况

2023年，中国航发商发实现航空民品收入43.09亿元，同比增长3.82%。

三、主要产品

中国航发商发主要规划发展窄体客机发动机和宽体客机发动机两个产品系列。

四、产品开发与技术进步

（一）产品开发

2023年，中国航发商发全面完成年度各项任务，科研生产任务完成量创历史新高，实现任务100%完成、目标100%达成，重点型号研制工作稳步推进。

（二）技术进步

中国航发商发加快提升自主创新水平，全年国家及地方级重大基础研究项目通过外部结题验收6项，新获批基础研究项目26项，基础研究成果投入型号项目应用35项。通过中国航发和中国航空学会科技成果鉴定10项，获外部科技成果奖励6项；新增国内专利申请558件，其中发明专利495件，获评“国家知识产权优势企业”。成立了商用航空绿色动力先进维修与演示验证技术联合创新中心、中国航发低排放燃烧技术联合技术中心；国家民用航空发动机产业计量测试中心形成关键能力11项、完成技术研究6项，2项重点研究成果入选国家产业优秀计量测试技术成果库，创新生态持续优化。

五、国际经济技术合作

2023年，中国航发商发务实开展国际合作，与俄罗斯、德国、英国等国家（和地区）8家单位开展技术合作11项，6项完成结题验收；新拓展1家国外供应商并签署技术服务合同1项。

六、重大设施建设

2023年，中国航发商发多台（套）先进大型试验设备完成调试验收，多项型号急需项目建设先期启动，“长江”系列发动机研制保障能力初步形成。

七、企业改革改制

2023 年，中国航发商发上一轮改革任务高质量收官，“双百行动”获“优秀”评价，国企改革三年行动考核获评中国航发 A 级第 2 名，自主创新体系构建成果获评中国企业改革发展优秀成果一等奖。增资扩股项目稳步实施，6.26 亿元员工现金增资实缴到位，员工股权激励计划圆满完成；加快推进引进外部战略投资者及集团现金增资，完成与 40 余家战略投资者沟通路演。

成都飞机工业（集团）有限责任公司

一、企业基本情况

成都飞机工业（集团）有限责任公司，隶属中国航空工业集团有限公司，是国家“一五计划”156个重点建设项目之一。公司创建于1958年10月18日，1979年以成都飞机公司名义对外开放，1998年组建为成都飞机工业集团，是我国民机零部件重要制造商，是国家和省市的重点优势企业。公司地处四川省成都市青羊区，拥有专用的机场和铁路货运线，毗邻成都火车西站，交通便利，物流畅通。

航空工业成飞拥有雄厚的技术实力和与国际接轨的质量保证体系，获得国家和省部级科技进步奖500余项，有效发明专利拥有量达1200项，形成了以民机机头研发制造和国外转包为核心的民机产业、外贸及工业级无人机产业、一体化维修服务保障产业，在零部件制造、整机装配、试验试飞及维修服务等方面具有强大的优势和核心竞争力，具备了民机机头、舱门、翼面和壁板类制造专业化优势，整体实力处于国内行业领先水平。

航空工业成飞先后承接了麦道机头，波音757尾段和波音787方向舵，空客A320前/后登机门和A350下垂板、扰流片，达索公务机油箱，G280公务机机头和后机身等项目的转包生产，是国际民机大部件优秀承包商。与中国商飞共建中国商飞上飞院（成都）机头设计中心，担负C929宽体客机机头设计制造任务；先后承担了我国自主研发的大型民用客机C919、新支线客机ARJ21、国产大型灭火水上救援水陆两栖飞机AG600、新型涡桨支线飞机新舟700机头的研制任务，以及长江1000A大涵道比发动机短舱进气道研制任务。

2023年，航空工业成飞全面构建“大应急、大气象”无人装备体系，“海燕”Ⅰ、Ⅱ型，“翼龙”2H等无人系统在成都大运会气象保障、南海台风机动观测、甘肃积石山地震救援等任务中表现突出，得到用户高度肯定。深度融入国产大飞机产业链，C919机头项目批产全面提速，精益生产线实现批量化生产。成飞自贡无人机产业基地形成无人机批产能力，有力支撑民用无人装备敏捷高效规模化供给。

截至2023年末，航空工业成飞在册员工2.4万余人（含所属企业），为国民经济建设做出了重要贡献。先后荣获全国五一劳动奖状、全国文明单位、全国“讲理想、比贡献”活动先进集体、全国质量奖、全国质量标杆、全国实施卓越绩效模式先进企业、全国思想政治工作先进单位、全国审计工作先进集体、中国企业自主创新奖、中央企业先进集体、中央企业先进基层党组织、中央企业思想政治工作先进单位、中央企业抗震救灾先进集体、四川省先进基层党组织等近500项省部级以上荣誉，是中国企业形象AAA级单位。

二、生产经营情况

2023年，航空工业成飞实现民用航空产品收入17.85亿元，较2022年同期增长了39%。

三、主要产品

航空工业成飞民用航空产品主要包括国外民机转包项目、国内民机项目和民用无人机项目。

（一）国外民机转包项目

主要包括波音737前登机门、波音787方向舵、波音737方向舵、波音747-8水平尾翼，空客A350下垂板和扰流片、A320前/后登机门、A320地板和1号框、A320前起落架舱、F7X壁板，G280机头、G280后机身，波音737客改货、波音767客改货、波音777客改货等国外民机转包项目。

（二）国内民机项目

主要包括C929大型民用客机机头、C919大型民用客机机头、ARJ21新支线客机机头、AG600大型水陆两栖飞机机头、长江1000A发动机短舱等。

（三）民用无人机

主要包括“翼龙”10无人机（气象型）、“翼龙”1/2无人机（气象型，应急救援型）、“天翅”1等。

四、产品开发和技术进步

“海燕”I型无人机是由航空工业成飞自主研制，用于气象探测的无人机，具备执行高速、高升限飞行任务等能力。2023年4月11—12日，完成飞机平台软件版本、随机资料、履历文件、飞机外观、飞机成品、“四随”设备及资料验收检查；4月14日，召开无人机采信证明材料验收审查会，各项证明文件均满足验收测试大纲要求，顺利通过验收专家组审查；4月17日，在自贡完成交付验收试飞，各飞行科目达到指标要求；6—7月完成2个架次飞行任务；12月22日完成全部7项客供载荷实验室联试工作。该型无人机圆满完成成都大运会机动气象观测保障和川西高原西南涡、南海台风监测机动气象观测等任务，为大型赛事保障、台风与高原气象探测提供有力支撑，有效破解气象资料空白区域、复杂环境下观测数据不足等难题。

五、企业改革改制

2023年，航空工业成飞如期完成各项改革任务，科改示范行动获评国资委专项考核“标杆”，国企改革三年行动获评航空工业集团改革先进单位。

持续完善科技创新机制，履行高水平科技自立自强的使命担当。持续加大科技创新多元化研发投入，2023年航空工业成飞研发投入45.54亿元。深入推进科技创新行动，构建多层次、梯队化创新平台，年度新增3个省级创新平台。完善新时代航空科技创新体系，国家高端航空装备技术创新中心揭牌。加强企业主导的产学研深度融合，依托国创中心，与8家高校开展合作共建的前期筹划工作。

优化产业布局结构，加快建设现代化航空产业体系。C919机头产线全面达产，批产提速初见成效。圆满完成多项应急救援、气象探测等任务。中航无人机取得固定翼无人机全谱系科研生产许可。

推动中国特色国有企业现代公司治理制度化、长效化，全面提升中国特色现代企业治理能力。健全权责法定、权责透明、协调运转、有效制衡的治理机制，完善党委前置研究讨论重大经营管理事项清单及党委、董事会、经理层权责清单，修订《公司权责清单》，明确合规复审要求，强化合规管理融入业务、嵌入流程。完善“三重一大”决策机制，印发《贯彻落实“三重一大”决策制度监督检查标准》，形成了产业集团统一的工作规范和检查标准，全级次提升决策管理规范化水平。不断加强外部董事占多数的董事会建设，航空工业成飞董事会在航空工业集团二级子企业2022年度董事会评价中获评“优秀”。全面部署推进所属企业公司治理体系建设，建立产业集团法人治理制度评价体系，完成所属企业67份法人治理制度评价，推动所属企业法人治理文件全面迭代优化。

健全更加精准灵活、规范高效的收入分配机制，优化所属企业工资总额决定机制，调整工资总额管理策略，靶向制定“一企一策”的工资总额挂钩指标，实施特殊事项单列，试点探索实施工资总额跨周期调节机制，牵引所属企业经营质量稳步提升。探索未来中长期激励管理方式，深入研究1～2项中长期激励工具，激发核心骨干员工积极性。

沈阳飞机工业（集团）有限公司

一、企业基本情况

沈阳飞机工业（集团）有限公司是以航空产品制造为核心主业，集科研、生产、试验、试飞、服务保障为一体的大型现代化飞机制造企业，是中国航空工业集团有限公司骨干企业之一。航空工业沈飞创建于 1951 年 6 月，是我国第一个五年计划 156 项重点工程之一，是我国航空工业的重要发祥地之一。航空工业沈飞拥有国际先进水平的完整航空产品制造生产线，飞机装配集成、钛合金和复合材料等制造加工技术处于国内外领先水平，并在增材制造、智能制造等先进航空制造技术领域不断实现新突破。在中国共产党成立百年之际，航空工业沈飞党委被党中央授予“全国先进基层党组织”称号。在党的二十大胜利闭幕不久，习近平总书记回信公司“罗阳青年突击队”，给予亲切关怀、寄予殷切期望。

二、生产经营情况

2023 年，航空工业沈飞实现民用航空产品收入 2.29 亿元，同比下降 11.24%；完成民用航空产品工业产值 10.6 亿元，与 2022 年同期基本持平。

三、主要产品

航空工业沈飞承担的主要民机零部件产品有：ARJ21 项目、C919 项目、空客 A220 项目等。

四、产品开发和技术进步

（一）大型蒙皮零件自制攻关研究

A220 中机身蒙皮按成形工艺分为两类，一类是中机身侧壁板蒙皮，另一类是中机身单曲蒙皮。中机身侧壁板蒙皮传统的加工工艺流程成形质量和加工效率均不高，严重影响装配质量和交付进度。经攻关研究将工艺方法改进为：平板状态数控单面铣薄—滚弯成形—压平数控铣切厚度—闸压—滚弯修整—时效—无损检测—表面处理。改进后，生产的零件质量稳定，生产效率大大提高，整体生产效率提高 50% 以上，且完全满足交付需求。

（二）民机零部件产品涂料利用率探索及数学模型建立工程

航空工业沈飞通过梳理材料定额中的重要环境因素，并进行调查及论证，最终确定开展漆料利用率提升工作。通过持续跟踪统计漆料领用情况、器材发放情况、现场使用情况，借鉴国外涂料定额的管理方式，并经现场喷涂试验验证，最终建立涂料定额管理的数学模型，并按照零件类型进行分类，将漆料的使用分为三类——喷涂（规则形状且大面积）零件、喷涂（异形、窄小零件）、刷涂或浸涂（所有形状）零件。编制《民机涂覆材料消耗工艺定额标准》，并通过了企标评审，为后续其他项目材料定额编制提供重要指导依据。

（三）民机专项课题、专利、科技成果等概况

航空工业沈飞结合型号研制技术需求，在复合材料加工、表面处理等领域开展课题研究 2 项，申请专利 4 件。“飞机机身复合材料典型件关键成形技术与应用”获 2023 年航空工业科技进步奖二等奖、“复合材料双面异形长桁加筋壁板的精准制造技术”获 2023 年航空工业技术发明奖二等奖。科技成果的取得对提升复合材料零件制造水平具有重要意义，技术已经成功应用于大型客机后机身部段复合材料零件的生产中，为进一步提升民机制造水平起到了极大的促进作用。

五、企业改革改制

（一）高质量、高标准开展国企改革深化提升行动

航空工业沈飞深入学习贯彻习近平总书记关于国有企业改革发展和党的建设的重要论述，持续深化改革，聚力民机产业，着力构建以国内大循环为主体、国内国际双循环相互促进的产业新发展格局，增强核心功能，提高核心竞争力，持续深化改革，构建新发展格局中的科技创新、产业控制、安全支撑作用。

（二）聚焦主责主业，全面推进公司布局优化和结构调整

聚焦“十四五”规划目标实现，组织民机公司对民机业务“十四五”及2035年中长期发展规划进行全面评估并指导调整完善；跟踪督导民机公司A220项目复材工作包转回进展情况，推进民机公司成为世界一流的飞机机体结构制造商和卓越竞争力示范中心。以发展低空经济为契机，进一步拓展民机产业布局，加速打造民用航空经济增长点。

（三）民机产业整合情况

为深化国有企业改革，切实提升治理水平，深度转换经营机制，2023年航空工业沈飞启动了民机公司混合所有制改革工作，拟通过引入战略投资者，增强民机公司活力，提高经营效率，改善经营状况。

民机公司将充分利用募集资金，推进“十四五”期间C929垂尾、A220复材产品等新项目的研究开发；加速先进装配集成核心技术、数字化车间及智能工厂、供应链和智能化基础技术管理平台等核心能力建设；满足批产项目产能提升带来的原材料、成品件、工艺装备等方面的资金需求。

通过本次混合所有制改革，民机公司将显著提升核心能力，在更好更快满足客户需求的同时，进一步实现股权多元化，构建更加有效制衡的股权结构和治理结构，提高管理水平、决策水平，促进企业高质量发展。

中航成飞民用飞机有限责任公司

一、企业基本情况

中航成飞民用飞机有限责任公司（简称成飞民机）是中国航空工业集团有限公司的重要下属企业，是航空工业成飞的所属主业企业，注册资本 8.28 亿元，资产总规模约 50 亿元，员工 2000 余人，占地面积 383 亩。

成飞民机是国内大飞机机头的专业供应商，承担有国内大飞机、支线飞机的机头研制及生产任务，也是国际民机项目的重要供应商，曾获得空客公司授予的 2017 年度“最佳表现奖”，“A350 项目质量卓越及技术支持奖”，中国商飞公司三次授予优秀供应商金奖，以色列航空工业公司两次授予“全球最佳合作伙伴”。

成飞民机以成为世界一流机头和航空大部件制造企业为愿景，致力于打造具有一流国际竞争力、技术和供应链可控、敏捷高效的大飞机机头开放创新型研发制造基地，以及世界级舱门中心及翼面制造中心。

二、生产经营情况

2023 年，成飞民机营业收入 28.12 亿元，同比增长 11.54%；净利润 2682 万元，同比增长 164.03%；工业总产值 29.71 亿元，同比增长 14.71%。

三、主要产品

成飞民机主要产品包括飞机机头及机身、舱门、翼面三大类，覆盖波音 737、波音 747、波音 767、波音 787 和空客 A320、A350 等国际主流大型客机，法国达索等国际主流大中型公务机，以及国内 ARJ、C919、新舟 700 客机和 AG600 水陆两栖飞机等。

其中机头及机身类产品包括 C919 机头、C929 机头、ARJ21 机头、AG600 机头、新舟 700 机头等；舱门、翼面类产品包括国际民机舱门和国际民机翼面。

四、产品开发与技术进步

2023 年，成飞民机围绕民机大部件研制关键技术自主可控，从设计、制造、检测等方面开展技术攻关，实现关键技术攻关多点突破。

设计技术方面，开展了机头大部件支架结构振动疲劳、复材壁板结构热固成形变形、堵塞式舱门机构设计、民用飞机典型结构抗鸟撞设计与分析等技术研究，首次在国内实现了民机机头大部件全层级容差分析，初步构建了面向 C929 机头项目的结构和强度设计规范架构，为做实机头大部件专业化提供支撑。

制造技术方面，开展蒙皮精密铣切、落锤零件技术攻关，完成民机项目社会化转移零件试制合格并交付；开展了面向多产品快换技术研究以及民机舱门自动钻铆路径规划方法研究，完成了 C919 机头登机门 / 服务门自动钻铆技术应用攻关，自动钻铆应用覆盖面较 2022 年度提升 20%；构建基于设计制造系统集成一体化的快速研发体系，完成设计制造系统集成一体化总体方案、超级 BOM 平台建设和特性管控方案发布，推进无型架装配技术，实现了无型架装配协调方案在 C929 机头项目上试点应用。

检验检测技术方面，开展钢件磁粉检测能力建设，初步完成检测技术体系搭建。开展测量臂半自动测量、工装在线、视觉检测、相似件扫描检测技术的研究探索，优化了 A350 项目数字化检测路径规划、测量过程指导显示及单人测量模式，测量效率提高了 50%；推进测量系统分析（MSA）技术在 A320 登机门、A350 扰流片和 A350 下垂板项目上的应用推广，测量重复性和再现性结果从 31% 降至 10.5%，提高了数据采集的准确性，保证了测量系统稳定可靠。

信息技术方面，搭建基于商密局域网环境的协同平台网络，发布国产大飞机协同设计制造流程方案，打通了企业内外部异构应用系统（PLM、ERP、MES等）的数据关联，实现国产大飞机机头产业链的资源和能力整合共享，实现跨专业、跨地域协同制造，有效支持国产大飞机批产上量；构建工艺信息数据，重构工艺结构化编制逻辑，完成AO/FO等典型工艺文件结构化编制平台开发，实现"从无到有"的跨越。

五、企业改革改制

2023年，成飞民机以党的二十大精神为指引，全面贯彻党中央、国务院《关于加快建设世界一流企业的意见》和《国企改革深化提升行动方案（2023—2025年）》的决策部署，系统筹划、研究制订了《成飞民机改革深化提升加快建设世界一流企业实施方案（2023—2027年）》，统筹协调各项改革发展重点任务。同时，建立了改革深化提升加快建设世界一流企业工作督导检查、报告机制，将改革任务纳入年度经营计划和月份重点计划，并定期检查改革完成情况，不定期汇报改革重要事项，层层压实改革责任，全方位管控改革深化提升加快建设世界一流企业工作开展的范围、进度、质量、风险等，2023年各项改革节点任务均按计划完成。

科改示范行动实施以来，成飞民机按照航空工业成飞"标杆牵引、人才激励、创新领先、持续改进"总体安排，坚持科技创新与制度创新"双轮驱动"，重点在完善公司治理体制机制、健全市场化选人用人机制、强化市场化激励约束机制、激发科技创新动能、坚持党的领导加强党的建设等方面取得突破。成飞民机科改示范行动有序开展，2023年安排的5项改革任务、169条节点任务全部完成，计划完成率100%。

中航沈飞民用飞机有限责任公司

一、企业基本情况

中航沈飞民用飞机有限责任公司成立于2007年8月，经营范围为民用飞机及其零部件的设计、制造、试验、生产、销售及相关技术转让、技术咨询和进出口贸易。截至2023年底，从业人员2697人，资产总额61.23亿元。

二、生产经营情况

2023年，沈飞民机营业收入32.86亿元，利润总额2150万元，出口交付额2.55亿美元。

三、主要产品

主要产品涉及中国商飞ARJ21尾段、吊挂、电器组件，C919后机身前段、吊挂、垂尾、APU门；空客A220前机身、中机身、后桶段、尾锥、舱门，A320/A321机翼前缘；波音777翼尖、复材壁板，波音787-9/10垂尾前缘。

四、产品开发与技术进步

围绕研发设计提业绩的工作目标，依托中国商飞上飞院（沈阳）机体设计中心，参与完成ARJ21货机，ARJ21灭火机，C919、C929飞机研发设计。年度内共新签及实际参与设计服务合同13项，研发设计多元化市场开拓取得新成效。2023年，对标世界一流企业战略部署，面向民机产品“全要素、全流程、全寿命周期”研制目标，启动了C929散货舱门工作包模拟设计制造一体化研制、A220飞机典型PCD零件（拉杆）自主化研制、C919系统功能附件研制、巡飞无人机平台研制工作。进一步加大研发投入，有效助力沈阳区域航空产业发展；技术同源领域研发合作取得新突破；成功进入北京飞机维修工程有限公司（Ameco）合格供应商目录。

贯彻“数字沈飞”发展举措，推进智能工厂建设工程，自动化钻铆、自动喷漆技术深度应用；完成5G公网与虚拟专网建设；民用飞机大部件装配5G全连接工厂项目获批辽宁省试点示范。贯彻科技自立自强，掌握龙门式自动钻铆壁板工艺技术、自主离线编程技术、适配多构型壁板轻量化工装设计技术并在A220壁板上成功应用；应用生产线仿真技术优化A220舱门工艺布局；应用卧式五轴自动钻铣设备实现C919后机身精加工；协助航空工业沈飞完成复材制造技术课题研究并应用于C929试验件制造。全年发表科技论文40篇，专利申请54项，其中发明专利13项，年底拥有授权专利148项。获得航空工业集团科技成果鉴定3项，获辽宁省科技进步奖二等奖1项、三等奖1项。

五、国际经济技术合作

2023年，沈飞民机继续延续与美国波音公司、欧洲空客公司的国际民用飞机转包业务，涉及波音777、波音787，空客A320、A321、A220等型号飞机，A220项目年累计交付405个工作包产品，国际转包项目年累计交付181个工作包产品，全年完成备件交付4245项，共实现出口交付2.55亿美元。完成与空客公司合作研制的A220项目商务定价备忘录签署，实现单机价格提升，并获得历史价差补偿。

六、重大设施建设

完善基础设施能力建设，新增工装库建设，计划总投资600万元；新增露天存储货场建设项目，计划总投资1470万元。

七、企业改革改制

全面完成国企改革三年行动任务并以“零”问题通过航空工业集团检查。整合融资工程完成整合阶段全部任务，混改方案获得批准并完成增资挂牌公示。卓越竞争力示范中心建设工程，在人才队伍建设、制造技术升级等方面完成62项任务。管理提升工程AOS管理体系、业务能力建设和精益单元建设取得新进展。落实“精益沈飞”发展目标，压实经营绩效考核责任，发挥预算管理引领作用，主要项目盈利能力显著增强，年度两金（应收账款和存货）增幅低于收入增幅。

对标集团党组新要求，持续完善干部工作流程。创新领导人员培养模式，提升领导人员政治素养和管理水平。加强优秀年轻领导人员选拔培养，完善多岗位历练制度，及时选优配强各单位领导班子。纵深推进人才强企，设立现场工程师岗位，完善专家考评体系。开展高潜质青年人才盘点，定制化开展青年人才“雏鹰计划”研学平台培训。人才政策应用取得实效，年度内11人分别获辽宁省产业高端人才、辽宁省优秀工程师、集团公司专家等称号。精准实施薪酬激励，夯实按绩取酬分配机制，重点加大对科技创新、市场开发等工作相关人员激励力度。

中电科航空电子有限公司

一、企业基本情况

中电科航空电子有限公司（简称航电公司）成立于 2009 年，是以国家大飞机重大专项为契机，整合中国电科优势资源，联合四川省、成都市共同投资成立。公司注册资本 25 亿元，总资产 38 亿元，由中国电科绝对控股。航电公司作为中国电科民机航电产业发展牵头单位，以民机电子和通用航空为公司的战略性核心业务，历经多年积累，取得了显著成绩，品牌地位逐年提升，是国内少数几家承接全部重点大飞机型号任务的供应商之一。

航电公司现有职工 1000 余人，积极开展各类人才奖励及荣誉申报、海外人才引进工作，获得各类省部级以上人才奖励及荣誉称号 100 余项 / 次，先后引进外籍专家 13 人（来自英国、美国、法国、新加坡、印度），践行以才养才策略，连续两届（每届 3 年）被评为成都市“引智示范单位”。拥有轻型通用飞机国家地方联合工程研究中心、民航空地互联网络信息系统工程技术中心、院士工作站、博士后工作站等创新平台 12 余个；完成 GB/T 29490 知识产权体系贯标，积极开展知识产权布局，累计申请专利 334 项（国际专利 6 项，发明专利 251 项），获得专利授权 167 项。

二、生产经营情况

2023 年，航电公司实现收入 5.78 亿元，研发投入 2.69 亿元，实现工业总产值 6.22 亿元。

三、主要产品

航电公司以民机电子、无人机及通用航空两类产品为主。其中，民机电子主要产品包括：通信导航系统、综合客舱和信息系统、航空互联系统，以及特种飞机任务电子系统等；无人机及通用航空主要产品包括：中小型无人机系统、通用飞机、高性能复合材料，以及试飞服务等。

四、产品开发与技术进步

航电公司围绕民机电子、无人机及通用航空两大业务板块，全面拓展和提升民用航空领域的技术产品水平。在两个业务领域的相关关键技术研究和开发均取得重大突破，多项技术居国内领先水平，并有多项专利获得受理和授权。

1. 民机电子方面。航电公司承担了 C919、新舟 700、AG600 等重点民机型号的通信导航系统、信息系统、客舱系统、数据链等研制任务，同时，研发了北斗位置追踪设备、采用相控阵天线的 Ka 宽带卫通系统、新型机载娱乐系统 iWO 等一批核心机载产品，行业领先。通过型号项目研制，航电公司已建立了较为完整的符合适航标准要求的研发体系、质量管理体系和标准体系，成为国内第一批建立较为完善适航体系的民机电子领先企业，形成了一支结构合理、素质过硬，具有国际视野和工程经验的人才队伍和一批具有自主知识产权的核心技术。

2. 通用航空方面。航电公司通过针对无人机应用、飞行培训和通航作业等市场需求，重点布局中小型无人机系统、通用飞机、高性能复合材料，以及试飞服务等多项业务。无人机业务通过自主创新开发了 2 类 7 款中小型无人机系统，部分产品已取得市场突破；通用飞机业务通过对两型钻石飞机的引进、消化、吸收，形成自主研发制造轻型通用飞机的核心竞争力，其中 DA42 双发四座飞机在国内培训类市场占有率 60% 以上。

五、国际经济技术合作

航电公司按照拟订的发展规划，确定了“通过国际合作高起点切入民用航空电子领域”

的实施战略。2023年，航电公司通过国际合作支持自主研发的发展战略，继续坚定以“外”促“内”发展思路，在继续夯实前期与柯林斯、泰雷兹、钻石公司等国际公司合作成果的基础上，加速自主创新，通过国际化视野在民机电子、无人机及通用航空领域加强自主研发，争取实现突破。

六、重大设施建设

航电公司从体制机制上，以内涵式与外延式相结合的经营策略为核心，探索出一条国有资本、民营资本、地方政府资本互相融合的投资与资本运作的发展模式。

1. 民机电子方面业务。航电公司与柯林斯和泰雷兹分别合资成立了中电科柯林斯航空电子有限公司和中电科泰雷兹航空电子有限公司。其中，电科柯林斯成立于2013年12月，是国内通信导航系统研发、生产和维修中心，是中国民用航空局CCAR145部维修认证单位；电科泰雷兹成立于2013年2月，以C919项目为契机，专门从事民用航空电子领域机载娱乐系统业务，是机载娱乐系统的销售、客服中心，已向空客、波音交付超过2000台（套）机载娱乐设备。

2. 无人机及通用航空方面业务。航电公司投资成立了中电科芜湖钻石飞机制造有限公司（简称飞机公司）。飞机公司成立于2013年12月，以引进钻石公司DA42、DV20E两条飞机生产线起步，主要业务包括中小型无人机系统、通用飞机、高性能复合材料，以及试飞服务等，是国家发改委批准的首个国家级轻型通用飞机国家工程设计中心。

中航西安飞机工业集团股份有限公司

一、企业基本情况

中航西安飞机工业集团股份有限公司于1997年6月26日在深圳证券交易所上市，隶属于中国航空工业集团有限公司。中航西飞主要经营业务：特种飞机研制、生产，同时承担“新舟”系列飞机、ARJ21支线飞机、C919大型客机、AG600飞机的机身、机翼等关键核心部件研制工作，是上述飞机型号最大的机体结构制造商之一。中航西飞保持并不断提升在机身、机翼等部件集成制造核心技术方面的优势，同时积极参与国际航空零部件转包生产，承担了波音737系列飞机垂尾、内襟翼，空客A320系列飞机机翼、机身等产品的制造工作。年末从业人员1.5万余人，经济规模与综合实力居于国内同行业领先水平。

二、生产经营情况

2023年，中航西飞民机及国内国际航空零部件转包业务全面完成年度生产经营目标。全年共交付“新舟”系列飞机、ARJ21飞机、C919飞机及AG600飞机部组件共38架份；国际航空零部件转包项目实现出口交付额4.22亿美元，同比增长43%。民用航空产品实现营业收入同比增长32%。

三、主要产品

（一）国内民机转包项目

2023年7月，中航西飞与上飞公司签署了ARJ21项目52架新订单，订单储备至344架，可覆盖“十四五”期间年度交付目标；针对ARJ21项目工程更改梳理大、内容杂、工程更改费用结算滞后等情况开展分析及改进，建立基于成本数据管控模型的工程更改费用快速结算机制，实现积压工程更改费用快速结算，提高了价值流中成本数据收集效率和质量，极大缩短了回款周期。

C919项目继2022年获得供应商金奖之后，中航西飞再次荣获中国商飞颁发的“TC取证先进集体”和“准时交付”优秀供应商两项荣誉。同时积极开展C919项目产能提升，联合生产、技术、质量、采购等单位组建产能提升专班团队，对装配制造的关键路径从生产节拍调整、工艺流程再造、工程设计优化改进、连续生产风险识别等方面充分验证。

（二）国际航空转包项目

2023年9月，中航西飞与空客公司正式签署了A321机翼项目合同。此次合同签署将原合作机型由A319/A320拓展至A319/A320/A321，将合同期限延长至2030年。该合同的签署标志着中航西飞民机转包产业多机型构型管理能力、供应链管理能力的全面提升。同时，A321机翼项目研制过程中的杰出表现，获得空客公司颁发的“制造贡献奖”。

2023年6月，首架ATR42机身短距起降项目顺利交付，标志着中航西飞与莱昂纳多公司在ATR42/72机型合作领域的进一步拓展。

四、产品开发与技术进步

（一）国内民机转包项目

1. ARJ21项目全三维数字化研制实现里程碑目标。2023年7月，中航西飞在机体结构供应商中率先完成首架全三维转换大部件研制交付，获得了用户的高度认可，标志着ARJ21飞机全面转入数字化制造阶段，为ARJ21飞机系列化发展奠定了坚实基础。

2. C919项目聚焦产品设计源头，“好制造”工作推进顺利。中机身非油箱区涂胶技术优化，单机节省装配周期5天；活动面自动制孔流程优化，单机节省装配周期6天；外翼翼盒总装装配工艺流程优化，单机节省装配周期4.5天。

3. AG600 项目技术降成本初见成效。在高价值材料专项改进工作方面，通过原材料定额优化将减少 AG600 项目锻件单机数量，单机成本节约 63.6 万元，占锻件单机成本 12.7%。

（二）国际航空转包项目

国际航空转包项目技术提升工作卓有成效，2 份发明专利被国家专利局受理，1 项实用新型专利获国家专利局授权。

对标 2023 年中航西飞公司级精益工厂建设达标要求，从解决批产瓶颈问题、成本改进、流程优化、加强能力建设等 20 项工作方面系统性实施精益改进，达成了降本增效目标：通过工艺试验及数据优化，将工字梁零件由手工制孔改进为数控制孔，生产效率提高 50% 以上；通过门框零件余量优化及工艺改进，改善了长期以来工人多次修切工作量大的情况，有效提高装配效率；通过自主研发多轴制孔设备，实现了一次完成多个零件制孔，解决了型材零件制孔数量大、生产效率低的问题；通过对前梁接头零件超差部位和数据进行分析，实施工艺改进，大幅提升零件一次测量合格率至 80% 以上；完成了舱门专用压铆设备及六自由度调姿压铆托架研发，压铆覆盖率达 70% 以上，一次压铆合格率 100%。

五、国际经济技术合作

国际航空零部件转包业务全年参与完成 7 个工作包的国际竞标，成功续签了 1 项合同，增加了储备订单额；与空客完成 A320 机翼项目合同谈判及签署工作，大幅增加储备订单。

六、企业改革改制

2023 年，高效组织完成改革三年行动收尾工作，实现高质量收官，在航空工业集团改革三年行动考核中位列前列，被航空工业集团授予改革先进单位及改革先进个人荣誉称号。在巩固改革三年行动成效的基础上，承接落实党中央、国务院、航空工业集团关于国企改革深化提升行动有关部署，研究制定改革深化提升行动任务，策划了 7 个方面 109 项改革任务，明确改革方向、目标、实施路径及重点任务。

2023 年，持续开展中航西飞提高上市公司质量工作，按照《中航西飞提高上市公司质量工作实施方案（2022—2024 年）》及工作台账稳步推进相关工作，按计划全面完成了全年各项工作任务。2023 年中航西飞荣获中国上市公司协会“2023 年公司治理最佳实践案例”“2023 年上市公司董事会优秀实践案例”等荣誉。

武汉航达航空科技发展有限公司

一、企业基本情况

武汉航达航空科技发展有限公司（简称航达公司）创建于2000年，是主要从事飞机附件研制、开发、生产、维修、服务的高新技术企业，是我国规模最大的民用飞机附件维修企业，是给国产大飞机C919配套的民营企业之一。

航达公司占地约为350亩，厂房面积约10万米^2。现有员工1066人，毕业于大专院校的员工占员工总数的近75%，具有丰富的航空附件研发、维修经验和工程技术能力。航达公司先后在长沙、石家庄、昆明等地建立了分、子公司，初步形成以武汉为总部的集团化格局。

航达公司目前已取得各类专利过百项，自主开发大型试验设备近百台（套），建立各种飞机附件维修能力8000多项，在国内同类型企业中维修能力领先，业务范围涉及波音系列、空客系列、中国商飞ARJ21与C919等各种在役机型的各类附件，以及各种飞机发动机附件。

航达公司获得了中国民用航空局（CAAC）、美国联邦航空局（FAA）、欧洲航空安全局（EASA）维修许可，并获得了英国、日本、新加坡、印度尼西亚、泰国、韩国、印度、马来西亚、孟加拉国等国家民航局的批准，以及中国内地、香港和澳门民航当局三地联合认可，达到国际一流维修企业的标准，国内业务稳步发展，海外业务不断扩大。和很多国际知名厂家达成合作，为航达公司进一步提高技术实力、提升发展速度打下了良好的行业基础。

二、生产经营情况

2023年航达公司飞机附件承修63938件，起落架大修142套，产值接近17亿元，利税近4.3亿元。

三、主要产品

（一）研制能力

航达公司同中国商飞公司及其下属的上海飞机设计研究院、上海飞机制造有限公司，以及北研中心开展多方位的合作，目前已成为多型国产飞机的系统供应商，为ARJ21、C919、C929（预研）等民用飞机提供系统及零部件。

1. ARJ21配套相关产品

（1）驾驶舱门系统

航达公司为研制驾驶舱门，已完成整体组装和枪击试验，正在开展其他各类鉴定试验，已于2023年12月获适航批准。

（2）水系统

航达公司研制的水系统已通过台架试验验证，已于2023年12月获得适航批准。

（3）厨房设备

航达公司研制蒸汽烤箱，与同类产品相比具有体积小、重量轻等优点。目前产品正在进行鉴定试验，经局方适航批准后可用于装机。

（4）客货舱地板

在同等强度的前提下，航达公司研制件重量比进口件低20%，客货舱地板正在进行性能验证工作，2022年已完成所有性能试验，2023年实现量产。

2. C919飞机相关配套产品

（1）风挡雨刷

航达公司研制的风挡雨刷可实现两个雨刷在同一工作模式下的同步控制。

（2）飞机拉杆

航达公司承担了多种C919飞机拉杆项目，单机158件，包括空调拉杆、燃油拉杆、惰化拉杆、电源拉杆、高升力拉杆、襟副翼拉杆和应急离机扶手拉杆。

（3）干燥器

目前已通过性能试验、高低温试验和振

动试验，正在装机试飞中，产品性能达到国际水平。

（4）制冷组件 / 应急通风冲压空气风门

制冷组件 / 应急通风冲压空气风门已完成产品研制、装配和性能试验、鉴定试验，并进行装机试飞。

（5）防冰伸缩管

航达公司研制产品已完成性能试验、振动试验等，正在进行其他鉴定试验。

3. C929 项目配套大功率系列发电机（预研）

（1）交流起动发电机

航达公司研制产品已完成性能试验、振动试验。

（2）直流起动发电机

（二）维修能力

航达公司在液压、气动、电气、燃油、飞行操纵、机载应急设备、起落架、复合材料、直升机旋翼和旋翼传动部件、通航发动机、螺旋桨等附件的维修方面积累了丰富的经验，业务范围涉及波音系列、空客系列等多个机型的各类附件。主要项目如下。

1. 起落架维修业务

航达公司起落架维修基地是亚洲最大的飞机起落架大修厂之一，拥有完整的起落架大修能力，包括所需的机械加工设备，完整的磁粉、渗透、烧伤等无损探伤设备，先进的形位公差、尺寸检测的三坐标测量仪，建立了满足各种机型电镀要求的表面处理生产线，以及与之配套的多种理化检测实验室，是真正具备“一站式”服务的维修企业之一，能有效地保证维修质量和周期。

2. 复合材料维修业务

航达公司拥有国际一流的复合材料车间，车间设施设备的选型综合了波音、空客及中国商飞的相关标准，同时修理过程中所需的洁净修理间、打磨间、烘干间、喷漆间均按国际最高标准进行配套建设。

航达公司已建立了主流机型（波音 737、波音 757、波音 777、波音 787，空客 A320、A330，ARJ21）复合材料的维修能力。

航达公司拥有雷达罩透波率测试设备，是国内首家可以提供雷达罩一站式维修服务的单位；同时，还能提供发动机 CFM56-5B/V2500 短舱部件交换服务。

3. 通航维修业务

在螺旋桨方面，航达公司为哈泽尔和 MT 官方授权维修中心，螺旋桨维修业务约占国内通航市场的 30%，螺旋桨维修能力在深度和广度方面处于国内行业领先水平，处于追赶国外先进水平阶段。

在活塞式发动机方面，航达为莱康明官方授权维修中心，活塞式发动机维修业务接近国内通航市场的 20%，活塞式发动机维修具备整套翻修试车能力，同时具备活塞式发动机附件维修能力，对发动机汽缸、曲轴箱、配重等重要零件具有深度修理能力，在行业内处于领先水平。

在旋翼、尾桨及相关旋翼传动装置和尾桨传动装置方面，航达公司是国内为数不多能对旋翼及尾桨开展深度修理的单位，目前约占国内市场的 15%。

4. APU 维修业务

经历近两年的尝试、应用、验证、迭代，航达公司已建立起具有自主知识产权、覆盖多个核心部件的 APU 深度维修能力，于 2023 年底获得适航批准，具备 131-9A、131-9B 翻修能力。

四、产品开发与技术进步

航达公司积极开展航空机载附件的研发，获得多项国家发明专利、实用新型专利及软件著作权。参与承制的“大型多电飞机高压大功率电力系统集成试验关键技术”荣获中国航空学会 2023 年度科技进步奖一等奖。航达公司计量中心于 2023 年获得 CNAS 实验室认可，认可能力范围涵盖长度、电学和热学等 9 项校准能力。

五、国际经济技术合作

航达公司积极寻求与国外先进的飞机制造商进行合作的机会，目前已经和波音、美国联合技术、派克宇航、霍尼韦尔、优尼森、利勃海尔、赛峰等公司开展了技术支持方面的合作，为进一步提高技术实力、开展国际业务合作提供了基础。

航达公司是波音、普惠、霍尼韦尔、空客、赛峰以及一些海外航空公司的合格维修供应商，为其提供飞机起落架大修、发动机附件维修、APU 附件维修等方面的服务，涉及目前在役的各主要机型，如波音 737、波音 757 和波音 777 等。

六、重大设施建设

配合企业两化融合以及智能制造的需要，航达公司在网络安全、信息安全、设备智能化改造以及智能化管理平台建设方面进行了持续投入，累计投入超过 2000 万元。

中国航发动力股份有限公司

一、企业基本情况

中国航发动力股份有限公司始建于1958年，是我国“一五”期间重点建设项目，是大中型航空发动机及燃气轮机动力装置研制生产基地和新型环保能源领域研发基地，是国家认定企业技术中心、博士后科研工作站设站单位。改革开放以来，航发动力先后与GE航空航天、罗罗公司、斯奈克玛公司、普惠加拿大公司等世界著名航空发动机制造企业建立了长期稳固的战略合作关系，并成为数家外国发动机制造公司的近百种零件的海外唯一供应商。先后荣获“中国工业大奖”“全国文明单位”“中国明星企业”“全国用户满意服务单位”“装备服务优质单位”“中国最具创新力企业”等多项殊荣。

航发动力位于陕西省西安市未央区，占地面积348万米^2，总资产297.13亿元，在册人员9486人。共有职能部门17个、科研技术部门3个、科研生产中心18个、全资子公司4个、控股子公司1个、参股公司2个。

二、生产经营情况

2023年，航发动力实现航空民品及出口转包收入约15.04亿元，同比增长26%。

三、主要产品

航发动力拥有上千种产品零件，为全球20多型发动机提供零件配套。在民用航空领域，以航空发动机及其衍生产品的零部件转包生产为主，产品涉及发动机压气机、燃烧室、涡轮、机匣等关键部件，包括盘类零件、环类零件、封严类零件、轴类零件、机匣类零件、涡轮叶片和压气机叶片，以及其他结构类零件等。

四、产品开发与技术进步

（一）产品开发

2023年，航发动力持续完善民机生产专区建设，全面提升国产大型客机发动机燃烧室、高压涡轮等主要零部件的制造工艺，通过技术提升，稳步提高试制质量、缩短试制周期；同时，完成国产大型客机发动机第一批零组件的产品合格认证工作，配合完成适航取证初始阶段工作。

（二）技术进步

2023年，航发动力持续开展2项技术研究，通过高压涡轮一、二级导向叶片缘板部位涂层技术研究和首批零件加工验证，进一步完善了涂层工艺路线及参数，提升了涂层工艺稳定性和可靠性；通过高压涡轮二级工作叶片组件激光焊工艺研究，初步解决了焊缝微裂纹、近缝区母材再结晶问题，确定了稳定性相对较好的焊接参数，为该工艺在高压涡轮二级工作叶片生产过程中的应用奠定了坚实基础。

五、国际经济技术合作

2023年，航发动力坚持以商用航空发动机业务为核心，以“十四五”规划年度任务为重点，开展国际合作业务，与GE航空航天签订了有效期四年（2025—2028年）的长期协议，与西班牙ITP航空公司签订了7个蜂窝环延期协议，为民机产品发展注入了新动能。

六、重大设施建设

2023年，工业和信息化部2016年立项批复的大型客机发动机研制保障条件建设项目新增的31台（套）设备已全部投入使用，并通过现场竣工验收，取得验收批复。

七、企业改革改制

2023 年，航发动力在改革三年行动全面收官的基础上开展改革深化提升行动，现代企业公司治理和市场化经营机制进一步完善。在强力推进 AEOS 建设及深化应用的基础上，全面开展“战略类、管理支持类”业务流程体系建设，促进管理模式创新，加速实现高质量、高效率、低成本的卓越运营绩效。按照构建“国内国际、航机燃机”协同发展布局的思路，立足打造民机生产制造平台，引入 4 家战略契合、产业协同的投资者为航发动力莱特公司增资 3.8 亿元，为民机产业发展注入新动能，加速打造国内一流的民用航空发动机生产制造及维修保障基地。

中国航发成都发动机有限公司

一、企业基本情况

中国航发成都发动机有限公司（简称中国航发成发）创建于1958年，是国家“一五”期间156个重点工程项目之一，是以研制生产航空发动机及其衍生产品为主的大型国有骨干企业，主营航空发动机研发、制造、销售、修理、服务和转包生产。中国航发成发位于四川省成都市新都区，资产总额96.7亿元，在职职工4282人，共设置18个职能部门、18个科研生产机构（含11个专业制造分厂），拥有1个控股子公司、1个全资子公司、1个参股公司。

中国航发成发坚持源于航空、专于航空、志在航空，坚定走专业化发展道路，构建了以先进制造（四川）工程技术创新中心、国家认定企业技术中心、中国航发成都制造技术研究中心为核心的技术创新平台，拥有国际、国内多项航空发动机零部件制造标准，具备航空发动机研发、制造、修理、试验和试车能力，为我国航空装备建设做出了历史性贡献。

二、生产经营情况

2023年，中国航发成发实现出口转包收入9.87亿元，同比增长8.5%。

三、主要产品

中国航发成发民用航空产品主要有各类机匣件、环形件、蜂窝密封件、钣金件、吊挂件，产品应用机型包括GE航空航天的Leap系列、GE90系列、GEnx系列、GP7200、Passport20、CF-34，罗罗公司的遄达XWB、遄达1000、遄达7000、遄达700、BR725及“珍珠”系列，霍尼韦尔公司的HTF7000系列和APU131-9系列，以及长江1000A等国内商用发动机。

四、产品开发与技术进步

（一）产品开发

2023年，全球民用航空运输市场在疫情结束后快速复苏，民用发动机市场需求逐步旺盛，主要客户的订单量呈现明显增长态势，新品试制、产品转移相关询价明显增加。中国航发成发积极参与国内外民机项目的产品开发，完成国外客户包括GE航空航天、罗罗公司、霍尼韦尔公司等48项新产品试制，相较2022年增长92%。完成国内客户中国航发商发长江1000A发动机29项产品试制。全年实现国内外民机业务产品开发数量和质量的阶段性提升，为后续业务发展奠定坚实基础。

（二）技术进步

2023年，中国航发成发以“1369”战略举措为牵引，按照产品研发体系思路，以建成航空发动机自主研发体系、基本实现自主创新战略转型为目标，围绕技术、知识和能力3大体系，建立起技术规划、技术研究开发、产品应用开发等6大模块，梳理形成15项机制的科技创新体系2.0版本，通过对流程的梳理，打通以技术树为牵引的技术发展路径，有效指导各项技术创新工作。同时，坚持以制造过程模拟仿真、三维数字化工艺设计、新工艺开发能力提升为重点，完成公司级工艺攻关10项；全年申报发明专利81件，取得授权34件；获省部（含集团）级以上科技成果奖4项。

五、国际经济技术合作

2023年，中国航发成发与GE航空航天、罗罗、霍尼韦尔、菱动航改等公司保持密切合作关系，业务合作持续深入，全年转包航空业务同比增长约10%。

六、重大设施建设

2023 年，中国航发成发充分利用现有科研生产条件，新增了大型反推力型架、镗铣加工中心、数控立式加工中心、数控立式车床等工艺设备，形成了大涵道比风扇增压级单元体、外部结构及短舱组件等研发制造能力，有力保障了商用航空发动机研制需求。

七、企业改革改制

2023 年，中国航发成发持续深化改革工作，一是结合国内外航空产业发展环境，科学研判当前发展形势，坚持开放融合的发展理念，基本形成“三大园区”“六大平台”“九大任务”的战略布局，致力成为科技创新型企业。二是充分发挥地区龙头企业辐射带动作用，与地方政府合力打造航空产业园，带动周边第二、第三产业加快发展，为地方航空产业建圈强链提供支撑。

中国航发沈阳黎明航空发动机有限责任公司

一、企业基本情况

中国航发沈阳黎明航空发动机有限责任公司（简称中国航发黎明）始建于1954年，是“一五”时期建立的新中国第一家航空涡轮喷气发动机制造企业。中国航发黎明目前形成“一厂两区”总体布局，总占地面积2000余亩，其中，大东厂区1500亩，苏家屯厂区520亩。总资产412.25亿元，在册人员10254人，共有业务部门17个、业务中心5个、生产机构14个、控股子公司2个。自成立以来，中国航发黎明共修理、改型、研制了数十型航空发动机，生产修理了数万台航空发动机。承制生产了我国第一台拥有自主知识产权的涡喷发动机——“昆仑”发动机，第一台自主研发的大推力涡轮风扇发动机——“太行”发动机，承担诸多科研型号研制任务，被誉为“新中国喷气式航空发动机的摇篮”。

中国航发黎明依托“透平机械制造技术”核心技术专长，形成了较为完整的航空发动机技术体系和工业制造体系，满足了先进航空发动机批产与科研。作为我国重要的航空发动机科研生产基地，公司装备了大量先进的高技术设备，拥有国家级企业技术中心、计量检测中心等，掌握了发动机装配、试车、修理，以及机匣加工、钣金成形、整体叶盘、粉末盘制造、单晶叶片精铸、大型复杂薄壁件整体精铸、热喷涂涂层制备等先进技术，为公司未来发展储备了坚实技术力量。

二、生产经营情况

2023年，中国航发黎明实现出口转包收入3.89亿元，同比增长11.8%。

三、主要产品

中国航发黎明主要业务涵盖航空发动机、燃气轮机、民用航空及国际转包产品的研制与生产。

四、产品开发与技术进步

（一）产品开发

2023年，中国航发黎明全面完成既定指标任务，充分发挥国际业务技术“桥头堡”作用，不断提升产品交付质量。国际转包主要产品供应GE航空航天、GE能源、罗罗公司等，产品出口美国、英国、加拿大、德国、匈牙利、西班牙等诸多国家，具备环形件、结构件、钣金件、机匣件、盘轴件等多种类型零件的成熟加工经验，以及喷涂、喷丸、荧光、电子束焊等特种工艺能力。

（二）技术进步

2023年，中国航发黎明稳步推进外贸各项目产品研制和审核认证，完成了大型薄壁机匣的高效加工及变形控制技术、盘轴类零件弧齿加工及检测技术等7项关键技术提升。喷涂、喷漆、焊接、腐蚀、无损检测等专业通过罗罗公司、GE航空航天审核和第三方特种工艺国际宇航（Nadcap）审核认证。依托精益生产单元建设，实现了GE9X、RB3043等发动机高压涡轮喷嘴前支撑、后支撑环等新件研制与转批交付。

五、国际经济技术合作

2023年，中国航发黎明与GE航空航天、GE能源和罗罗公司业务合作持续深入，参与罗罗公司PEARL700公务机发动机插齿短轴等核心产品的加工研制，与GE能源合同订单总额达0.76亿元，同比增长43%。

六、重大设施建设

2023年，中国航发黎明完成总面积约1.1万米^{2}的转包业务主厂房和副楼改造工作，为民用航空发动机生产制造提供了保障。

七、企业改革改制

2023 年，中国航发黎明按照建设和完善中国特色国有企业现代公司治理机制的要求，成立了“外部董事占多数”的董事会，进一步完善公司重大事项决策机制，厘清各决策主体权力边界，构建起“权责法定、权责透明、协调运转、有效制衡”的治理机制。

中国航空无线电电子研究所

一、企业基本情况

中国航空无线电电子研究所（615 所）成立于 1957 年，是中国航空工业集团有限公司核心骨干研究所、航空机载座舱系统事业部牵头单位，主要从事航空电子系统综合技术研究，承担航空电子、航空无线电通信导航系统及产品研制。研究所历经创建起步期、建制转型期、启航成长期、快速发展期、蓄势提速期，在战略导向、市场导向、应用导向的发展理念牵引下，现已成为国内领先的机载航电系统集成商与产品供应商。

在民机航电领域，研究所面向干线飞机、支线及通用飞机、轻型及运动型飞机提供谱系化的民机航电系统及核心子系统产品，产品包括民机航空电子系统、座舱显示系统、飞行管理系统等，是国内首家承担 C919 A 级系统自主研制任务的供应商，持续为 C919、AG600 等国家重大民机战略项目做出重要贡献。

二、生产经营情况

2023 年，中国航空无线电电子研究所民机全年交付产品 29 台（套），实现收入 21135 万元，完成预算目标的 103.3%。

三、主要产品

（一）综合显示器（IDU）

综合显示单元是座舱显示系统的核心组成部分，可驻留各类显示应用软件。该产品和各类控制器一起形成下视显示控制界面，向机组提供主飞行显示（PFD）、发动机和机组警告（EICAS）、导航显示（ND）、系统简图（SYN）、电子检查单（ECL），以及各类扩展页面信息的显示。该产品软硬件按照 RTCA/Do-254、RTCA/Do-178B DAL-A 标准进行研发，拥有完整的适航数据。该产品已随 C919 飞机项目中完成 TC 取证并取得 CTSO 证书。

（二）控制器（CP）

控制器属于操控类产品，主要应用于座舱显示控制系统，与显示器交联。控制器提供人机交互接口，如按键、开关、旋钮。用户对面板的操作通过通信方式以及离散量信号上报，同时响应外部指令。根据实现功能的不同，可以分为 DCP、MKB、CCD、RCP 等若干产品。

（三）平显投影仪（HUD）

平视显示单元分别安装到主驾驶和副驾驶头部上方，接收综合显示单元（IDU）的图像，投影在组合镜上。平视显示单元具有透视、平视、准直、等角的特点，提高飞机在低能见度下和夜间的运行能力、降低飞行员工作负担、保障航行安全、准点。平视显示单元包括以下功能：（a）为机组提供信息显示；（b）提供防拥控制；（c）提供 HUD 画面亮度控制；（d）提供 EVS 对比度控制；（e）提供机载维护支持。

（四）网络交换机（ACS/ARS）

网络交换单元主要包括交换模块、电源模块、接口模块和机箱，完成 ARINC664P7 协议定义的 ARINC664 网络交换机功能。网络交换机能够支持符合 ARINC664 协议的网络通信，提供最大传输延迟、确定性带宽、确定性的路由服务。每个通道都能提供高完整性的端到端消息传输。ARINC664 交换机主要实现如下功能：（a）数据传输；（b）健康管理；（c）配置管理；（d）数据加载；（e）网络管理；（f）疲劳指示；（g）文件管理。

四、产品开发与技术进步

（一）产品开发

中国航空无线电电子研究所民机产品研发主要基于民机项目组织开展，截至 2023 年底，各重点民机项目进展如下。

1. C919 项目

落实国家大飞机战略推进 C919 项目工作，保障 C919 大型客机于 2023 年 5 月 28 日正式开启首次商业运营，获得中国商飞公司感谢信，完成显示系统 BP6.3 和 BP6.3.1 证后更改软件开发及软硬件审查工作，完成全年交付及维修任务。

2. AG600 项目

落实民机航空应急救援专项持续开展 AG600 项目工作，全年完成航电系统 BP5.0（TC 构型）基线的开发、集成和发布，完成系统软硬件开发阶段工程审查、系统软硬件 SOI#1 评审，推进鉴定试验工作，启动小批生产，基本实现全年任务目标。

（二）技术进步

1. 高完全、高完整显示计算系统

完成显示计算一体化显示器样机技术方案、架构设计、详细设计以及投产；完成显示处理新硬件平台快速原型研制，并完成国产操作系统和图形驱动的初步调试与集成；完成自研 FPGA（K7）版本 A664 终端的原型研制和集成测试；完成 A661 优化方案设计及性能测试。

2. 基于航迹运行的智能飞行管理技术

完成了飞行管理系统（FMS）水平轨迹预测、水平引导、垂直航迹预测和垂直引导等核心功能及测试验证，形成了完整的 FMS 核心功能软件组件；基于飞行管理系统可配置参数，设计了支持干线、支线、通航和特种飞机等不同飞机可配置的飞行管理系统通用架构，并完成了 FMS 核心功能软件组件与飞行管理通用架构的集成和测试。

五、国际经济技术合作

（一）项目国际合作

2023 年，ScioTeq、加拿大 FTG、风河、大河、CoreAVI 等国外核心供应商均按计划完成相关产品交付任务，为 C919 飞机项目顺利实现商业首飞提供了坚实的保障。

（二）国际转包生产

与 L3 公司转包合作项目持续进行，2023 年全年交付各型产品共计 711 台，产值约 1300 万元。

（三）国际人才引进

依托 C919 显示系统等项目，持续与国际资深航电专家合作，为民机航电研制提供长期科研、咨询和教练服务。

六、企业改革改制

（一）民机业务单元优化

2023 年 4 月，为全面构建中国航空无线电电子研究所可持续发展的民机研发生态，研究所将民机业务重新纳入所本部管理范畴，并构建相应组织机构，成立民机项目部、民机航电系统部和民机产品部。

（二）产业链协同——机载民机分工程中心建设

作为牵头建设单位完成机载民机工程中心航电分中心年度建设工作。一是建立某飞机航电系统联合攻关机制，集中优势力量，开展集智攻关；二是无偿向分中心转移民机研发体系与适航管理体系文件、工具，并提供相应培训服务；三是成立核心包、显示和飞管联合团队，选派 38 位优秀民机人才在航电分中心场地集中办公，确保机载专项完成年度任务目标。

（三）管理能力提升

开展民机项目管理体系优化升级，形成由 1 份手册、7 份流程、4 份指南、21 份模板和表单组成的民机项目管理体系文件，在实践中不断验证并优化项目管理流程指南等，逐步建立一套适合民机文化和组织特点的项目管理体系。

金城南京机电液压工程研究中心

一、企业基本情况

金城南京机电液压工程研究中心（简称南京机电）为中国航空工业集团有限公司全资单位，注册资金5655万元，属国有独资事业单位。

南京机电集预研、开发、设计、制造、试验、交付和维修服务于一体，是国内民用飞机燃油、液压、环控三大系统供应商及牵头单位，是民用航空三大系统的国际合作、转包生产和自主研发基地。设有国家级博士后科研工作站，是我国航空液压、燃油系统和发动机点火系统的研发中心和生产基地，是国家航空液压、燃油、环控、第二动力等专业发展规划的主要编制单位，同时也是航空工业液压、燃油与环控系统事业部牵头单位，建有航空机电系统综合航空科技重点实验室。

南京机电现有职工2700余人，其中研究员100余人、享受国务院政府特殊津贴专家11人、航空工业首席技术带头人5人、特级技术带头人27人、一级技术带头人43人。

二、生产经营情况

2023年度，南京机电民机收入完成6320万元。

三、主要产品

在民机型号上，南京机电承担研制的主要产品包括：空气涡轮起动机、变频燃油泵、空气分离模块、液压泵、液压油箱、空气循环机、制冷包、综合控制器、前轮转弯控制阀、冲压空气涡轮等核心产品。

四、产品开发与技术进步

2023年，南京机电民机型号科研任务全面按节点完成并取得突破性进展。AG600完成鉴定试验件50项108台，鉴定试验475项；软硬件6个配置项计划阶段工程评审、SOI#1、开发阶段工程评审。新舟60项目开展制冷组件国产化工作。C929项目开展11个工作包的系统和产品RFP方案回复工作。完成长江起动机和电动舱门作动系统地面样机16台（套）交付。

2023年，在航空工业集团、机载各级两总系统牵引下，以建设“综合设计、系统集成、试验验证、精益制造、适航保证”五大能力和“研发体系、供应商体系”两大体系为目标，围绕工程研制、关键技术攻关、体系建设、条件建设四条主线加速推进机载专项年度任务实施。2023年度计划完成率达到99.75%，在机载7大系统名列前茅。率先完成液压、燃油、空气管理系统初步设计评审准出工作；完成11台样机投产、9台样机验证，攻克2项关键技术；完成条件保障建设方案上报，并提前启动20台（套）设备的建设工作。

贯彻落实习近平总书记关于加快关键核心技术攻关系列重要指示精神，集中力量突破一批“卡脖子”关键核心技术和产品。面向下一代大飞机的发展论证中，在机电技术多电化、轻质化、智能化的方向上，确立了电动环控系统、电动惰化系统、高集成度燃油系统、智能运维系统等多个项目课题，完成了1.0版本的总体论证，支撑了我国在2035年的大型客机平台的规划发展。

在绿色低碳航空器发展专项中，成功申报立项了面向通航飞机的能量/热综合管理技术与气液氢存储与转输技术的应用技术2项课题。为未来新能源飞机平台提供技术方案、背景调研与应用可行性的各项储备。

五、国际经济技术合作

南京机电在转包生产方面的客户包括派克公司、汉胜公司，主要产品包括柱塞、阀芯、阀套等，2023 年产值规模 72 万元。

六、企业改革改制

2023 年南京机电成立领导小组与专项工作组，统筹事业部一体化推进，结合规划中期调整工作，通过对标世界一流企业，提出五个方面 22 条重大改革举措；以 AOS 运营管理体系为平台，以指标体系目标值为牵引，系统谋划 19 个业务领域 72 条重点业务举措 113 项行动项；构建完善高位推动、责任指标、督办落实、宣传引导的工作体系，严格落实各项改革任务，确保全面完成改革任务目标，取得改革成效。

2023 年，南京机电民机产业逐步形成以上海机电分工程中心、南京机电本部、科技公司的一体化管理模式。南京机电民机产业部逐步发挥民机产业发展的牵头作用，统筹民机规划和运营考核管理，承担民机技术开发与型号研制管理、部件级研发体系建设和软硬件体系建设工作。上海机电分工程中心与上海机载系统工程中心机电部一体运行，开展系统级研发、体系建设与技术论证开发工作。科技公司为民机零组件加工中心，正在扩展为民机产品级研发、生产、维修、供应链于一体的公司。

诺贝丽斯铝业（镇江）有限公司

一、企业基本情况

诺贝丽斯铝业（镇江）有限公司（简称诺贝丽斯铝业），是原爱励国际全资公司爱励亚太独资在中国江苏镇江投资建设的一家铝压延加工企业，位于江苏省镇江市京口经济开发区。注册资本58000万美元，于2011年3月成立，主要生产航空用预拉伸铝合金板、高端商用铝合金板和粗加工机翼板。公司总占地408亩，2013年4月25日投入运营，已经通过了全球主要飞机制造商的适航认证，生产的航空铝板主要供应全球客机主制造商，包括欧洲空客、美国波音、中国商飞、加拿大庞巴迪、巴西航空等。

二、生产经营情况

2023年，实现销售收入16亿元，其中出口占比75%以上。

三、主要产品

诺贝丽斯铝业为机身和机翼结构部件提供铝板，专业生产标准或定制规格的机身和机翼结构部件的轧制铝板和板材，具有加工大尺寸板、超厚板，轮廓锯切，抛光的加工能力。

新宇航空制造（苏州）有限公司

一、企业基本情况

新宇航空制造（苏州）有限公司（简称SAM 苏州公司）是新加坡宇航制造集团（简称SAM）的全资子公司。新加坡宇航制造集团成立于 1981 年，通过在新加坡、中国、马来西亚、泰国和德国的工厂向世界上主要的航空企业供应各类航空机械制造产品。SAM 苏州公司前身是 1995 年成立于苏州工业园区的新达精密机械（苏州）有限公司。2002 年 12 月，SAM 增加了在苏州的投资，在苏州园区出口加工区注册成立了 SAM 苏州公司，注册资本为 1200 万美元，总投资额超过 3600 万美元。SAM 苏州公司占地面积 24000 米^2，厂房面积 13500 米^2，现有员工 344 人。在设备装备方面，SAM 苏州公司拥有四条集排产、编程、加工和检验于一身的数控柔性制造系统；在加工工艺方面，具备多种无损探伤检测能力和特殊工艺处理技术；在制造方面，对如镍合金、钛合金、铝合金以及高强度的不锈钢等硬质高温合金材料进行精密加工。核心产品是飞机发动机叶片、发动机部件、发动机连接件和其他机械零部件。SAM 苏州公司已经积累了相关的专业技术，能够满足客户的严格要求，提供一站式服务。

SAM 苏州公司共有工艺工程师 13 人，质量工程师 8 人，其中特殊工艺工程师 2 人，并且拥有 NDT Level Ⅲ 1 人。具备加工工艺开发、夹具设计、特殊刀具设计、编程，以及特殊工艺流程编制等技术能力。

二、生产经营情况

2023 年，SAM 苏州公司销售收入为 6.5 亿元，比 2022 年同期增长了 16.07%。

三、主要产品

SAM 苏州公司目前的主要产品分为两大类：一类是飞机发动机叶片及叶片隔框，另一类是飞机发动机吊挂类结构件。SAM 苏州公司专长于镍合金、钛合金、不锈钢等高温合金材料进行复杂形状高精密加工的能力，同时具备铝合金的加工能力。SAM 苏州公司四轴及五轴铣削加工工件尺寸可达 1.2 米，车削加工工件尺寸可达直径 660 毫米，并拥有数条数控柔性制造系统。具备多种无损探伤检测能力和特殊工艺处理技术，可为客户提供一站式制造，为客户最大程度上减少物流成本及制造周期。

通用电气航空（苏州）有限公司

一、企业基本情况

通用电气航空（苏州）有限公司成立于2007年1月，是位于中国江苏省苏州工业园区的外商独资企业，投资总额6000多万美元，注册资本2200万美元。目前员工人数327人，是通用电气集团下属的全资子公司。

通用电气航空（苏州）有限公司主要从事生产、组装、测试各类民用航空用零部件、组装部件、系统等产品以及售后服务。

二、生产经营情况

通用电气航空（苏州）有限公司2023年总资产88278万元，2023年实现销售收入70410万元，比2022年同期增长39%，2023利润总额2350万元，扭亏为盈。

三、主要产品

通用电气航空（苏州）有限公司主要从事航空发动机零部件产品的生产和制造，如涡轮发动机部件的密封件、连杆、发动机支架和燃烧箱等，这些零部件运用于CF34、CFM、Passport、Ge9X和Leap发动机，产品的主要订单客户是通用电气集团航空航天业务内部公司。

四、产品开发与技术进步

目前通用电气航空（苏州）有限公司不拥有任何与生产产品相关的知识产权，相关的知识产权所有权归属通用电气集团海外核心企业，但是可以使用其生产专有技术，以及海外提供的与开发和改进生产工艺相关的工作指导、政策和流程。

五、重大基础设施建设

2023年，通用电气航空（苏州）有限公司固定资产投入3274万元，其中95%是用于生产的设备投入——生产仓库扩建项目投入1809万元，生产设备投入1465万元。

菲舍尔航空部件（镇江）有限公司

一、企业基本情况

菲舍尔航空部件（镇江）有限公司（简称菲舍尔）创建于2011年，隶属于中航客舱系统有限公司（简称中航客舱），是中国航空工业集团有限公司的成员单位，位于江苏省镇江市经济开发区航空航天产业园，从事飞机内饰系统、复合材料零部件的设计、开发和生产，占地300亩，是中国商飞、航空工业西飞民机、航空工业成飞民机、空客、波音、庞巴迪的合格供应商。企业二期内饰项目已经启动，项目投资4.5亿元，将具备飞机厨房、盥洗室等内饰系统年产555架份的制造能力。公司总资产规模约为12亿元，注册资金10.84亿元，员工约450人。

菲舍尔通过了AS9100D航空航天质量管理体系认证和NADCAP认证（无损检测、化学处理、复合材料、测量与检验），拥有国内同时通过空客、波音、庞巴迪、NADCAP、CNAS认证的复合材料实验室，并获得了国家高新技术企业、工业和信息化部两化融合管理体系、工业和信息化部2020年网络安全技术应用试点示范项目、江苏省示范智能车间、江苏省首台（套）重大装备及关键部件——A350翼身整流罩/A380襟翼肋/新舟700驾驶舱内饰系统、江苏省专精特新产品、江苏省科技小巨人、江苏省飞机内装饰工程技术研究中心、镇江市企业技术中心、省专精特新中小企业等荣誉称号。

二、生产经营情况

2023年，菲舍尔实现工业总产值24474万元、营业收入28468万元，利润总额-2561万元。经营性净现金流4263万元，同比实现大幅改善。两金占比86%，同比下降5%。各项经营指标较2022年度均有较好的改善。

三、主要产品

结构件三大类：控制舵面、整流罩、机翼部件。目前主要承接的项目为ARJ21、C919、A320、A350、“挑战者”350、“环球”7500、波音777/767等主流机型的整流罩、下翼板、扰流板、襟翼肋及连接角件等工作包，积累了丰富的结构件制造工艺及生产经验。

内饰系统研制包括系列化生产的商业飞机和客户导向的商业飞机和私人飞机，已签订了国产大飞机ARJ21和C919内饰项目合同，并实现了ARJ21内饰及结构件稳定生产交付，C919内饰及结构件的项目转移于2023年启动，标志着菲舍尔成为国内三大主流民机机型（新舟700、ARJ21、C919）的内饰批产供应商。同时，菲舍尔公司的内饰设计能力逐步完善，目前已参与新舟700内饰设计、ARJ21/C919第二货源内饰设计，其中ARJ21内饰第二货源项目已完成首架次生产任务，正在适航认证中，将于2024年完成适航认证。

2023年，菲舍尔迈出了其业务扩展的重要一步，正式启动了头排柜项目的转移工作。为了提升在头排柜领域的实力，菲舍尔选择与航空工业集团下属公司ACS（UK）进行紧密合作，在英国进行了两次深入的技术、质量、生产制造以及供应链的培训和交流。这些活动不仅增强了双方团队之间的沟通和协作，也为项目的顺利实施提供了有力的保障。双方于2023年签署了合作框架协议，通过共享资源、技术和经验，共同推动头排柜项目的发展。

四、产品开发与技术进步

（一）产品开发

1. 新舟700内饰系统

以新舟700飞机为验证平台，瞄准民用飞机内饰技术发展方向，按适航审定要求，从客户需求入手开展内饰设计、制造和试验验证，掌握民用飞机内饰设计方法，突破相关制造关键技术，建立民用飞机内饰设计体系，提升自主研发和集成验证能力，随新舟700飞机适航取证，为参与国际竞标、进入国际市场奠定基础。

2. C919内饰系统

本项目为民用飞机商载系统研制及装机应用研究，研究对象为商载系统研制及装机应用技术研究中内饰系统（含驾驶舱内饰、客舱内饰）研制及装机应用技术研究。研制目的为依托中国商飞CXF项目，全面兼顾C919飞机需求，提出针对CXF项目装机的系统研制指标，以民机专项科研项目的形式，由中国商飞牵头、国内供应商参研，按照民机研制体系，开展内饰系统研制和装机应用研究。

（二）技术进步

1. C919大型客机内饰设计方法研究

主要开展C919大型客机内饰详细设计准则和方法，基于适航设计符合性的民机内饰详细设计技术研究，C919大型客机内饰工程设计技术研究，基于虚拟仿真技术的C919大型客机内饰设计展示技术研究。

2. C919大型客机内饰制造关键技术研究

主要开展行李箱整体成形技术研究、热压快速成形技术研究、低成本铣切工装设计及制造技术研究。优化材料选型和固化工艺参数，结合产品特点设计合理的固化成形工艺，搭配使用共胶结及共固化方法，保证制件结构整体性和工艺可靠性的同时，大幅缩短制造周期并降低制造成本。使得C919大型客机客舱行李箱满足飞机客舱的使用要求，扩大飞机过道相对空间，同时兼顾结构的紧凑性、操作安全性和安装方便性。

3. 产品集成验证研究

主要开展材料级物理和化学性能试验验证方法，零件级静力强度验证方法，样段级传力试验验证方法、疲劳试验验证方法等研究，在飞机内饰详细设计和产品制造工艺的基础上，按适航验证计划评估C919大型客机内饰设计、制造工艺，并进行设计适航符合性验证和制造符合性验证。

4. 基于虚拟仿真技术的民机内饰设计展示技术

飞机内饰设计流程包括：初步设计、概念设计、细节（工程）设计。运用虚拟现实技术贯穿飞机内饰设计的各个环节，形成飞机内饰专业化的设计、制造、试验验证及适航验证一体的平台。

5. 飞机客舱行李箱整体成形技术

飞机行李箱系统较为复杂，构型较多，各个构型的长度尺寸存在较大差异，各类依附于行李箱安装的设备较多，接口关系较为复杂，且在装配时6个工作面均需进行相应设备和零部件安装，多类型的零部件需在不同站位进行装配。需攻克行李箱整体成形技术、热压快速成形技术，以及低成本铣切工装设计及制造技术。

6. 产品集成验证关键问题

确定适航符合性验证方法，采用各种验证手段，通过工程评审、试验、检查、设备鉴定以验证的结果证明所验证的对象是否满足民用飞机适航条例的要求，检查验证对象与适航条例的符合程度。

五、国际经济技术合作

2023年，菲舍尔对外贸易产品主要有A320系列角件及天线支架、A350腹部整流罩、波音777下翼板、波音767固定前缘及下翼板、“挑战者”350地板、“挑战者”350翼身整流罩、“环球”7500翼身整流罩、ARJ21内饰。

2023年，菲舍尔与奥地利未来先进复合材料股份公司（FACC），同时也是其最大最重要的客户，开展了深化的全方位合作。双方成功完成了C919结构项目和内饰项目的商务谈判，并于2023年启动了首件生产工作。

天津波音复合材料有限责任公司

一、企业基本情况

天津波音复合材料有限责任公司（简称天津波音复材）成立于 1999 年，由波音公司和中国航空工业集团有限公司共同投资兴建。公司注册资本 4.97 亿元，位于天津滨海新区塘沽海洋科技园，厂区占地总面积 11.1 万米^2，其中厂房占地 4.8 万米^2，现有员工 600 余人。主要从事高质量航空非金属复合材料零部件的生产及部件装配业务。

二、生产经营情况

2023 年实现工业总产值 6.8 亿元。

三、主要产品

主要产品包括飞机主结构件、次受力结构件与内饰件，产品种类 1400 余种，月均产能 1.3 万件，覆盖了波音公司现有全部机型，其中绝大多数产品是波音公司全球唯一供应商产品。

四、产品开发与技术进步

天津波音复材三期厂房项目加快建设，计划 2024 年投产。公司拥有当今世界先进的航空复合材料生产设备、车间和实验室，应用 ERP、IQS 等先进管理体系，对财务、采购、生产计划、质量、文件、订单等工作进行高效运营管理，拥有连续超过 1300 万工时“无损失工时伤害事故”的安全生产纪录。

五、国际经济技术合作

天津波音复材致力于与本土同行业供应商携手提升中国航空复合材料制造业，与中方股东航空工业集团的多家子公司开展了密切的合作，包括定期的技术支持和专有技术指导及现场参观学习。天津波音复材还向波音在中国的其他供应商提供专业支持，包括无损探伤三级的认证培训、复合材料部件维修等；支持波音中国创新中心项目管理实践分享。

中国航发北京航空材料研究院

一、企业基本情况

中国航发北京航空材料研究院（简称中国航发航材院）成立于1956年，是我国“一五”计划156个重点建设项目之一，是国内唯一从事航空先进材料应用基础研究、材料研制与应用技术研究、工程化技术研究、关键件研制生产应用的综合性科研机构，现有17个材料技术领域70个专业，覆盖了金属材料、非金属材料、复合材料和石墨烯等前沿材料。拥有10个国家级和18个省部级实验室/中心、1个海外联合研究中心、4条国家级生产示范线。中国航发航材院位于北京市海淀区，在册人员4304人。2023年固定资产总值达43.61亿元。

中国航发航材院建院以来，共取得科研成果2600余项，其中国家级成果158项、省部级科研成果1170余项。截至2023年，共申请专利4223件，授权约2130件；计算机软件著作权登记90余项；注册商标101个。曾获国家管理创新成果一等奖，以及“知识产权先进单位”“知识产权示范单位”等荣誉称号。

二、生产经营情况

2023年，中国航发航材院实现航空民品收入约11.13亿元，同比下降22.7%。

三、主要产品

中国航发航材院民用航空产品主要有高温合金及铸件、母合金、铝合金及铸件、贵金属制品、钛合金及铸件、航空透明件、复合材料制品、密封材料、橡胶胶料及制品、涂料、航空焊条、吸波材料、油料、胶黏剂、表面处理、锻造加工、钎焊等17类产品，其中高温合金母合金、高温合金铸件、铝合金、钛合金、航空透明件、橡胶胶料及制品、涂料及吸波材料、表面处理、锻造加工等产品或工艺实现了亿元规模批生产。

四、产品开发与技术进步

（一）产品开发

2023年，中国航发航材院在民用涡扇发动机方面，承担了长江1000及多排涡轮叶片、高压压气机盘及高压涡轮盘、中介机匣、密封材料等多种产品研制交付任务。在民用涡轴、涡桨发动机方面，完成了燃气涡轮工作叶片、燃气涡轮导向叶片的毛坯交付，保障了整机的装机需求。在民用飞机领域，承担了C919、ARJ21滑轨超声速火焰喷涂碳化钨涂层、钛合金铸件、硅橡胶条、密封剂等多种产品交付任务，累计产值约500万元。7475铝合金、高强高模铝及铝锂合金、防燃油蒸气扩散密封剂等8项产品完成生产过程控制文件审查，成功进入中国商飞公司合格产品名录。

（二）技术进步

2023年，中国航发航材院在民用涡扇发动机方面，重点开展了多层回转结构单晶叶片铸造技术研究。在民用涡轴发动机方面，AES100材料适航专项工作进展顺利，多种牌号材料设计用性能数据测试按计划完成。在民用飞机领域，大型客机材料专项审计验收顺利开展；9项民机自主供应链建设项目扎实推进，E357铸件应用研究随研制单位进度稳步实施。依托大飞机创新联盟，开展增材制造、涂料、无缝衬套、胶黏剂、复合材料等15个材料的预先研究，突破飞机防除冰、增材件缺陷评价、开缝衬套设计制造、密封帽设计制造等多项关键技术，为后续在民机上应用奠定了基础。

五、国际经济技术合作

2023年，中国航发航材院在国际科技合作方面，与白俄罗斯成立联合研究中心及联合研究实验室，大力培育并稳步推进对德国、法国、奥地利、芬兰、西班牙等欧洲国家，以及俄罗斯、乌克兰、白俄罗斯等国家的科技项目，拓展与“一带一路”国家、北欧国家及中国香港地区的学术交流及合作。执行工业和信息化部对俄及“一带一路”交流平台项目。积极完成新合作渠道的挖掘与建设，履行在行业及集团平台的“秘书处”职责。

在国际市场开拓方面，中国航发航材院进一步夯实与美国霍尼韦尔公司、美国凯普斯通绿色能源公司、德国西门子能源公司、冰岛奥瑟公司、北京南方斯奈克玛公司的合作，获美国凯普斯通绿色能源公司颁发的最佳国际供应商奖。高温合金铸件通过国际宇航客户首件认证，高温合金母合金国际二方认证取得进展，高温合金、钛合金产品、矫形器等产品量产交付，涂层项目进入批量交付，增材制造合作项目持续推进，新建欧洲及独联体市场沟通渠道。

六、企业改革改制

2023 年，中国航发航材院持续完善企业管控机制，稳步开展董事会建设各项工作，建立投资与企业管理长效机制，全面构建职能完备、权责明确、决策高效、执行顺畅的投融资与企业管理平台。推进航材股份在上海证券交易所科创板首发上市，发行股票 9000 万股，发行价格 78.99 元 / 股，募集资金总额 71.09 亿元，超募 34.87 亿元，通过资本市场赋能进一步增强公司科技创新实力与批产保障能力，推动了科技创新和产业发展的良性循环，实现国有资产有效保值增值。

成都富凯飞机工程服务有限公司

一、企业基本情况

成都富凯飞机工程服务有限公司（简称成都富凯）成立于2001年7月，注册资金8000万元，位于成都高新技术产业开发区，是由中国国际航空股份有限公司（30%）、北京飞机维修工程有限公司（Ameco）（30%）、美国三角洲国际航空技术有限公司（25%）、四川海特高新技术股份有限公司（15%）共同创建的中外合资企业。厂房面积2000米^2，截至2023年底，拥有员工155人，其中专业技术从业人员100人。

成都富凯已取得中国民用航空局（CAAC）、美国联邦航空局（FAA），以及欧洲航空安全局（EASA）维修许可证，并在2010年取得飞机改装委任单位代表证书（DMDOR）、零部件制造人批准（PMA）；于2013年取得了基于MDA设计的CAAC生产许可证（PC），是一家除飞机制造商以外具备产品批准生产许可证的企业；于2018年底取得了CAAC颁发的CTSOA；持有进出口许可证，具备航材独立进出口权。

二、主要产品

成都富凯主营业务有三大板块——飞机加改装、飞机部附件维修，以及机载设备与零部件生产制造。其中飞机加改装覆盖航电、客舱改装项目设计，改装设备及产品的制造，飞机退租工程服务和改装施工。飞机部附件维修覆盖燃油、液压、电源、电气、电子（娱乐系统）等多个系统附件。成都富凯目前已具备多项成熟的PMA生产制造能力，涉及飞机结构、机械、电子等领域，拥有客舱、货舱、驾驶舱和机载娱乐系统的多项成熟PMA产品。可生产制造客舱结构件与装饰件、各型塑料件、娱乐系统终端附件、各型橡胶密封件、附件零件等。

成都富凯先后从国外引进了AVTRON公司制造的整体驱动发电机（IDG）、发电机（GEN）测试台、液压综合测试台，BAUER公司制造的燃气结合的燃油综合测试台、最新燃油控制组件（FCU）专用测试台、滑油泵专用测试台，以及机载娱乐系统专用测试台。截至2023年底，已有CAAC、FAA、EASA能力达612项，共计约5000个件号。

成都富凯是一家初始适航改装设计单位，截至2023年底，已拥有100余项次的改装设计批准证书（STC/MDA），约占全国总量的18%。成都富凯坚持自主研发与自主创新，拥有外观设计、实用新型、发明专利等授权专利79项。开创了MRO一站式、交钥匙服务的全新服务模式，从设备选择、设计取证、施工一直到后期运营维护，全流程为客户提供专业高效的服务，赢得了国内外航空公司的广泛赞誉。成都富凯不仅具有独立的改装设计、生产制造和现场施工能力，还具有独立的项目集成能力。生产制造设备配备满足波音、空客标准的线号标刻机、标牌打印机，同时配置了雕刻机和复合材料切割机床等先进设备。

三、产品开发与技术进步

成都富凯自主研发用于通航飞机的飞行数据及座舱音视频记录仪，以及配套的飞行员职业生涯全寿命管理服务平台，用以采集飞行过程中的飞行数据（如位置和各种姿态信息），记录座舱音频（包括环境音和飞行员通话）以及飞机驾驶舱影像（如飞行员操作与仪表盘显示等），并通过配套应用管理软件回放和分析所采集的数据，能够满足飞行数据和语音视频的存储、提取、查阅和分析，适用于事故调查和飞行教学等领域。

为满足高高原运行飞机机组补充用氧的各项规定，同时解决目前使用便携式氧气瓶用于高高原航班飞机机组补充用氧的运行风险，降低高高原运行的保障难度和成本，成都富凯开发了一套用于驾驶舱环境内的机载制氧设备系统，以便持续向飞行机组提供满足 CCAR 规定要求的高纯度氧气，同时降低高高原补充氧气的保障难度和维护成本。目前该项目已经完成 CAAC STC 取证，并已成功在国内主要运营高高原航线的两家航空公司使用，下一步将覆盖国内所有的高高原运行飞行。

四、国际经济技术合作

成都富凯的飞机改装业务主要面向波音、空客飞机，针对飞机上的客舱布局、导航等系统进行加改装设计，需要与航空产品的国际供应商进行深度合作，如航空座椅厂家 B/E 宇航、瑞卡罗，航电设备供应商柯林斯宇航、霍尼韦尔、泰雷兹、基德系统、特里达因，娱乐系统供应商松下、泰雷兹等。

近年来，成都富凯在飞机客舱布局改装的项目中，与上述国际主流供应商进行了深度合作。成都富凯作为集成商，明确了座椅的生产制造标准和安装规范，同时对座椅的动静态测试、燃烧测试等项目进行全程监控。

成都富凯在国内多家货运航空波音 757/767 飞机上实施的双套风切变气象雷达加改装项目中与柯林斯宇航进行深度合作，深入到气象雷达收发机数据传输与计算分析、系统接口定义、雷达系统与飞机其他关键导航系统的逻辑关系定义、系统构型设置、关键部件的定制化开发等方面，高效率完成了这一在国内甚至国际民航飞机改装领域中难度极高的项目。

五、重大设施建设

成都富凯在成都市东部新区未来科技城购地 100 余亩，进一步打造中国民航机载设备与零部件生产制造中心、飞机改装创新技术研发中心，以及国内飞机部附件维修中心。成都富凯将紧扣国家发展战略，依托西南地区丰富的航空航天配套资源，打造全产业链飞机加改装服务商，开展机载设备与零部件的设计、生产制造与维修服务，为国家民航强国战略贡献力量。

航天海鹰（镇江）特种材料有限公司

一、企业基本情况

航天海鹰（镇江）特种材料有限公司（简称海鹰特材）成立于2011年4月，注册资金2.08亿元，是国有控股企业。海鹰特材占地面积为155亩，厂房面积26000米^2，拥有国际国内先进复合材料生产和测试设备60余台（套）。

海鹰特材主营业务为高性能复合材料和先进隔热保温材料两大板块的开发，在国产大型客机研制中充分发挥自主研发的软模共固化成形技术优势并持续创新，形成了软模自适应成形技术、大尺寸蒙皮工字形长桁共胶结技术，以及与自动铺放技术相结合的整体成形工艺；在产品机加方面形成了高精度机械加工技术以及超声蜂窝加工技术；在产品检测方面形成了复合材料零件C扫、A扫检测能力、型面数字化检测能力、蜂窝夹层X射线检测能力以及理化测试能力。海鹰特材承担的研制任务在C919大型客机复合材料中占比近50%，是C929宽体客机后机身后段和垂尾工作包初选供应商，多次获得中国商飞优秀供应商银奖、合作共赢奖等奖项。

海鹰特材拥有专业的PDM、ERP、MES信息化系统，以及与计算、设计和分析相配套的研发平台，复合材料成形装配和无损检测等多条生产线，满足了高端航空复合材料的生产、装配和检测需求。具有AS9100航空质量体系认证、IATF16949体系认证、两化融合管理体系评定，并已获得Nadcap复材能力认证、Nadcap无损检测能力认证、Nadcap喷漆工艺能力认证和10余项中国商飞特种工艺认证。海鹰特材积极推进科技创新工作，申请专利150项，其中已授权专利70项，是国家级专精特新“小巨人”企业和高新技术企业。

海鹰特材现有员工500余人，其中，享受国务院政府特殊津贴专家2名，江苏省科技企业家1名，江苏省“双创人才”4名，江苏省“双创博士”1名，江苏省五四青年奖章获得者1名，江苏省“333工程”培养对象6名，镇江市“金山英才”2名，镇江市首席企业专家1名，拥有国家级技能大师工作室、省工程技术中心、省企业技术中心、省研究生中心等创新平台，荣获省首台（套）重大关键部件认定企业和苏南国家自主创新示范区瞪羚企业等称号，获得省科学技术二等奖和江苏省专精特新产品等荣誉，并承担过包含省科技成果转化项目在内的20余项国家级和省级科研项目。

二、生产经营情况

2023年，在大飞机收入未纳入全年营业收入的情况下，海鹰特材实现营业收入1.25亿元，利润总额226万元，总体经济运行平稳有序。

三、主要产品

2023年，自制复材零件5250件，同比增长107%；交付气凝胶毡178.7万米^2，同比增长232%。其中，C919批生产方面实现了以12架份后机身前段为代表的产品交付任务，顺利通过了垂尾右壁板国产铺带机PPV验证，批产任务顺利推进，获得中国商飞高度认可，荣获中国商飞全球供应商大会银奖；C929宽体客机方面完成了26件试验件的研制；在发动机方面完成了3件叶片和1件声学进气道的研制及交付；其他复合材料方面完成了上飞院APU进气道、中国科学技术大学、航天八院和发射箱项目共280件试验件的制造及交付，各项科研生产工作有序进行，任务完成情况达到预期。

四、产品开发与技术进步

2023年，公司围绕产品设计研发、零件制造、结构装配等方面进行了技术创新。在复合材料板块，完成了大长径比筒段、低压管路、进气道唇口等复杂结构零件的关键技术攻关。在气凝胶板块，完成了多款高隔热性能陶瓷气凝胶、湿法玻纤表面毡气凝胶产品的开发验证，为 BYD 储能等项目提供有力支撑。在科技成果方面，全年共计完成 31 项专利受理，海鹰特材获得江苏省首台（套）重大装备认定和江苏省“智能制造示范车间”称号，通过了江苏省工信厅发动机格栅项目结题验收，成立了镇江市首家“航空复合材料及部件创新联合体”，创新能力持续提升。

质量管理三体系运行规范有效，为各项目的顺利开展提供了有力支撑。持续深入推进三体系融合，以文控平台为载体进行文件整合，文件数量压减 38.46%，建立了快速返工流程，实现现场省时减负。在产品合格率方面，复合材料业务装配部段合格率 100%，复材零件整体合格率为 93.40%，较 2022 年提升 1.54%。气凝胶板块实现 147 万米 ^{2} 的产品制造验收，较 2022 年增长 245%，玻纤气凝胶、预氧丝气凝胶产品的合格率均在 95% 以上，超级气凝胶产品的合格率为 100%，产品合格率稳步提升。

加强与西北工业大学、江苏大学、江苏航空职业技术学院等高校，以及相关领域企事业单位的交流合作，逐步完善协同创新体系，有力推进了关键技术的研发进程。

五、重大设施建设

目前正在开展镇江产业园二期项目建设，投资总金额 7 亿元，新增建筑面积 66217 米 ^{2}，新增各类设备约 67 台（套）。加速推进二期（一阶段）项目建设，以复合材料批产厂房作为本工程关键线路，优先施工批产厂房工程实体，完成工装库房车间钢结构主体、装配厂房车间屋面网架、批产厂房车间屋面网架，化学品库房和 35 千伏变电所及各厂房辅楼墙体砌筑及粉刷等工作。持续提升数字化管理能力，以各系统集成为目标，打通 ERP 系统与集团主数据系统、院合同管理、财务共享等系统的壁垒，实现数据的共享和互通，打破业务数据、流程和财务割裂的现状，实现工程设计、工艺资源、原材料采购、生产、半成品到产成品的一体化管理，有效提升了各部门之间的协同效率。

六、企业改革改制

海鹰特材持续做好各股东单位间的协调与沟通，积极配合中国航天科工集团第三研究院、航天科工三院三〇六所和镇江新区政府完成镇江高新创业投资有限公司股权受让方案审批与备案，确保了在中国航天科工集团第三研究院控股的前提下释放更多的股权用于引入战略投资者。积极配合院内院外多家意向投资单位做好尽职调查、增资引战项目可行性研究报告、重大经营决策事项风险评估报告等请示文件。

持续完善治理结构，建立“三会一层”议事规则，海鹰特材治理各层级权责更加清晰明确。建立董事会向经理层授权的管理制度，落实《海鹰特材公司董事会授权管理办法》相关要求，充分发挥了经理层经营管理作用。通过实施骨干员工股权激励等中长期员工激励措施，实现了核心团队、核心人才的稳定发展，在人才招引育、队伍建设、项目攻关等方面取得了较大的进步。

海宁红狮宝盛科技有限公司

一、企业基本情况

海宁红狮宝盛科技有限公司成立于2005年，位于浙江海宁经济开发区，员工人数680人。是主要从事航空器精密钣金件及机加工的制造、结构件组装、钣金结构件和电子器件组装与测试的高端装备制造企业。产品覆盖航空内饰零部件、航空结构件、发动机及短舱零部件、航空管路管件、航空电子控制系统零部件。

海宁红狮宝盛科技有限公司被认定为国家高新技术企业、国家级专精特新“小巨人”、浙江省企业技术中心、浙江省企业研究院、浙江省高新技术企业研究开发中心、浙江省数字化车间、浙江省科技型中小企业、浙江省AA级“守合同重信用”企业、嘉兴市信用管理示范企业、嘉兴市绿色工厂。已取得AS9100D、CAAC-PMA证书、ISO9001、ISO14001、ISO45001、ISO50001认证，拥有48项自主研发设计的相关授权专利。同时7项航空制造特种工艺已通过NADCAP认证，分别为：焊接、非常规加工、热处理、无损检测、化学处理、材料检测实验室、首件检验。

海宁红狮宝盛科技有限公司占地面积80亩，厂房面积38000米^2，分别有钣金车间、机加工车间、发动机车间、焊接车间、表处车间、装配车间、材料检测实验室。

海宁红狮宝盛科技有限公司具有业内先进的航空数字化制造、精密钣金成形、橡皮囊成形、三维五轴激光切割、机器人焊接、五轴联动数控机加工、表面处理、热处理、装配等航空高精密零部件加工技术。拥有国外先进的橡皮囊成形机、五轴加工中心、磁悬浮高速光纤激光切割机、数控多工位冲床、数控伺服折弯机、表面处理生产线、热处理设备等航空高精密零部件加工设备300余台（套）。

客户主要分布在美国、欧洲、东南亚地区，主要客户有中国商飞、航空工业集团、中航客舱、美国柯林斯宇航、英国罗罗航空、英国美捷特、法国赛峰等。

二、生产经营情况

2023年，海宁红狮宝盛科技有限公司销售收入2.5亿元。

三、主要产品

应用于ARJ21、C919机型的产品：客舱内饰零部件、厨房系统零部件、行李架、照明系统零部件、航电系统零部件、航空座椅、航空打印机设备等。

应用于波音737、波音787和空客A320、A350、A380等机型的产品：航空内饰零部件（厨房系统、洗手间系统、座椅系统、氧气系统）、发动机结构件、航电零部件、航空管路管件。

四、产品开发与技术进步

海宁红狮宝盛科技有限公司每年加大科研投入，研发费用投入占比5%以上，开发了一系列国家级、省级高新技术产品，实现科技成果向生产力的转化。利用新技术、新工艺从研发和设计两个方面着手加强新产品开发，始终坚持“零缺陷、无止境”的原则，用品质打造一切。

海宁红狮宝盛科技有限公司具有发动机部件激光切割、薄板充液成形、薄板密闭容器环焊、铝合金微变形电阻焊、铝蜂窝板多层高温黏合、化学处理生产线控制，以及激光切割重铸层检测等多项关键核心技术，并达到国际先进水平。拥有6项发明专利，多项新产品开发被认定为浙江省级新产品，自主研发的“基于高精密成形技术复杂航空铝合金结构件研发”项目列入《2020年浙江省重点高新技术产品开发项目》。

中航复合材料有限责任公司

一、企业基本情况

中航复合材料有限责任公司于2010年6月17日注册成立，注册资本7.94亿元，是中航航空高科技股份有限公司的全资子公司。航空工业复材位于北京市顺义区航空产业园，占地546亩。现有职工300余人，其中工程技术人员106人，研发人员131人，博士研究生14人，硕士研究生154人。航空工业复材是集复合材料研发、生产、销售和服务于一体的专业化国家高新技术企业，在高性能树脂及预浸料技术、树脂基复合材料制造技术、先进检测技术等方面处于国内领先地位，拥有“复合材料检测技术中心”专业实验室（CNAS&DILAC国家级实验室资质认证），获得北京市企业技术中心、绿色复合材料北京市工程实验室认证，取得ISO9001质量管理体系、AS9100宇航管理体系证书等资质。

二、生产经营情况

2023年，航空工业复材共交付预浸料412万米^2，树脂63吨，芳纶纸蜂窝1579米^3，预成形蜂窝2260件，预浸料自产数量达393万米^2，较2022年增加87万米^2。全面完成年度生产任务，交付及时率超过97%，有力支撑航空装备批产和新产品研发的需要。全年实现营业收入45.15亿元，同比增长6.0%；实现利润总额12.67亿元，同比增长31.3%；实现经济附加值（EVA）10.16亿元，同比增长28.4%，实现了主要经营指标质的有效提升和量的合理增长。

三、主要产品

航空工业复材主要产品有树脂、预浸料、芳纶纸蜂窝、PMI泡沫材料体系、复合材料构件等，具备液态成形（RTM、VARI）、缠绕、模压等全套热压罐和非热压罐成形技术等众多复合材料制造工艺技术。拥有先进复合材料结构设计软件、全套设计工具和数据库支持，具备材料理化性能和力学性能检测、无损检测等自动化检测手段，为复合材料的设计和制造提供了强大技术支持。

四、产品开发与技术进步

（一）民机型号任务顺利推进

完成C929前机身筒段上壁板PPV研制，成为第一家完成C929大尺寸复合材料壁板结构PPV的供应商。完成3台份长江1000发动机零组件交付，助力型号首飞。完成某型发动机零组件交付及2台份整机装机，台架试车顺利完成。完成AG600全部材料设计许用值试验件、雷击防护试验件等生产交付。2023年累计交付各类民机产品523件，试验件16713件。

（二）民机构件研制能力全面提升

针对C929大尺寸机身壁板，攻克了自动铺丝、自动铺带、立体毛坯预成形、长桁整体胶结定位等多项关键技术，实现了大型宽体客机复合材料大部件研制里程碑式的突破。

（三）民机市场开拓取得新突破

首次争取到某型发动机短舱部件6个工作包。成功中标中国商飞C929项目窗框工作包。积极开拓民机业务，顺利进入中航西飞民用飞机有限责任公司合格供应商名录，国产T300级预浸料进入新舟700项目选材目录，AC313系列材料进入无人机选材目录。

五、国际经济技术合作

航空工业复材积极开展国际交流与合作，深入推进民机适航管理，通过美国质量评审协会Nadcap专业复审，完成相关项目RFP、RFI回复。接受欧洲空中客车公司TOPSCAN评审，为进入欧洲空中客车公司合格供应商名录奠定基础。

六、重大设施建设

先进航空预浸料生产能力提升项目于2022年7月开工，项目计划总投资43180万元。2023年完成投资额13299万元，累计完成投资额27267万元。项目工程建设部分基本完成，并已完成重要设备采购及合同签订，预计2024年可投入使用。

七、企业改革改制

（一）系统推进世界一流企业建设

搭建“1353”世界一流专业领军示范企业总体创建思路，多轮迭代实施方案，2023年29项任务举措全部完成。

（二）开展国企改革深化提升行动

采集204项重点量化指标，明确16个业务域、56项具体举措，着力破除深层次体制机制障碍。

（三）不断完善企业现代治理

滚动更新章程、权责清单和议事规则的“1+N”制度体系，完善董事会管理，发挥董事会专门委员会作用。加速推进“三能”改革、任期制和契约化管理，实现经理层成员和中层正职全覆盖；修订劳动合同管理办法，员工退出机制进一步明确。

（四）开展“管理增效”专项工作

集中力量解决各管理领域的堵点、难点问题，共形成“预浸料生产工艺标准化管理降低生产成本”“推进阿米巴经营模式，赋能蜂窝管理增效”“民机设计保证系统建设”等14个典型案例，切实提高管理效益和效能。

庆安集团有限公司

一、企业基本情况

庆安集团有限公司（简称庆安公司）创建于 1955 年，是国家“一五”计划中 156 项重点建设项目之一，是专业从事飞机作动系统、货运系统和制冷系统科研生产的大型企业，是中航机载系统股份有限公司的全资子公司。

庆安公司以机载作动技术和压缩机技术为核心，产品配套于国内各类飞行器及陆、海、天装备，并在国际航空转包生产业务中不断拓展。

庆安公司拥有民用航空产品发明专利 70 件，其中 2023 年民用航空产品发明专利授权数 15 件。

二、生产经营情况

2023 年，庆安公司民用航空实现收入 17157 万元，较 2022 年增长 4%；民用航空产品产值 18130 万元，较 2022 年增长 12%。此外，民用航空领域固定资产投资额 1408 万元，民用航空领域研究与试验发展经费支出 16279 万元。

三、主要产品

民用航空方面主要配套产品有高升力系统、货运系统、舱门作动系统、主飞控作动系统、发动机作动系统、发动机反推力系统，主要配套机型为 C919 飞机、新舟 700、AG600 及 ARJ21。

C919 飞机配套产品包括：高升力系统翼尖刹车、扭力杆及万向节组件、支承轴承以及 85 项零件制造，应急门作动器。

新舟 700 飞机配套产品包括：高升力系统、登机门平衡缓冲系统、侧开舱门平衡缓冲系统、飞行锁作动器、前起落架收放作动筒、前起落架下位锁作动筒、主起落架收放作动筒、主起落架下位锁作动筒、齿轮齿条转弯机构等。

AG600 飞机配套产品主要包括：襟翼控制系统、通舱左后舱门开闭系统和灭火任务控制分系统等。

AS700 飞艇配套产品主要包括：动力传动系统、推力矢量系统、飞行操纵系统。

ARJ21 飞机配套产品包括：货运系统、主货舱门作动系统。

四、产品开发与技术进步

1. C919 飞机

庆安公司作为 T2 级供应商为 C919 飞机配套研制高升力系统翼尖刹车装置、支持轴承、扭力杆组件等 3 项 LRU 及 80% 按图制造零件交付。2023 年，共交付 10 架机配套产品。

2. 新舟 700 飞机

庆安公司作为 T1 级供应商为新舟 700 飞机配套研制高升力系统、舱门作动系统、起落架收放作动筒、前轮转弯装置等六项工作包 12 型产品，60 项 LRU。2023 年，完成了高升力系统和起落架作动筒改进产品交付，并配合主机完成了试飞保障任务。

3. AG600 飞机

庆安公司为 AG600 飞机研制配套 3 个系统共计 65 项 LRU，1507 项零组件、外购件。2023 年，100% 开启了 MOC4/9 鉴定试验，完成了软硬件计划阶段适航审查，以及 4 架机（263 套产品）换装，全面支持了主机试飞任务完成。

4. AS700 飞艇

庆安公司为 AS700 载人飞艇研制配套了动力传动系统、推力矢量系统和飞行操纵系统。2023 年，完成了鉴定试验及软硬件适航审查，完成了随机 TC 取证。

5. ARJ21-700F 飞机

庆安公司与中国商飞积极开展 ARJ21 货机项目货运系统及主货舱门作动系统合作。

2023年，完成了2架机产品交付，并随机取证。

6. AC313A直升机

庆安公司为AC313A配套主桨助力器、前主桨助力器两型产品。2023年，完成1架机产品交付以及所有目击鉴定试验，保障主机高原试飞任务。

五、国际经济技术合作

庆安公司自1998年起，开始从事国外航空民机机载设备零组件的转包生产。20余年来，庆安公司已陆续与法国赛峰集团、美国凯旋公司、伊顿公司、柯林斯公司、穆格公司、伍德沃德公司等世界上主要民用航空企业开展了转包生产业务合作，为客户提供起落架系统、作动系统、货运系统、电源系统、机轮刹车系统用零组件及产品。在后疫情时代，随着国外主机市场需求逐步回升，供应链产能也逐步恢复，市场需求稳定增长，2023年庆安公司转包生产交付金额1581万美元。

六、重大设施建设

2023年，庆安公司通过技改项目实施，民用航空业务领域新增数控端面外圆磨床1台（套），用于轴类、筒体等精密零件外圆、端面的自动循环磨削加工，该设备已通过验收并交付使用，进一步增强了公司民用航空零件的机械加工能力。

浙江西子势必锐航空工业有限公司

一、企业基本情况

浙江西子势必锐航空工业有限公司（简称西子势必锐）是由西子联合控股集团和美国势必锐宇航系统公司于 2019 年 11 月合资成立的中外合资企业，其中中方控股 60%，外方控股 40%。公司位于浙江省杭州市钱塘区前进工业园区，一期占地 100 亩，已全部建成投产；二期厂房占地 100 亩，相关厂房设施均已建设完毕。另预留近 150 亩土地作为未来企业发展需要。西子势必锐现有员工 340 余人，其中教授级高工、高工、博士及硕士共计 10 余人，大专及以上人员 200 余人。

西子势必锐主要经营范围包含民用飞机部件生产、飞机零部件开发、技术支持及服务，是 C919 大飞机项目的一级机体结构供应商。目前稳定交付的产品包括 C919 飞机辅助动力装置（APU）舱门、应急发电机（RAT）舱门；A320 飞机前起落架舱、货舱门框、机翼翼肋；A220 飞机前起落架舱、驾驶舱地板樑、驾驶舱逃生门；德哈维兰宇航 Q400 飞机腹鳍及机头机翼零件等。西子势必锐始终以质量为中心，客户为导向，通过不断坚持与提升，已成为 A320 飞机和 A220 飞机等机型部分结构件的供应商。

通过不断的研究与开发，西子势必锐逐步提高航空制造能力，在铝合金加工、钛合金机加、无损探伤、表面处理、表面强化、热处理、钣金及装配等方面取得很大进步，购置了世界先进的技术设备，吸引了一批航空制造业领域的人才，建立健全符合航空制造要求的技术和质量体系，与世界航空优秀企业开展密切合作。

目前西子势必锐成为中国商飞 C919 机型机体结构的供应商，荣获“中国商飞 C919 首飞先进集体单位”，是浙江省航空航天万亩千亿产业平台的龙头骨干企业。

二、生产经营情况

西子势必锐 2021—2023 年营业收入增长率达到 54%，主营业务增长达到 55%，2023 年年产值达到 2.1 亿元，创历史新高。

2023 年，西子势必锐实现了 A320 飞机前起落架舱 1000 件交付。

三、主要产品

西子势必锐主要产品包括 A320 飞机前起落架舱部件、货舱门框部件、机翼翼肋；A220 飞机前起落架舱部件、地板梁部件、飞机逃生门部件；庞巴迪环球公务飞机前起落架舱部件，德哈维兰 DHCQ400 飞机腹鳍、金属散件；CRJ 飞机服务门；C919 飞机 APU 舱门、RAT 舱门。

四、产品开发和技术进步

西子势必锐通过不断的产业投入和研发投入，掌握了航空高速精密机加工艺，建设了得到空客批准的环保表面处理生产线，具有复杂飞机金属结构部件的装配能力，获得了欧洲空客、美国波音、加拿大庞巴迪、中国商飞、航空工业集团五大世界航空制造巨头的 344 项特种工艺资质认证，拥有 9 项发明专利和 25 项实用新型专利，有 10 项发明专利正在实质审查中，是空客 A320 机翼小肋的全球唯一供应商、A320 机翼大肋的中国总装线唯一供应商、空客 A220 飞机前起落架舱部件全球唯一供应商、波音 737 驾驶舱内饰件全球唯一供应商，其中 A220 飞机驾驶舱地板梁部件占有全球 2/3 市场份额、A320 飞机前起落架舱部件和前货架舱门框部件占有全球 1/3 市场份额。西子势必锐先后获得“国家级高新技术企业”“浙江省高端装备制造业骨干企业”“浙江省高成长科技型中小企业”“浙江省省级企业研究院”“杭州市市级专家工作站”“杭州市企业技术中心”“杭州市钱塘区首届政府质量奖”等荣誉，“浙江省产业链协同创新项目”“浙江省领雁科研攻关项目”“杭州市重大科技创新项目”等政府项目立项。

西子势必锐致力于国产飞机关键技术的攻关，承接了国产发动机短舱反推装置核心零部件研发任务。该研发项目得到了浙江省科技厅尖兵领雁重大科研攻关项目立项支持。西子势必锐企业研发中心被认定为浙江省省级企业研究院。

五、国际经济技术合作

2020 年 5 月，西子势必锐首次被评为欧洲空客公司的“挑战者供应商”，并于 2021 年 11 月和 2023 年 3 月连续两次评为“挑战者供应商”，2023 年 3 月，西子势必锐获得了空客的“可持续发展奖”。

江西洪都航空工业集团有限责任公司

一、企业基本情况

江西洪都航空工业集团有限责任公司为国有大型企业，是我国教练机、农林机和民机转包生产的重要基地，隶属中国航空工业集团有限公司。其前身为创建于 1935 年中意合建飞机制造厂，1951 年创建国营洪都机械厂，是新中国“一五”时期 156 项重点工程之一，也是我国航空工业奠基企业之一，是新中国第一架飞机诞生地。航空工业洪都集科研、生产和经营为一体，是国家级高新技术企业、国家企业技术中心，设有国家级博士后工作站，7 个省级创新平台，以及 4 个市级创新平台。

为了适应时代发展和能力提升需要，航空工业洪都在南昌高新区瑶湖建设南昌航空城，园区规划占地 75 千米^2，其中洪都科研生产区占地 6 千米^2。2019 年 8 月，总体搬迁并入驻南昌航空城，科研生产能力得到较大提高。

航空工业洪都拥有飞机总装脉动生产线、大飞机数字化生产线和数字化机加、钣金、复合材料等生产线，一大批先进的制造技术和管理创新平台支撑着“成为国际一流的飞行训练集成系统供应商”等战略目标的实现，民用航空产品多元发展的格局，鼓舞着航空工业洪都自信前行。

现有职工约 1 万人，本科及以上学历占比约 42%，博士、硕士研究生 900 余人。先后研制生产了教练机、农林机等多型号产品，并积极进入大飞机、民用产品领域，累计交付近 6000 架飞机，出口飞机 500 多架。已经成为我国教练机、农林机、其他航空产品主要研制基地和大飞机部件、智能装备、民用航空转包及民品研制重要基地。

航空工业洪都以融入世界航空产业链，融入区域发展经济圈为战略引领，大力开拓国际国内市场，目前是中国 C919 大飞机项目的主要供应商之一。获得中国商飞 2023 年度交付准时奖。

二、生产经营情况

2023 年，航空工业洪都民用航空收入 2.65 亿元。

三、主要产品

航空工业洪都主要民用航空业务是民用飞机研制和航空转包业务。民用飞机业务主要有 C919 飞机前机身和中后机身项目、C929 飞机中后机身项目复材壁板试验件、民用初教 6 飞机等。

（一）C919 项目

2023 年，航空工业洪都按中国商飞要求准时优质交付部段件 8 架份（00013 ~ 00020 架）。新签确认订单 94 架份，覆盖 2024 年和 2025 年交付需求。

（二）C929 项目

2023 年，航空工业洪都按照 2023 年 C929 项目年度联合研制工作计划，积极开展试验件研制。2023 年 10 月，决定自筹资金开展宽体客机中后机身壁板试验件能力提升，按照中国商飞 CPS 技术规范开展 3 米 ×2 米（2 件），8 米 ×4 米（2 件），15 米 ×2 米（1 件）双曲壁板试验件研制，并进行设备鉴定和相关工艺鉴定。1/4 英寸的铺丝料获批出口许可证。

2023 年 12 月，策划并实施预浸料采购方案；编制并发布了《宽体客机中后机身壁板研制能力提升实施方案》；完成了相关人员培训、组织了相关试验件工装的配套工作。

（三）民用初教 6 飞机

2023 年，航空工业洪都联合瑶湖基地积极支持推动民用初教 6 飞机的专业化市场应用场景建设。2023 年 3 月，与瑶湖基地签署 1 架机租赁合同，并于2023年5月通过中国民用航空局的批准，由民航江西监管局对航空工业洪都的首架民用初教6飞机进行颁证前适航检查，并签发取得首架单机标准适航证（AC），标志着民用初教6飞机自取得生产许可证（PC）后首次投入民用通航市场运行。2023年9月，组织策划了民用初教6飞机取得标准适航证后首飞活动，高调宣布初教6挺进民航市场。2023年12月，与江西北斗数据中心有限公司签署了4架机的销售合同。

（四）民机试飞

2023年，先后累计有5架C919、55架ARJ21-700飞机在瑶湖机场开展试验试飞及维修改装等相关工作。瑶湖机场圆满保障了C919、ARJ21-700两型飞机四个状态（科研试飞、改装试飞、交付试飞、航班运营）407架次的试飞训练调机等任务。协同保障完成了TAWS审定试飞、尾锥测振试飞、国产卫通试飞、自动调参审定试飞、软件优化审定试飞、电磁兼容试飞等科研试飞试验任务。航空工业洪都开拓保障航空公司飞行训练新业务。2023年12月，厦门航空波音737-8MAX型飞机平稳降落跑道，航空工业洪都瑶湖机场迎来首个航空公司本场训练飞行。

四、重大设施建设

2023年对零件制造相关的10项设备进行了技改（含蒙皮镜像铣设备等），对大部件装配的产线进行了第二条装配线投入，投资金额约2.295亿元。

中国航发北京航科发动机控制系统科技有限公司

一、企业基本情况

中国航发北京航科发动机控制系统科技有限公司（简称中国航发北京航科）成立于1969年，是上市公司航发控制的全资子公司，是国家级高新技术企业、北京市企业技术中心。主要承担涡轴/涡桨发动机、飞机辅助动力装置燃油控制系统、涡扇发动机尾喷口油源泵及其控制附件的设计、建模仿真、生产及服务。在涡轴/涡桨/涡扇发动机、辅助动力装置的燃油控制系统设计制造（含计量检测）和试验方面积累了丰富的经验。

公司总资产26.85亿元，在册人员1201人，共有职能部门11个、科研部门3个、车间9个，设有一家控股子公司——北京力威尔航空精密机械有限公司（简称力威尔公司），是集民用航空发动机配件研发、制造、销售为一体的国家高新技术企业和北京市“专精特新”中小企业，专业生产发动机摇臂、发动机结构件及旋转件等产品。

二、生产经营情况

2023年，中国航发北京航科实现航空民品及出口转包收入约1.29亿元，同比增长15.18%。

三、主要产品

中国航发北京航科及子公司正在生产的民用航空发动机产品主要有发动机燃油泵及发动机摇臂件类、精密件类、结构件类、旋转件类、支撑座类产品。其中，所属力威尔公司在成立初期产品以摇臂类为主，至今已具备24年加工摇臂产品经验；从2016年开始逐步实现产品转型升级，由摇臂类产品向支架类、套件类、回转件类等专业化、多元化产品方向发展，主要国际客户有赛峰公司、罗罗公司、GE航空航天。

四、产品开发与技术进步

（一）产品开发

2023年，中国航发北京航科积极参与1000千瓦级民用涡轴发动机、5000千瓦级民用涡桨发动机工程验证机、AEP100中小功率涡桨发动机、长江1000A发动机以及涡轴16发动机等项目的科研生产工作，产品类型涵盖燃油分配装置、燃油调节器、燃油电控调节器、燃油齿轮泵等，涉及产品型号共计21型。

（二）技术进步

2023年，中国航发北京航科持续围绕频域特性设计、振动特性设计、仿真技术等20项核心竞争能力项目开展技术攻关，不断提升公司整体技术能力。涡桨发动机无级电控调节器完成研制。20000千克/时量级13兆帕的大流量高压商用航空发动机燃油系统完成设计，具备了研制宽体客机发动机燃油控制系统附件的能力。2023年，中国航发北京航科获中国航发科技进步奖2项、中国航空学会科学技术进步奖三等奖1项。

五、国际经济技术合作

2023年，中国航发北京航科稳步推进国际合作，与赛峰公司、GE航空航天等国际用户持续保持深度合作关系，并开发了新客户美国柯林斯宇航公司。

六、重大设施建设

2023年，中国航发北京航科通过新增精密车削中心、RFB-29燃油分配器性能试验台，补充了RFB-29燃油分配器活门偶件精密加工能力，以及该分配器关键调试试验和验证试验能力，为我国民用航空发动机研制提供了有力保障。

七、企业改革改制

2023年，中国航发北京航科研究制订了改革深化提升行动实施方案，明确了今后三年改革任务，共计7个类别、26个改革领域、63项改革任务、137项改革举措。截至2023年底，已完成45项改革举措，总体完成率33%。

中国航发南方工业有限公司

一、企业基本情况

中国航发南方工业有限公司（简称中国航发南方）始建于 1951 年，是国家“一五”期间 156 个重点建设项目之一、国家首批试点的 57 家企业之一、国内早期六大航空企业之一。位于湖南省株洲市芦淞区，占地面积 173 万米^2，总资产 205.52 亿元，在册人员 6558 人，下设 21 个机关业务部门、17 个直属生产中心，拥有 1 个分公司、6 个子公司。

中国航发南方是我国中小航空发动机研制生产基地，主要研制生产航空发动机、航空转包生产、燃气轮机、光机电等产品。公司坚持航空为本、创新驱动、开放合作的思路，坚定不移走自主发展的产业化、市场化、国际化道路，全力发展领先的核心技术体系，致力成为世界一流的中小航空发动机供应商。

二、生产经营情况

2023 年，中国航发南方实现航空民品收入 1.47 亿元，同比增长 40%。

三、主要产品

中国航发南方已适航取证的民用航空产品主要有涡轴 8A/D、涡桨 6、活塞 9 等，在研产品主要有 5000 千瓦 /4000 千瓦级民用涡桨发动机（AEP500/400）、1000 千瓦级民用涡轴发动机（AES100）、1000 千瓦级民用涡桨系列发动机（AEP100 系列）。

四、产品开发与技术进步

（一）产品开发

2023 年，中国航发南方稳步推进各型发动机研制，完成了 1000 千瓦级民用涡轴发动机适航取证试验用发动机制造交付，工业化鉴定、特种工艺鉴定等适航验证工作 100% 通过，递交型号生产许可证（PC）申请并获得受理，积极推进交付先锋用户用发动机试制。为满足中型客货运涡桨飞机、救援 / 灭火特种飞机等平台动力需求，加速推进 5000 千瓦级工程验证机及 4000 千瓦级民用涡桨发动机型号验证工作，分别实现首台工程验证机制造交付和性能达标、首台整机试制交付和性能达标。围绕 3 ~ 10 吨级无人货运机、6 吨级多用途通用飞机等平台对动力装置的需求，推进 1000 千瓦级民用涡桨发动机研制，完成两台整机试制交付。

（二）技术进步

2023 年，中国航发南方在型号研制方面，围绕技术成功、适航成功、商业成功的总目标，先后完成了 6 项关键技术的技术成熟度提升工作，突破了涡轮包容试验用过渡段旋压组合及钎焊工艺。在适航方面，全年完成 24 项整机、39 项部件 / 系统制造符合性检查，中国民用航空局目录检查项目 100% 通过，整机结冰适航试验取得重大突破。

五、国际经济技术合作

2023 年，中国航发南方积极推动国际经济技术合作，与赛峰直升机发动机公司合作解决多个技术问题。进一步加大转包业务开拓力度，与普惠、霍尼韦尔公司等国际知名航空发动机企业建立长期稳定的战略合作关系。

六、企业改革改制

2023 年，中国航发南方持续健全中国特色现代企业制度，按照中国航发统筹部署组建了第一届董事会，搭建了党委会、股东会、董事会、监事和经理层的治理机构，形成了“权责法定、权责透明、协调运转、有效制衡”的公司治理机制。公司及控股子企业全部实现董事会应建尽建、外部董事占多数。

中国航发贵州红林航空动力控制科技有限公司

一、企业基本情况

中国航发贵州红林航空动力控制科技有限公司（简称中国航发红林）创建于1966年10月。2000年3月，改制为国有独资公司，即贵州红林机械有限公司；2009年以整体资产注入中航动控。公司位于贵州省贵阳市经济技术开发区，占地面积468亩，总资产37.36亿元，从业人员2000余人。下设管理部门14个，技术部门2个，3个生产分厂、1个辅助分厂、5个事业部（4个产品事业部、1个辅助事业部）。

中国航发红林先后通过了AS9100、ISO140001、ISO180001体系认证以及38项特种工艺标准的NADCAP、波音及第三方的认证，并成为亚洲唯一一家波音批准的可加工440℃材料热处理的供应商。目前，与CAP、伍德沃德、柯林斯、凯旋、霍尼韦尔、穆格、艾维欧、伊顿等公司签订了长期合作协议，建立了战略合作伙伴关系，公司产品出口至美国、法国、英国、意大利等诸多国家。先后获得CAP公司“质量保障突出贡献奖”，柯林斯公司供应商十强、“完美交付”和霍尼韦尔公司“最佳交付”奖等荣誉，客户满意度逐年提升。

二、生产经营情况

2023年，中国航发红林实现出口转包收入1.5亿元，同比增长44.79%。

三、主要产品

中国航发红林航空转包业务以民用飞机控制系统、液压滑阀组件、活塞、作动系统零组件壳体、精密异形零件为主，产品主要包括空客A320、A330、A380和波音737、波音787等商务飞机配套零部件或组件产品，市场占有率高，订单相对稳定。

四、产品开发与技术进步

（一）产品开发情况

2023年，中国航发红林持续加快国内市场开发，与航空工业自控所在滑阀、作动器、壳体项目上建立合作业务；与航空工业南京机电建立业务合作关系，完成滑阀项目的开发，并顺利通过质量体系审核和验收；与中国航发西控科技建立业务合作关系，完成了轴类和精密结构项目的开发。

（二）技术进步

2023年，中国航发红林将战略管理、精益6西格玛、看板管理、拉动管理、生产预案、风险管理，以及网络计划等先进的管理方法应用于日常生产管理中，以活塞生产现场数字化转型“最后一公里”建设为试点，进行精益生产优化和信息化建设，CAPP计算机辅助工艺设计管理系统正式投入运行，完成与滑阀事业部经营管理系统的集成，逐步实现工艺文件、工装数据、过程控制计划等无纸化办公。

五、国际经济技术合作

2023年，中国航发红林与柯林斯、霍尼韦尔、伍德沃德、凯旋、穆格、伊顿等公司保持密切合作关系，业务合作持续深入，全年转包航空业务同比增加33%。

六、重大设施建设

2023年，中国航发红林新增加工中心、磨床、清洗机等工艺设备，为进一步提升零件加工精度、提高产品外观质量提供了保障。

七、企业改革改制

2023 年，中国航发红林着力深化改革，持续开展改革深化提升行动、价值创造行动及品牌引领行动等对标世界一流管理提升行动，高质量完成“十四五”规划中期评估，完成董事会建设，成功召开第一届董事会第一次会议。

无锡透平叶片有限公司

一、企业基本情况

无锡透平叶片有限公司始建于1979年，是上海电气集团旗下上海集优机械有限公司的全资子公司，主导产业聚焦航空、能源装备领域，主要为航空发动机、飞机、重型燃气轮机、舰船动力、核电汽轮机、清洁火电汽轮机等国家重大装备研制和生产各类叶片、盘轴件、高性能结构件、高温涡轮叶片等关键核心部件。

无锡透平叶片有限公司位于无锡惠山经济开发区，占地面积23万米^2，现有正式员工约800人，技术人员占比30%，建有国家认定企业技术中心、江苏省企业院士工作站、国家认定博士后科研工作站等重大研发载体，先后承担和参与国家科技重大专项18项，省级重点科技项目20项，获得国家科技进步奖1项、省部级科技奖18项。3次承担“江苏省重大科技成果转换项目”，获评制造业单项冠军示范企业、工业强基“一条龙”应用示范企业、装备中国功勋企业、国家高新技术企业、全国科技创新先进企业、江苏省质量标杆等称号。入选中央电视台《大国重器》之“制造强国”选集和《五年规划》之“工业强国”选集。

二、生产经营情况

2023年实现营业收入13.27亿元，净利润1.16亿元，工业总产值14.34亿元，工业增加值4.44亿元，交付民用航空发动机零部件1.34亿元，其中出口1.34亿元。

2023年航空业务占比达到50%，加上燃气轮机后的“两机”业务占比70%。产业结构呈现高端化、多元化、均衡化的良好发展趋势。

三、主要产品

无锡透平叶片有限公司航空业务主导产品覆盖航空发动机各类叶片、盘轴、结构件等关键部件，产品材料涉及钛合金、高温合金、铝合金和特种钢。

四、产品开发与技术进步

在锻造技术方面，通过GH4169航空材料国产化应用研究，具备了国产材料用于制造发动机盘锻件的能力；通过近αTC1锻件工艺研究，形成TC1钛合金热加工图和退火强化析出峰值；通过GH4169合金模锻件开裂影响因素和机理研究，掌握了开裂影响因素和分析方法、GH4169开裂工艺边界等。

在加工技术方面，研制了3D打印空心支板、流量调节阀、三涵道筒体三类产品的机加工工艺；通过压气机叶片自适应加工技术研究，实现了叶片在线检测最佳拟合后自动补偿加工的能力；通过钛合金框梁加工工艺技术研究，掌握了钛合金结构件的机加工能力。

在特种工艺方面，开发了小对壁距离电火花打孔工艺，解决最小0.4毫米对壁距离下无损伤问题；首次实现大厚度叶片进气边内背弧单道次激光完全硬化；首次开创钛合金汽轮机叶片防水蚀耐磨层堆焊技术；采用氩弧焊修复方法，开展了In625修复等轴高温合金涡轮叶片缺陷修复研究，修复部位的组织结构良好，积累In625修复等轴高温合金堆焊相关数据及加工经验等。

无锡航亚科技股份有限公司

一、企业基本情况

无锡航亚科技股份有限公司（简称航亚科技）创建于 2013 年，是一家专注于航空发动机关键零部件及医疗骨科植入锻件研发、生产及销售的高新技术企业。航亚科技位于无锡市新吴区，注册资本 2.5838 亿元。

航亚科技现有员工总数 450 人，其中：博士学位 1 人，硕士学位 19 人，本科 109 人，专职研发人员 74 人，一线工人 259 人。航亚科技技术中心获得江苏省航空发动机关键零部件工程技术研究中心、江苏省企业技术中心、江苏省工程研究中心、CNAS 实验室等资质。

二、生产经营情况

2023 年，航亚科技主营业务收入 5.27 亿元，销售收入 5.27 亿元，工业总产值 5.1 亿元，工业增加值 2.4 亿元，利润总额 1.06 亿元，净利润 9652 万元。

三、主要产品

航空发动机压气机叶片、转动件及结构件（整体叶盘、涡轮盘、机匣等）研发、制造和服务。

四、产品开发与技术进步

航亚科技持续提升在压气机叶片（精锻技术）、整体叶盘、机匣及盘环组件四大类航空发动机关键零部件领域的专业制造能力，重点围绕精锻叶片专业化制造、整体叶盘精密加工、大型薄壁类零件变形控制、盘环转子榫槽拉削和焊接加工技术，以及特种复合加工技术进行研究。

在压气机叶片方面，在现有精锻模具逆向设计及逆向制造技术、前后缘自适应抛磨技术、难变形材料形变热处理技术、表面完整性控制技术基础上完成数值模拟技术、快速换型技术、高速切削技术，以及自动化智能制造技术的开发。

在整体叶盘方面，在现有分层复合铣技术、双面喷丸强化技术基础上逐步完成复杂盘体高效复杂加工技术的研发。

在机匣方面，在现有薄壁变形控制技术基础上完成大规格环形复杂机匣以及对开机匣加工技术研发。

在盘环组件方面，在现有榫槽精密加工技术、半封闭深型腔车削技术、鼓筒组合加工技术基础上完成复杂一体结构件的复杂加工技术的开发。

五、国际经济技术合作

航空发动机业务方面，产品已批量应用于国际主流民用航空发动机，并逐步成为赛峰集团、GE 航空、中国航发集团等客户重要供应商之一。目前在研和已实现批产的发动机零部件产品共涉及国内外近 50 个发动机型号，约 350 个发动机关键零件号。2023 年出口销售额 2.79 亿元。

六、重大设施建设

航亚科技三期建设，宗地面积 5.8 万米 ^{2}，建筑面积 2.9 万米 ^{2}。建设周期 2022 年 5 月至 2023 年 5 月，主要用于航空发动机关键零部件的生产。2023 年投资 2.17 亿元。

安徽应流航空科技有限公司

一、企业基本情况

安徽应流航空科技有限公司成立于2016年6月，注册资本13亿元。主要从事中小型航空动力、重载无人直升机和特种航空地面装备研发生产，是该领域关键技术研发和重要生产基地。2023年末总资产19.76亿元，员工总数228人，其中技术人员125人。

六安应流航空产业园由安徽应流集团投资、安徽应流航空科技有限公司建设运营，规划占地面积1530亩，一期总投资40亿元，规划建设航空发动机以及混合动力系统、有人和无人直升机、地面装备等生产和试验设施，配套建设质量中心、研发中心、专家中心和职工宿舍以及动力站房等设施，已建成建筑面积28万米^2。六安应流航空产业园以应流集团热部件优势为基础，以中小型涡轴发动机为牵引，通过资源整合和产业链协同，重点发展航空发动机研发设计和装配制造、无人/有人直升机整机研发设计和装配制造、航空地面装备设计和制造等。

二、生产经营情况

安徽应流航空科技有限公司现阶段主要从事小微型涡轴航空发动机、无人直升机、航空地面装备研发。2023年实现销售收入3459万元，研发投入3044万元。

三、主要产品

安徽应流航空科技有限公司主要产品为1000千瓦以下涡轴发动机及混合动力系统、大载重无人直升机、轻型直升机等。

四、产品开发与技术进步

发动机动力板块，完成开发并投产100千瓦、150千瓦、300千瓦型涡轴发动机，累计完成79台总装、交付。正在开发3型发动机、1型混合动力系统、1型高原增程车：440千瓦发动机完成设计，570千瓦发动机工程样机正在试制配套，计划2024年底完成首台装配和试车；170千瓦发动机已经完成试车台试验，正在进行装机前考核验证；200千瓦混合动力系统正在进行详细设计；高原增程全电载重卡车先后完成原理样车、工程样车青藏高原高海拔、长时间路试，计划2024年验收。

飞行器板块，按照“无人化、大载重、高原高寒”的产品方向，已完成起飞重量270千克、1000千克无人直升机开发；起飞重量600千克无人机已完成2千米高空试飞和高高原4500～6500米试飞验证，计划2024年6月底完成研发和产品鉴定；起飞重量1100千克无人机正在进行工程样机试制，计划2024年第二季度完成试制，并进行验证试飞；起飞重量3吨无人机完成分系统设计评审，工程样机试制已经开始，计划2024年第三季度完成工程样机制造，并开始验证试飞。

五、国际经济技术合作

安徽应流航空科技有限公司投资3200万欧元，引进德国SBM发展公司两款涡轴发动机和两款直升机，拥有100%知识产权，后收购其100%股权，作为对接欧洲先进设计和制造技术的研究开发平台。

贵州航宇科技发展股份有限公司

一、企业基本情况

贵州航宇科技发展股份有限公司（简称航宇科技）成立于2006年9月，注册资金14731万元，是贵州省首家科创板上市企业，位于贵州省贵阳国家高新区，是一家专门从事先进锻压技术应用研究与工程化应用研究的国家高新技术企业，产品应用于国内外航空发动机、燃气轮机、新能源等高端装备领域。

十余年来，航宇科技通过“产学研＋自主创新”，不断完善和优化研发体系、搭建多层次研发平台，持续提升企业研发实力，企业的核心竞争力不断增强。航宇科技从一家规模较小的民营企业逐步发展成为国内航空锻造领域的骨干企业，成为了国产大飞机长江系列发动机环锻件核心研制单位，并且成为了全球民用航空发动机前五大制造商美国GE、英国罗罗、美国普惠、法国赛峰、美国霍尼韦尔在亚太地区的核心供应商。航宇科技先后荣获国家高新技术企业、贵州省首批创新型领军企业、国家技术创新示范企业、博士工作站、国家级企业技术中心、国家知识产权优势企业、全国工业品牌培育示范企业、国家级智能制造试点示范企业、国家首批专精特新“小巨人”企业、第七批制造业单项冠军产品——民用航空发动机机匣等荣誉。

二、生产经营情况

2023年，航宇科技实现产值21.30亿元，同比增长40.65%；实现销售收入21.15亿元，同比增长45.47%；实现利润2.03亿元，同比增长1.89%；2023年总资产30.26亿元，同比增长1.27%。其中，2023年民用航空发动机零部件产品产值6.79亿元，同比增长176.31%；民用航空产品收入6.48亿元，同比增长83.45%；民用航空产品出口5.75亿元，同比增长94.52%。

三、主要产品

航宇科技主要面向航空、航天、新能源、轨道交通、高端工程机械、石油化工领域，提供各种金属材料的环形锻件、自由锻件。为美国GE、英国罗罗、美国普惠、法国赛峰、美国霍尼韦尔、中国航发商发等提供LEAP系列、长江系列等各类民用航空发动机用机匣环锻件。

四、产品开发与技术进步

航宇科技自成立以来，持续保持较大的研发投入，围绕国家重大高端装备，瞄准全球行业技术发展方向，聚焦影响高端装备制造的关键性、前瞻性的技术开展技术创新。十余年来，公司研发投入占营业收入6%以上，远高于行业平均水平。

近年来，航宇科技结合自身技术积淀，投入大量资金搭建了新材料应用研究平台、近净成形技术应用研究平台、数字化制造过程控制研究平台、民用航空发动机锻件集成制造技术研究平台四大研发平台。依托上述技术创新平台研发成功了十大系列核心技术，并在我国航空发动机多个型号上得以应用。

2023年民用航空产品研发投入2069.88万元，申请发明专利19项，同比增长171.43%；实用新型专利18项，同比增长200%。并新增授权发明专利8项，实用新型专利7项。截至2023年底，先后获授权有效发明专利69件（其中国际发明专利2件），实用新型专利34件；主持编制了国家标准3项、行业标准1项，参与国家标准编制8项、团体标准8项。

五、国际经济技术合作

经过十余年发展，航宇科技已全面融入全球商用航空发动机制造产业链，成为美国GE、英国罗罗、美国普惠、法国赛峰、美国霍尼韦尔全球民用航空发动机制造商在亚太区的核心供应商，分别签订了主流窄体、宽体客机新一代发动机用环形锻件5～10年的长期协议，目前在手订单5.38亿美元。

六、重大设施建设

2022年，航宇科技启动了“航空发动机、燃气轮机用精密环锻件柔性智能制造产业园建设项目”。项目总投资12亿元，2023年新增150亩用于该项目建设用地，目前已完成平场、用地规划许可证及建设工程规划许可证、规划设计等手续办理及审批。

七、企业改革改制

2023年，航宇科技在美国注册公司AviTec Dynamic Co.，Ltd，用于国际民用航空市场开拓、原材料采购及售后服务工作。

四川高龙机械有限公司

一、企业基本情况

四川高龙机械有限公司（简称高龙公司）是一家从事民用航空航天精密零部件制造的外商独资企业，成立于1999年8月，注册资金2026万美元。2000年7月，高龙公司为响应国家西部大开发战略，积极配合政府的号召，成为首家入驻四川成都出口加工区的外商独资企业。

高龙公司现有厂房面积6000多米^2，室内设有自然采光带、全中央空调、环氧地坪，拥有各类型生产加工及检测设备260台，包括：Mazak、Okwma五轴加工中心，LG Mazak、DMG、Quaser四轴加工中心，LG Mazak、Hardinge数控车床，Sodick电火花加工机床等；检验、计量设备包括海克斯康三坐标设备9台，三丰圆度仪、粗糙度仪、万豪投影仪、新天测长仪、万工显等。

高龙公司2007年被评定为高新技术企业，2014年被认定为成都市高端装备制造企业。高龙公司拥有先进的管理体系和现代化的精密设备及质量检测技术，持续保持AS9100质量管理体系认证和NADCAP认证。拥有一支由国内外尖端民用飞机发动机燃油和液压系统资深专家组成的技术团队，具有强大的技术优势。高龙公司现有近400名训练有素的技术工人，其中有7名员工获得“高新工匠”荣誉称号。

二、生产经营情况

高龙公司2023年进出口总额达4400多万美元；年营业收入1.95亿元，利润总额3078万元，上缴税费955万元。

高龙公司同中航工业西安飞行自动控制研究所展开了民用航空零部件加工的合作业务。2023年签订了包括5架次AG600和25架次国产大飞机（C919）飞控系统零部件的加工制造合同，总金额达1000余万元人民币。

三、主要产品

高龙公司主要产品包括：民用航空飞机喷气发动机燃油系统零部件、液压系统零部件、飞控系统零部件，以及地面大型火力发电机组的零部件加工。目前研发和加工的零部件已逾千种，产品100%出口美国，主要用于装备波音707/717/727/737/747/757/767/777/787全系列及空客A300、A340、A380等系列民用客机的发动机。

四、产品开发与技术进步

高龙公司一直重视新产品开发和新技术研发投入，2014年成立了以高级工程师杨宏刚命名的“杨宏刚创新工作室”。在消化吸收国内外先进、成熟、可靠技术的基础上，进行自主创新，开发并研制具有自主知识产权的新产品和新工艺技术，为生产加工提供有力支撑。高龙公司现有实用新型专利14项，发明专利1项。最近5年来，每年的研发投入均在500万元以上。2023年，高龙公司投入研发资金1024万元，开发项目包括民用飞机发动机燃油系统零部件加工研制、民用飞机飞控系统零部件加工研制、国产C919飞控系统壳体类零件加工研制等，新产品产值达到2700万元以上。

五、国际经济技术合作

高龙公司主要客户为美国派克航空航天公司、美国GE公司、斯伦贝谢、英国罗罗公司、德国BMW、ABB等国际知名公司。作为美国派克航空航天公司的直接供货制造商，高龙公司20余年来一直同派克公司保持良好合作关系，受到派克公司高层的高度赞誉，并连年被评为派克公司全球最佳供应商。

六、重大设施建设

为提高核心竞争力，进一步开拓国内民用航空零部件制造市场，尽快适应市场需求，高龙公司正在筹建金属表面处理特种工艺加工基地和金属焊接处理加工基地，以便承接和拓展国内民用航空零部件加工制造的业务市场，更好地满足 C919 飞机零部件制造需求。

七、企业改革改制

高龙公司成立了成都登高能赋机械有限公司，专门承接国内民用航空零部件加工制造业务。2023 年成都登高能赋机械有限公司实现产值 1100 万元。

航空工业西安飞行自动控制研究所

一、企业基本情况

中国航空工业集团有限公司西安飞行自动控制研究所建于1960年，现有职工4000余人，是我国航空工业控制、导航与制导（GNC）的技术研发中心，集产品设计、开发、生产、服务于一体。在飞控技术领域，先后研制了自动驾驶仪、增稳系统、控制增稳系统、模拟电传、数字电传飞控系统，形成我国各类飞机数十种不同功能的飞行控制系统；在惯性技术领域，先后研制出液浮陀螺和基于液浮陀螺的惯导系统、挠性平台惯导系统、挠性陀螺捷联系统、激光陀螺及激光捷联惯导系统等产品，广泛应用于航空、航天等领域。近年来多项民机型号、科研项目同步开展，形成了涵盖干线、支线和通航领域的谱系化产品结构。

二、生产经营情况

2023年，自控所实现民用航空收入8802万元，同比增长20.43%。

三、主要产品

自控所民机业务主要涉及AG600、AC系列直升机，以及C919批产等项目。

AG600项目围绕技术状态冻结、四机试飞、鉴定试验、软硬件适航四大主线，全年适航审查110余次，全机首个A级软件进入SOI#2，部件及系统鉴定试验工作居机载前列。

AC313A支持局方和主机完成软件SOI#1审查，AC332配合主机完成首飞、调整试飞，完成产品交付。

C919已交付三架航线运营，建成以“合规”为主旨的民机生产体系。

四、产品开发与技术进步

（一）民机研发体系建设

成立所级民机研发体系团队，重点围绕系统、电子硬件、软件、液压机电类产品，从设计规范、过程保证、构型、适航管理等十大板块内容推进体系建设。旨在建立满足ARP4754A、Do-178、Do-254、Do-160G等适航标准要求下的民机正向研发体系。

组织制定民机件号管理办法，在C919批产项目中应用和试行了民机件号，严格控制产品状态变更，产品技术状态更加清晰；针对批产阶段的图样、工艺、供应商、标准规范更改，制定并发布了《C919飞控系统批产阶段更改控制暂行管理办法》，开展了基线确认、供应商清单建立等工作。

（二）民机批产体系建设

锚定C919批产交付，打造民机合规生产流程。梳理需求、制定策略、优化流程，补充、新建多项管理措施，建立了民机批产体系和管控模式，严格技术状态控制和图样、工艺、供应商、标准规范更改；重构现有信息系统并独立部署，初步形成“研发＋生产”的民机信息化体系，实现过程管控闭环，支撑民机生产合规开展。

重新梳理建立C919生产供应链，制定采购和供应商策略，持续完善C919批产采购供应体系，强化供应链管控，推动供应商结构更加优化、任务分布更加合理、供应质量更加稳定；制定相关举措保证民机产品合同履约率，保证产品交付进度和周期等，基本建立了较为稳定的供应体系。

（三）民机适航质量

适航能力提升方面，结合项目充分开展适航能力提升工作规划，持续推动适航团队建设和人员培养，并顺利通过集团适航管理体系审核。针对 AG600、AC313A、AC332 等项目，完成局方 / 主机各级适航审查 200 余次，获得 2 项 CTSOA 证书。在实践中通过自查、预查，整体适航工作效能大幅提升。

适航体系建设方面，全面推进适航管理及设计保证系统体系建设，持续完善适航管理相关文件，完成二级—三级—四级程序文件编制审签，编制了《CTSOA 产品证后设计更改管理程序》及软硬件设计过程控制文件，修订了《适航管理手册》《民用航空产品适航取证管理程序》《制造符合性检查管理程序》等文件，形成较为完整的硬件、软件研制流程和规范。

适航组织架构方面，持续完善民机质量组织架构，自控所成立了民机适航质量室，建立健全了民机适航团队，并持续开展适航培训合计 50 余次。

民机质量工作方面，通过聚焦流程规范、过程合规、加强管控，提升实物和过程质量，短期减少质量损失，长期获得效益提升。以 C919 批产为例，将 C919 批产质量要求梳理成册，加强培训宣贯与运行监督；并针对 C919 批产重新进行首件样件审查，确保生产合规。

五、企业改革改制

沪陕协同，加速团队成长。建立沪陕网络信息互通，加强人员深度融合，明确各单位任务分工，形成人员、活动和环境的统一管理，拉通从系统到部件研发流程、工具和方法的一致性，加快团队成长速度，大幅提高工作效率。同时，发挥上海飞控分中心人才“码头”作用，更好地吸引成熟人才，逐步开展社会化高端人才招聘，为 GNC 民机业务快速发展提供了资源保证。

场地融合，提升研发效能。为了解决场地资源受限等问题，提高管理、研发效率，加强人员沟通，确保民机各项工作高质量协同开展，自控所民机部牵头组织相关事业部策划搬迁。同时，预留与上海分中心集中办公场地，开展联合办公，促进人员共享，实现共赢。

北京飞机维修工程有限公司

一、企业基本情况

北京飞机维修工程有限公司（简称 Ameco）是中国国际航空股份有限公司和德国汉莎航空公司（简称汉莎）于 1989 年合资建立的飞机维修企业。2015 年 6 月，经过股东双方对 Ameco 股权的重组，原 Ameco 与原国航工程技术分公司资源整合组成新的北京飞机维修工程有限公司，由国航和汉莎合资经营，其中，国航持股 75%，汉莎持股 25%。

Ameco 总部设在北京，下辖华北航线中心、成都分公司、西南航线中心、飞机大修产品事业部、附件 / 起落架大修产品事业部、发动机 / APU 大修产品事业部、飞机客舱产品事业部 7 个事业部，17 个运行和管理支持部门，以及重庆、杭州、天津、呼和浩特、上海、武汉、贵阳、大连、广州、温州等航线分公司。拥有 200 多个国内维修站点和国际维修站点，形成了辐射国内外的维修服务网络。

Ameco 持有中国民用航空局（CAAC）、美国联邦航空局（FAA）、欧洲航空安全局（EASA）等在内的近 30 个国家或地区颁发的维修执照，是中国民用航空局授权的民用航空器改装设计委任单位代表（DMDOR），并获得 EASA 设计机构批准。

Ameco 主要机库设施分布在北京和成都两地。在北京首都国际机场建有一座 A380 四机位飞机维修机库、一座波音 747 四机位飞机大修机库、一座波音 747 一机位飞机大修 / 喷漆一体机库，满足目前市场上全部干线运营机型各个维修级别的停场维修需求，另外还拥有一座公务机专用维修和改装机库。在成都双流国际机场建有一座波音 757 三机位飞机大修机库、一座 A321 三机位飞机大修和 A330 一机位飞机大修 / 喷漆一体机库、一座 A330 双机位飞机维修机库；在成都天府国际机场有一座 A330 双机位飞机维修机库，可满足 A350-900，A330 及以下各机型各个维修级别的停场维修需求。此外，Ameco 在重庆、杭州、天津、呼和浩特各有一座维修机库，满足波音 737NG 系列及空客 A320 系列飞机入库维修的需要。

Ameco 有 11000 余名员工，除确保股东国航全部机队的正常运营外，还为百余家国内外用户提供维修服务。Ameco 注重科技创新工作，上百项科技研发项目先后获得国家或中国民用航空局的科技奖。

二、生产经营情况

2023 年，Ameco 实现产值 108.96 亿元，比 2022 年度增加 39.94 亿元，增幅 58%，税前利润为 3.81 亿元，实现了连续三年亏损以来的首次扭亏。产值和税前利润较 2022 年同期均有较大幅度增加。

三、主要产品

Ameco 可为航空公司提供机队包修服务，以及航线维护、飞机大修和喷漆、反推和进气道大修、发动机大修、APU 大修、附件大修、起落架大修、公务机改装和维修、工程和资产技术服务、教育和培训、计量检测等方面的服务。

四、产品开发与进步

Ameco 围绕工装设备开发、信息化数字化建设、新能力建设、新工艺研发、技术应用探索等持续开展科技项目，2023 年在研科技项目超 300 项，全年研发投入同比增长 59%，参与项目人员数超 1400 人。

科技项目多数来源于实际生产需求，成果可直接应用于生产，并取得相应经济社会效益，其中部分优秀科技成果可达行业领先或先进水平。2023 年有 3 项成果分别获得中国交通运输协会科技一等奖、德国 iF 工业设计奖和中国航空运输协会科学技术二等奖；Ameco 重视知识产权保护工作，截至 2023 年底，有效自主知识产权数量超 110 件。

Ameco 与中国民航大学、北京航空航天大学等民航相关高等院校长期开展科技创新合作，共同承担政府项目；与南京航空航天大学联合申请并获批为“民航飞机健康与智能维护重点实验室”依托单位。

Ameco 是中国航空学会团体理事单位、航空维修工程分会副主任委员单位、民用飞机运行支持技术分会维修工艺技术专业挂靠单位、北京航空航天学会副会长单位。

五、国际经济技术合作

Ameco 始终致力于向全球客户提供包括飞机机体维修、发动机维修、APU 维修、附件维修及起落架维修等综合性、一站式 MRO 服务，已服务于全球超 200 家客户。与土库曼斯坦航空达成了多产品合作模式，开发协同效应，为其提供一站式综合性服务。对于单产品服务模式，与韩亚航空持续巩固开展发动机维修业务；与汉莎航空等客户开展飞机重维护项目；与越南航空开展 APU 维修业务，为打开东南亚市场实现突破。对于网络化合作模式，对卡塔尔航空的服务产品广度从一个站点延伸至六个站点，产品深度从航线维护放行拓展至 2023 年的 S 检，实现新合作领域的尝试与创新。Ameco 向全球市场展示出了过硬的技术实力、广泛的维修资源和高水平的项目管控能力，树立了专业化、市场化、国际化的企业形象。

同时，Ameco 与 OEM 厂商合作，2023 年获得霍尼韦尔制造的 GTCP 331-500 APU 全球维修授权许可，开启 APU 大修业务国际化元年，为更多霍尼韦尔 APU 用户提供相关维修服务。作为全球普惠 GTF 发动机维修服务网络成员之一，积极开展 PW1100G 发动机维修业务，以此更好地为全球客户提供更有保障的维修服务。

六、重大设施建设

2023 年新能力建设项目包括：新增 A330-200/300 系列飞机客改货能力；发动机新厂房投产，产能得到进一步提升；与霍尼韦尔签署 GTCP 331-500 APU 维修授权协议，开启 APU 大修业务国际化元年；霍尼韦尔液力机械控制组件（简称燃调）投产，燃调能力覆盖 CFM56 和 V2500；Ameco 西南航线中心逐步建立 ARJ 航线、A 检及 C 检能力。

珠海保税区摩天宇航空发动机维修有限公司

一、企业基本情况

珠海保税区摩天宇航空发动机维修有限公司（简称珠海摩天宇）是中国南方航空股份有限公司和德国 MTU 航空发动机股份公司按照各占 50% 的股权比例组建，从事航空发动机维修的生产服务型合资企业。

珠海摩天宇于 2001 年成立，2002 年正式投产。主营业务包括民用航空器发动机的修理、翻修、维护以及各种辅助服务，并提供工程支持。珠海摩天宇连续多次通过了高新技术企业的认定，2019 年 5 月通过技术先进型服务企业的认定，成为广东省服务外包示范企业，2021 年被国资委评定为国资委管理标杆企业。

二、生产经营情况

经过 20 年的发展，珠海摩天宇已成为中国投资规模大、维修等级高、维修范围广、维修级别深、市场份额高并掌握核心技术多的民用航空发动机维修基地。现维修产能可达到 450 台 / 年，目前公司正在建设第二厂区，预计 2025 年投产后公司的技术产能可达到 700 台 / 年。

三、主要产品

珠海摩天宇的主要产品涵盖波音 737 和空客 A320 系列飞机选装的动力装置，可为全球运营 V2500–A5、CFM56–5B/7B、LEAP–1B/1A 以及 PW1100G–JM 等航空发动机的客户提供维修服务；是美国 GE 公司在航空发动机维修领域的重要合作伙伴之一、普惠 IAE 的航空发动机维修网络成员和全球多家航空企业及航空发动机租赁公司的发动机 MRO 服务和解决方案的供应商。

四、产品开发与技术进步

珠海摩天宇拥有业内领先的大型设备、各种测试和加工设备，其中试车台最大推力可达 15 万磅力[①]，可满足目前市场上所有型号航空发动机的试车要求。

珠海摩天宇重视自主创新，开发了超高压水剥离去除涂层、等离子 / 火焰热喷涂、真空钎焊、精密机加、三维检测、无损探伤、高速磨削叶尖等维修技术，取得了 16000 多个零部件的翻修许可，获得了 V2500 高压压气机前 / 后鼓的等离子喷涂硬涂层更换等 9 个高附加值的资源论证修理的维修授权。目前已获得专利 56 项，其中发明专利 8 项、实用新型专利 48 项，软件著作权 21 项。

五、国际经济技术合作

自正式运营以来，珠海摩天宇已获得中国民用航空局、欧洲航空安全局、美国联邦航空局、日本民用航空局以及英国、澳大利亚、沙特阿拉伯和印度等 20 多个国家的适航维修许可证。

六、重大设施建设

2021 年，珠海摩天宇加入普惠 PW1100G–JM 发动机的维修网络并迎接了首台 PW1100G–JM 发动机进厂维修；同年开建的珠海摩天宇金湾分公司的厂房设计年产能为 260 台发动机，其中试车台部分已于 2023 年 6 月投产，MRO 大修厂房计划于 2025 年投产。

---

① 1 磅力 ≈ 4.45 牛。

四川国际航空发动机维修有限公司

一、企业基本情况

四川国际航空发动机维修有限公司（简称SSAMC）成立于1999年，前身为四川斯奈克玛航空发动机维修有限公司，是国内第一家致力于CFM56发动机维护和修理的中外合资企业，主要从事CFM56系列航空发动机的维护、修理、大修和其他相关服务，相关零部件的制造和维修，并为加工和出口产品所需的航空器材、外商在国内暂存的航空器材以及经海关批准的其他航空器材提供仓储和报关服务等。SSAMC位于四川省成都市自由贸易试验区内，注册资本为8800万美元。中国国际航空股份有限公司占股60%，Engine Support Holdings公司占股40%。

SSAMC现持有中国民用航空局、美国联邦航空局、欧洲航空安全局，新加坡、泰国、尼泊尔、越南等国航空安全局颁发的维修许可证及多家航空公司的合格维修商证书；通过了ISO9001/AS9110质量体系认证、ISO14001和OHSAS18001环境安全体系认证；通过了国家安全生产标准3级认证；获得了法国赛峰集团在环境、健康与安全方面的银牌认证；累计拥有国家专利19项，并连续3年成为技术先进型服务企业。

截至2023年底，SSAMC共有员工561人。其中在学历分布上，大专以上学历占95.19%，拥有硕士26人；在年龄分布上，30岁以下占28.88%，40岁以下占79.12%。整体来看，队伍呈现出年轻化、高学历化的趋势。

二、生产经营情况

2023年，SSAMC完成166台航空发动机大修，其中CFM56系列发动机135台，LEAP系列发动机31台。全年实现营业收入60.18亿元。

三、主要产品

SSAMC是中国唯一的CFM56系列发动机原始设备制造商（OEM）修理厂，也是全球唯一的CFMI授权的维修站。其维修的CFM56系列发动机安装于空客A319/A320/A321和波音737-300/400/500/600/700/800等客机。作为航空发动机维修企业，SSAMC能及时分享所有OEM的发动机设计、制造、技术改进信息，以及CFM56系列发动机相关维护和修理经验，使得中国客户能便利地享受到世界顶尖级修理公司提供的CFM56系列发动机MRO服务。SSAMC在巩固国内已有客户群的同时，积极开拓国际市场，境外服务不断增加，国内外客户达到60家以上，累计大修完成了超1700台航空发动机。SSAMC还承担了航空发动机在翼支援和其他服务，其中在成都双流国际机场和天府国际机场完成的业务占比达45%。SSAMC自成立以来，所修理的发动机未发生因修理业务产生的空中停车，SSAMC成功地将中国国际航空股份有限公司与CFMI公司的专业技术相结合，成为世界一流的航空发动机维修工厂。

同时，SSAMC也是国内第一家LEAP发动机修理厂。LEAP系列发动机是由发动机制造商CFMI公司生产制造的新一代发动机，代表着CFMI公司商用客机推动系统的前沿技术水平，主要装备于空客A320 NEO、波音737 MAX和中国商飞C919。SSAMC参与了LEAP发动机在中国的运营服役相关工作，并已经组建了第一支本土的在翼支援（OSS）队伍。目前，SSAMC已经完成了上百次的LEAP在翼支援服务。截至2023年底，SSAMC已完成97台LEAP-1A和LEAP-1B发动机的进厂修理，正筹划建设新型试车台并着力进一步提高修理能力。

四、产品开发与技术进步

2023年，SSAMC充分整合生产需求、资金和人才技术资源，深入推进技术工艺创新，努力提高和完善航空发动机的自主维修能力，目前已有200余项工艺改进项目落地并在生产中得到应用。SSAMC研发部门陆续开发了低压涡轮热喷涂尺寸恢复的修理、涵道盖板螺帽和衬套更换的修理、HPT转子连接螺母涂层更换的修理、高压涡轮外封严保持器等离子喷涂恢复尺寸的修理等16项重要技术，不断丰富SSAMC的修理种类，逐步提升SSAMC的维修能力，SSAMC的综合竞争力正在跨上一个新的台阶。

五、国际经济技术合作

SSAMC长期以来与美法合资CFMI公司、GE公司、法国SAE公司等众多国际航空领域企业保持经济合作，2023年全年进口航空材料达5亿美元，境外转包修理服务贸易金额达1.6亿美元，与国外航空专业工具设备供应商签订采购合同约1000万美元，境外发动机大修完成89台，占全年大修产量的53.61%。

厦门太古飞机工程有限公司

一、企业基本情况

厦门太古飞机工程有限公司（简称厦门太古）成立于1993年，是亚太地区领先的飞机维修及改装供应商。厦门太古提供机体服务、航线服务、零部件制造、技术培训及工程设计服务方案等一站式服务，以提供高安全标准、高品质、具有竞争力的周转时间及准时交付飞机而著称。

厦门太古占地面积约46万米^2，设施包括6个飞机库，能同时容纳12架宽体飞机和5架窄体飞机。

二、生产经营情况

2023年，厦门太古累计进场维修飞机近4300架次。

三、主要产品

（一）机体服务

包括所有主流民航机型的维修检查、改装、客舱整装、客机改货机等维修工作，涵盖波音737/747/757/767/777/787机型以及空客A320系列/A330/A340/A350/A380机型。厦门太古与众多全球知名的航空公司建立了长期稳定的业务合作关系，已完成了超过4300架次的机体服务工作，包括超过530个民航飞机和私人飞机的客舱改装项目。

（二）航线服务

厦门太古是为中国大陆重点航线运营站提供领先航线服务的供应商之一，目前已在中国大陆的18个机场提供航线服务。

（三）零部件制造

厦门太古为航空原始设备制造商和飞机制造商提供飞机零部件和备件的生产制造，包括机加部件、钣金部件和电缆线束。可提供一系列设计和制造服务，包括工艺设计、工具设计、数控编程，以及电镀、无损检测、机械性能测试等特殊工艺。同时生产民航飞机结构件、客舱零部件、改装零部件，包括电缆线束及复合材料零部件组件。

（四）培训中心

厦门太古培训中心为客户提供综合的航空维修课程和技术培训服务，并且与国内外的教育机构有着良好的合作关系。培训中心设有波音、空客原厂标准的机型培训教室，可以提供针对波音787，空客A320、A330和A350飞机的培训。同时也具备其他机型培训能力，例如波音777/767/757及空客A380等机型培训。截至2023年底，培训中心已完成近40万人次培训课程。

四、产品开发与技术进步

客改货开发：厦门太古与美国波音公司紧密合作，攻克了众多技术难关，取得美国联邦航空局（FAA）和波音BQMS的认证。和合作伙伴一起参与了波音737-700/800和波音767-300等新改装机型的开发。客改货科研成果主要有：地板梁整装、货舱门口定位、货舱门整装、改装流程的改进等，至今共完成了80架次的改装工作。

客舱整装：厦门太古客舱整装服务可以提供完整的一揽子客舱解决方案，包括项目管理、工程设计、供应商管理、零部件制造、安装以及取证（FAA/EASA/HKCAD/CAAC）。目前客舱整装科研成果主要有：波音737和空客A319客舱构型设计改装、波音747-400 PTV改装、波音747-400 LOPA设计等。

广州飞机维修工程有限公司

一、企业基本情况

广州飞机维修工程有限公司（简称 GAMECO）是目前国内排名前列的大型综合性民航维修企业，成立于 1989 年 10 月，总部位于广州白云国际机场，注册资本 6500 万美元，由中国南方航空股份有限公司、和记黄埔飞机维修投资（香港）有限公司以及南华国际飞机工程（香港）有限公司共同合资经营，其中中国南方航空股份有限公司持有 50% 的股份，南华国际飞机工程有限公司、香港和记黄埔飞机维修投资有限公司各持 25% 的股份。

GAMECO 在广州的维修设施主要分成 4 个部分：位于广州白云国际机场北区约 26 万米^{2}的总部设施，包括 3 座飞机大修机库及相关设施；位于广州市空港经济区约 5.4 万米^{2}的飞机附件维修基地（包括附件业务中心和复合材料修理中心）；位于广州白云国际机场候机楼约 2000 米^{2}的航线维修设施；位于机场北区星慧谷科技园约 6000 米^{2}的飞机零部件制造中心。

一期飞机维修机库为中国跨度最大的桁架结构机库，机库总跨度 350 米，总建筑面积 9.6 万米^2，可同时容纳四架宽体飞机（波音 747、空客 A380）和 5 架窄体飞机（波音 737/757 和空客 A320）在内维修。同时拥有一个独立的全天候喷漆机库，可容纳 1 架 A380 或波音 747 飞机。此外，还包括约 4000 米^{2}拥有先进环境控制系统的航材仓库和 2000 米^{2}的公共保税仓。二期机库建筑面积 6.7 万米^2，可以同时为 8 架窄体飞机开展定检维修。三期机库总建筑面积约 9.8 万米^2，能同时提供 6 个宽体机位（包括一个 A380 机位）和 5 个窄体机位。

除广州总部以外，GAMECO 还设有重庆分公司、清远分公司、上海浦东维修团队、北京大兴 C 检线、北京大兴国际航线维修团队、澳大利亚分公司及新西兰分公司。

GAMECO 是国家高新技术企业、广东省飞机维修工程技术研究中心单位、广州海关 AEO 企业、广州市劳动关系和谐 AAA 级企业、全国民航“五一劳动奖状”单位（2020 年度）、空客 A380 中国卓越中心、中国民航维修协会红冠奖最高奖项“年度 MRO 奖”获奖单位（连续 2020—2022 年度）。现有员工逾 7000 人，拥有一支技术精湛的骨干队伍。

二、生产经营情况

2023 年，GAMECO 保障航班数总计约 36.0 万架次，完成近 300 架次 C 检，全年平均准时出厂率达 96.5%。

三、主要产品

GAMECO 开展民航飞机的航线维护、飞机大修、附件修理与翻修、起落架维修、零部件制造、复合材料修理、客改货、客舱改装和翻修、飞机喷漆、工程技术支持、培训、航材管理和寄售、地面保障设备修理、AOG 紧急支援等全方位的维修与工程服务。

GAMECO 拥有中国民用航空局（CAAC）、美国联邦航空局（FAA）、欧洲航空安全局（EASA）等 30 个国家和地区适航当局批准的民用航空器维修许可证，CAAC 颁发的 DMDOR、CAAC-PMA、CCAR147 维修培训机构及 CCAR66 民用航空器维修执照培训及考点等资格证书，以及 EASA 颁发的 EASA21 部 J 分部 DOA（设计单位批准）证书和 EASA21 部 G 分部 POA（生产单位批准）证书，并通过了 AS9100，AS9110，ISO9001，ISO14000，ISO18000，Nadcap，CNAS 等标准体系认证。

飞机机型覆盖波音 737/747/757/767/777/787，空客 A300/A310/A319/A320/A321/A330/A350/A380、EMB145/190 以及国产 ARJ21 等。附件

维修能力覆盖液压、气动、燃油、飞行操纵、机载应急设备、起落架、机轮/刹车、无线电、机载计算机、仪表、娱乐系统、发电机、电气附件等几乎全部附件种类，拥有国内最完备的飞机附件维修能力。GAMECO拥有专门为复合材料的修理和研发而设立的复合材料修理中心，专注于波音、空客主流机型的复合材料部件维修能力，覆盖雷达罩、扰流板、襟缝翼、发动机反推和舵面等复合材料部件，以及波音787和空客A350复合材料机身快速修理能力，可提供金属及复材结构AOG修理服务。

四、产品开发与技术进步

GAMECO是国家高新技术企业及广东省飞机维修工程技术研究中心单位，拥有有效发明专利49项、有效实用新型专利212项，2023年新增专利申报超50项，科技创新和应用水平进一步提升。GAMECO以创新驱动加快发展新质生产力，积极探索“智能维修”，着力建设高水平飞机维修工程技术中心。

山东太古飞机工程有限公司

一、企业基本情况

山东太古飞机工程有限公司（简称山东太古）是1998年12月在济南注册成立的台港澳与内地合资企业，注册资本人民币2亿元。现主要股东为山东航空集团有限公司（53%）、香港飞机工程有限公司（30%），是目前中国民航飞机工程的重要基地，也是山东省专业从事飞机工程的综合厂商。

山东太古是国家高新技术企业和省级技术创新示范企业。山东太古民用航空工程技术研究和开发中心于2009年1月成立，目前是山东省企业技术中心、山东省工程技术研究中心、山东省工业设计中心。山东太古在济南运营四座维修机库群及一座科研培训机库，共有24个标准机位（含两个高标准喷漆机位），厂区总面积475亩，另有277亩专用飞机停机坪，总建筑面积18万米^2，可同时提供67个机位，其中包含24个室内标准维修机位，40个室外停放机位，3个飞机试车位。拥有各类设备1000余台（套），其中研发设备300余台（套）。现有员工1733人，其中具有本科以上学历的635人，专业技术人员214人，各国民航认证的开发工程师200余人。

山东太古持有CAAC、FAA、JCAB、EASA、CASA等15个国家或地区的飞机维修许可，并获得ISO9001和AS9100认证，可以提供飞机大修、重要修理改装、航线维修、客改货、工程设计、计量检测、航材管理、航空零部件制造和航空培训等专业服务。

山东太古多年来持续获得“国家高新技术企业”“山东省对外贸易百强企业”“济南市30家重点工业企业”“山东省350家重点工业企业”“民航五一劳动奖状企业”“海关高级认证企业”“山东省企业文化建设先进单位”“中国外包业务百强”“山东省企业实习实训基地”“‘AAA’级信誉企业”“山东省服务型制造示范企业”等荣誉，是山东省航空产业的重点企业。

二、生产经营情况

山东太古成立20多年来，保持了良好的经营发展势头。截至2023年底，总资产规模达20.5亿元。2023年实现主营业务收入8.3亿元，实现销售收入6.1亿元，完成工业总产值8.5亿元。实现利润1.2亿元，研发投入3558.8万元。

2023年，山东太古定检及改装交付飞机共467架次，其中交付波音737系列客改货30架次，国外飞机60架，完成内场定检2406工时，同比增长32%。部件加工制造业务共签订各类部件销售订单694份，订单金额2850万元，同比增长3.7%。培训业务共完成培训总量17233课时，第三方直接培训收入1169.85万元。航材销售业务共实现总收入2.4亿元，完成全年预算。

三、主要产品

山东太古当前开发的技术服务能力和设计生产的民用航空产品主要有：

（一）波音737系列、空客A320等主流机型大修能力

山东太古具备大修能力的机型涵盖波音737系列、空客A320系列，国产ARJ系列、巴航工业ERJ系列，庞巴迪CRJ系列等主流机型。已为数十家国内外客户完成了7040架次的飞机定检工作，客改货业务完成169架次。

（二）波音737系列飞机客改货

山东太古目前在中国民用航空局（CAAC）下持有波音737-300/400和波音737-800客改货能力。已完成波音737系列客改货共计169架次，积累了丰富的波音737系列改装及维修经验。当前拥有 7 条波音客改货生产线，在波音 737 系列机型客改货业务方面，占据亚太地区 90% 以上的市场份额。

（三）国产飞机 ARJ21、新舟 60 和 C919 维修能力

山东太古在业内率先开发 ARJ21 和新舟 60 型号民机维修能力，形成了较大规模的保障能力。为推动国产飞机健康发展，山东太古基于保障 ARJ、新舟 60 等国产民机的丰富经验，继续开展 C919 大飞机维修能力建设。2023 年 9 月，山东太古成功获得了 C919 机型的 C 检维修能力许可，成为获得该资质的独立第三方 MRO。

（四）卫星空地互联系统加改装

2023 年 1 月，由山东太古自主设计国内首架全国产化卫星空地互联飞机 STC 取证试飞成功，开启了我国自主可控的“空中互联网”时代。

（五）国产民机零部件

目前为 ARJ21 配套零部件产品有医疗救援担架、旅客服务组件（PSU）、客舱货柜、各类管路以及多种塑料件加工。为 C919 提供配套零部件 C919 货网。

（六）飞机视频监视系统加改装

飞机视频监视系统通过机内外摄像头监控驾驶舱门附近、客舱、货舱以及机外的情况，帮助机组监视飞行中的情况，发现可疑行为或潜在威胁。山东太古与多家航空公司达成了飞机视频监视系统加改装设计合作意向。

（七）直升机消防及救援设备

山东太古充分利用自身优势，积极延伸航空产业链，研究开发通用航空产品。当前研发的产品主要有：EC135 直升机挂钩，消防直升机飞桶，贝尔 407、EC135、AW139 及米 –171 四种机型外吊挂设备支架组件和机械绞车，AW139 直升机医疗担架。

四、产品开发与技术进步

（一）飞机改装设计和研发方面

2023 年，山东太古完成了 27 个改装项目，其中包括 DMDOR 改装 24 项、EASA DOA 批准改装 3 项。新获得 CAAC STC 证书 4 项，MDA 证书 2 项。

通航改装领域年内取证 AW139 加装外吊挂 STC 证书，取证 EC135 光电吊舱和邮航波音 777F 飞机三证支架 MDA 证书。同时，EC135 吊桶改装方案成功出口东南亚。

2023 年，自主在研项目总计 179 项，其中重点研发项目 6 大项（合计 80 小项），其他创新项目 99 项。2023 年在山东省企业自主创新项目计划中成功立项 7 项。新获得授权专利 23 项，其中发明专利 13 项、实用新型专利 10 项。

（二）维修许可证方面

获得了空客 A320NEO 和波音 737MAX 机型的 FAA 维修许可；获得了 C919 机型的 C 检维修能力许可，成为全球首家获得该资质的独立第三方 MRO。截至 2023 年底，许可证涉及 15 个国家或地区。

（三）航空零部件制造能力方面

完成 CAAC 下 PMA/CTSOA 例行年度体系和换证审查，完成 EASA POA 换证和年度例行现场审核，完成 AS9100 审查，完成波音 PC700 资质认证复审和换证。获得国产飞机 C919 热处理工艺能力批准，在热处理能力领域具备了“NADCAP 波音 + 商飞”双资质。获得西飞民机无人机舱段转包产品相关特种工艺资质，完成西飞民机无人机货舱的制造，发动机短舱等部件深度维修能力进一步突破。完成 PMA 增项申请 7 个批次，新增 PMA 部件 203 个。截至 2023 年底，具备 6000 余件号的部件生产能力。

五、国际经济技术合作

山东太古积极参与国际航空市场的竞争，不断提高自身的技术水平和维修能力，以获得更多的国际市场份额。作为波音公司 737 系列机型全球最大的工程技术方案提供商，根据美国波音公司的统计数据，山东太古提供的波音 737 机型技术方案数量常年处于全球第一位。此外，山东太古还是庞巴迪 CRJ 机型亚洲许可服务站，是庞巴迪公司亚太地区的重要工程服务中心。同时，山东太古与巴西航空工业公司开展合作，建立了 EMB 机型工程服务中心，在远东地区获得了具有垄断优势的服务项目。山东太古波音 737 系列客改货产品出口额已经连续三年达到 85% 以上。

六、重大设施建设

山东太古飞机维修新厂区项目是2022年山东省和济南市重点项目，也是济南遥墙国际机场二期改扩建工程的关键节点工程，获得了2022年度全国建设工程项目施工工地安全标准化工地（AAA工地）荣誉称号，1号、3号、4号机库单体获得省级优质结构奖项。

新厂区项目占地475亩，总投资17亿元，于2021年11月正式开工建设，2023年11月一期工程建成投产，一次性通过中国CAAC、日本JCAB、美国FAA、欧洲EASA等国内外民航局验收。项目共建设维修改装机位23个，研发机位1个，项目建成后，年维修出场飞机超800架次，产能提升50%。

七、企业改革改制

山东太古根据自身特点与产业升级需要，制定了“一四五”发展经营战略，即“一个基础平台、四个核心能力、五项保障措施”。“一个基础平台”即以飞机维修与改装业务为平台；“四个核心能力”即147工程培训能力、加工制造能力（PMA）、公务机管理能力、工程研发设计能力；“五项保障措施”即战略引领、精准营销、成本效益管控、人力资源管理、安全质量管理。山东太古将重点开展国产大飞机C919维修及客改货能力建设、公务机等特种飞机设计改装施工、医疗直升机及消防直升机设计改装等通航服务能力方面的科技创新，形成全产业链的整体竞争优势。

北京科荣达航空科技股份有限公司

一、企业基本情况

北京科荣达航空科技股份有限公司成立于1997年，注册地址位于北京市顺义区，是一家以航空机载设备维修和航空智能检测设备研制为一体的多方位、全流程的航空综合服务供应商。

科荣达拥有中国民用航空局（CAAC）、美国联邦航空局（FAA）及欧洲航空安全局（EASA）颁发的航空机载设备维修许可证，是法国SAFT等OEM厂家的授权维修中心；同时已获得国家级专精特新“小巨人”企业、国家高新技术企业、北京市知识产权示范单位、北京市企业技术中心等资质。

科荣达已发展为从事高端技术服务业的集团型企业，与国内数十家航空公司、公务机公司及通用航空公司建立了长期稳定的业务合作关系，在北京、重庆、深圳、西安、南宁等地设立分子公司，形成覆盖中国主要航空枢纽地区的服务网络，可为中国及周边地区的客户提供本地化一站式优质服务。

二、生产经营情况

2023年，科荣达实现营业收入2.15亿元，同比增长55%，营业利润4836万元，纳税总额1544万元，累计为客户提供近2万件的机载设备维修服务，获得了客户的广泛好评。

三、主要产品

科荣达拥有航空机载设备维修、航空检测设备研制、民用航空器维修培训、航材贸易销售四大业务板块，其中航空机载设备维修、航空检测设备研制为主营业务。

（一）航空机载设备维修

科荣达经适航部门（CAAC /EASA /FAA）批准的维修能力有20000多项，涉及飞机气动、电子、电气、燃/滑油、液压、救生、机轮刹车等35个系统，涵盖波音、空客、CRJ、ERJ、ARJ21、C919等多种机型。

（二）航空检测设备研制

科荣达可为客户定制符合CAAC、FAA、EASA标准要求的飞机部件专业检测、试验设备，涵盖燃/滑油、气动、液压、电气、机轮刹车、救生等领域。科荣达成功研制百余套专业测试设备，开拓飞机部件检测与试验设备市场，满足了航空公司对检测设备（专业、高精、定制）的需求。

四、产品开发与技术进步

近年来，科荣达每年投入研发资金上千万元，研究与跟踪国际先进航空技术，在机、电、液部件综合检测与试验技术方面取得多项突破。截至2023年底，共取得知识产权89项，其中发明专利11项、实用新型专利25项、外观设计专利2项、软件著作权51项。已成功研制多台拥有核心技术知识产权的专用检测与试验设备，2000kW级涡轴发动机燃油调节器性能试验台、燃油泵调节器性能试验台、燃油系统试验台等系列产品通过北京市新技术新产品（服务）认证，依托其自主核心知识产权，科荣达成功拓展检测设备研制/定制市场。

2023年，科荣达研发投入共计968万元，立项开展包括“高压助力器测试台”“飞机（环控系统）风扇综合性能测试技术研究”等9项研发项目。

五、重大设施建设

2023年，科荣达尚唐厂区正式投产使用，该厂区专门用于企业研发中心及航空检测设备研制生产场地。此外，科荣达建筑面积约4.8万米^{2}的西安厂区也在建设验收中，该厂区将主要用于飞机机载设备的维修业务。2023年，科荣达圆满完成了尚唐厂区建设，将救生/液压/发电机三个维修分部、设备制造部、147培训中心等部门顺利迁入新址，为公司的维修生产效率和设备研发能力提供保障。

深圳中集天达空港设备有限公司

一、企业基本情况

深圳中集天达空港设备有限公司（简称中集天达）成立于1992年，隶属于中国国际海运集装箱（集团）股份有限公司，是一家专门从事空港设备和现代物流设备开发、设计、制造、咨询及维修的专业化公司。

中集天达经过30年的发展历程，现已发展成为所在业务领域的领先者，是全球空港设备领域三大巨头企业之一。系列产品综合排名全球前列，主力产品登机桥，已进入81个国家的380多个机场，交付产品超过7500台，交付产品台数位居世界第一，全球市场份额近40%，在国内市场占有率达90%以上，并获得2018年工业和信息化部“单项冠军产品”认定。中集天达是中国首个旅客登船桥的制造商，航空货库产品位居全球第二，国内份额超65%；摆渡车销量全球第二、中国第一；平台车、食品车等机场站坪车辆产品均为区域冠军及领先品牌。

二、生产经营情况

2023年，中集天达资产总额38.82亿元，资产负债率39.15%，营业收入13.16亿元，净利润2.70亿元，研发投入6410万元，净资产收益率（ROE）11.42%，资信等级为AAA，财务状况良好。

三、主要产品

中集天达主营产品为全系列旅客登机桥、登船桥及桥载设备（飞机空调、400赫[兹]电源、飞机泊位引导系统）、站坪特种车辆（摆渡车、食品车、升降平台车和货物装卸运输平台等）、自动化仓储物流设备、旅客行李处理系统、自动化立体停车系统等。

四、产品开发与技术进步

中集天达研发设计能力在同行业内处于领先地位，通过持续创新发展引领了行业技术进步和价值提升，先后研发了多个世界独创的先进技术，主要有：A380高桥四轮驱动控制系统，双桥/三桥防撞控制系统、双桥互控、无人驾驶登机桥等世界领先技术、飞机泊位引导系统技术、飞机舱门识别定位技术、机场地面设备监控系统、无人引导车（AGV）、智能搬运系统、高速密集存储穿梭车系统等核心技术。受中国民用航空局（CAAC）、首都航空公司（CEN）、国际民用航空组织（ICAO）、国际航空运输协会（IATA）等国内外权威机构先后邀请，负责登机桥等产品行业标准的制定，为规范行业标准、提升产品质量做出了重大贡献。

中集天达先后成立了3个现代化研发中心，分别为登机桥技术研发中心（中国·深圳）、物流技术研发中心（中国·深圳）及GSE研发中心（中国·廊坊），相应配套数字工程实验室（中国·深圳）、全球最大登机桥试验场地（中国·深圳）。具有专门的架桥调试试验区，可以同时进行7条登机桥的调试试验。技术中心共有研发人员273人，占职工总数的23.21%，拥有深圳市高层次人才5人（地方级），宝安区高层次人才14人，以及宝安区大工匠、工匠若干名。

五、国际经济技术合作

对于跨界的产品和创新，中集天达优先采用技术合作的方式，如产学研、联合开发等方式实现。在国外与多家高新技术企业、机场合作进行联合开发，整合产业链和价值链，形成以中集天达及天达产品为核心的创新生态圈，推动创新发展。

与战略合作伙伴邦纳、西门子、施耐德、西可公司等开展核心器件、新技术应用等上游产业链跨界创新；与荷兰苏科斯、清瞳时代等联合研发，创建创新链；与荷兰阿姆斯特丹国际机场、法国ADP机场集团等开展技术成果应用推广。

威海广泰空港设备股份有限公司

一、企业基本情况

威海广泰空港设备股份有限公司（简称威海广泰）成立于1991年，注册资本5.3亿元，是全球空港地面设备行业的领跑者，是国内先进的消防救援、移动医疗、无人机、电力电子装备制造商。已形成空港装备、应急救援装备“双主业”产品布局，业务覆盖空港装备、消防救援装备、移动医疗装备、无人机装备、消防报警装备等板块。

截至2023年底，威海广泰拥有子公司及主要下属单位20家，总资产逾59.89亿元，营业总收入24.04亿元。拥有“国家空港地面设备工程技术研究中心”“航空地面装备制造技术国家地方联合工程实验室”，设立了“博士后科研工作站”。威海广泰产品种类齐全，覆盖机场的客舱服务、机务服务、货运装卸、场道维护、航油加注、机场消防等六大作业单元，产品技术水平国际先进，产品出口全球90多个国家和地区。

二、生产经营情况

2023年，实现销售收入12.22亿元，同比增长0.49%，净利润1.03亿元，同比增加63.94%。全年取得订单6.26亿元，同比增长10%。

三、主要产品

威海广泰空港装备种类齐全，有集装货物装载机、飞机牵引车、飞机电源、旅客摆渡车、飞机食品车、飞机除冰车、气源车、飞机罐式加油车、旅客登机桥等35个系列496种型号，涵盖飞机所需的所有地面设备，部分主导产品国内市场占有率达50%以上，是全球空港地面设备品种最全的供应商。

四、产品开发与技术进步

2023年，合同新产品完成22项工程设计，储备研发产品完成16项方案设计和17项工程设计，投放市场5项新产品。实现超视距远程设备部署31套，使工厂远程调试成为常态。无人驾驶转运车和行李牵引车已经在客户机场测试。换电式储能电源系统交付客户，威海广泰产品进入储能新领域。电动无拖把飞机牵引车获得机械工业设计金奖，并成功交付客户。取得7个产品的欧盟CE认证，保证公司产品顺利出口。

成功向重庆机场交付“智能充换电站”产品，标志着全球民航首台（套）空侧电动汽车换电站正式启用，有效解决了空侧电动产品充电时间长的痛点。同时自动靠机技术、人脸识别技术和智能化防碰撞系统也已经应用于公司产品。

截至2023年底，威海广泰拥有专利502项，其中发明专利85项，实用新型专利359项，外观设计专利58项，软件著作权3项，参与起草或修订多项国家标准和行业标准，12种装备世界首创，29种装备填补国内空白。

五、国际经济技术合作

威海广泰与瑞士国际空港服务有限公司（Swissport）、迪拜的航空服务供应商（Dnata）、明捷航空（Menzise）、空港装备租赁公司TCR、宏亚公司等客户达成长期战略合作，产品覆盖机场范围增加到1000余座。威海广泰电动化空港装备已经引领全球行业发展，产品顺利交付亚洲、欧洲、南美洲等机场，在德国慕尼黑等国际空港装备展会上，产品获得众多国际客户的交口称赞。全年取得订单6.21亿元，同比增长352%。2023年公司产品服务的国家和地区从年初70多个增长至90多个。

六、重大设施建设

2023年，威海广泰募集资金7亿元，建设应急救援保障装备生产基地项目（一期），并实施羊亭基地智能化改造项目。全年工程建设项目投资金额合计1.11亿元。

湖北航宇嘉泰飞机设备有限公司

一、企业基本情况

湖北航宇嘉泰飞机设备有限公司（简称航宇嘉泰）成立于2010年12月，注册地湖北襄阳，注册资本9200万元，是一家以研发、生产、销售和维修商用飞机座椅和飞机客舱设备为主的国家高新技术企业。

航宇嘉泰是目前国内具备机载设备国际化取证能力并成功实现为国际主流商用飞机制造商配套航空设备的企业，是波音、空客公司线装供应商，同时也是中国商飞、中航西飞航空旅客座椅供应商，目前为国产新舟700、ARJ21、C919等国产飞机提供旅客座椅，为国内“两干两支”航空战略顺利推进做出突出贡献。

航宇嘉泰在2016年正式成为波音公司线装供应商、获得FAA-LODA，成功打通了国际适航的路径，成为国内具备自主知识产权且产品获得美国联邦航空局（FAA）适航批准的波音公司座椅线装供应商。此后取得空客线装供应商资质，被中国民用航空局列为中欧适航双边5个先行项目之一，顺利通过EASAPOA审查。

二、生产经营情况

2023年，航宇嘉泰主营业务收入28130万元，利润总额1820万元，净利润1864万元，资产总额40720万元，完成工业总产值28291万元，工业增加值完成6251万元，转包生产的交付金额为1269万元。资产负债率为10.2%。营业收入及盈利情况较2022年均有所增长。全年实现利润总额1820万元，较2022年同期增长30%，连续两年保持约30%的增长率。全员劳动生产率，经济增加值等指标实现递增趋势。

三、主要产品

航宇嘉泰主要产品包括民用飞机公务舱、经济舱座椅及内饰设备；复合材料部件/附件的设计和制造、客舱零部件（PMA）的开发和维修及客舱设备的改装服务。

四、产品开发与技术进步

（一）产品开发

双通道经济舱座椅通过空客NOE，正式加入空客A330飞机座椅选型目录，完成全部CTSO取证工作。

JT220座椅平台进一步客户化开发和验证，平台构型和功能选项更加丰富，设计、工艺、批生产等过程系统梳理和改进，产品质量和可靠性明显提升。

Slim构型加入A320飞机座椅装机目录。

中国商飞项目稳定推进，完成第二观察员座椅的CTSOA取证，装机验证及批准，并实现产品交付。

（二）技术进步

开展典型运动机构仿真设计研究，初步掌握了座椅多机构运动仿真技术，为未来多机构联动的复杂产品设计奠定了技术基础。

开展座椅关键复材部件制造过程研究与验证，初步掌握自制工艺技术能力。

开展皮革包覆材料和技术研究，形成设计和工艺规范，保障了高品质产品交付。

开展维修技术研究，掌握皮革、PC板、金属件修复技术并实现应用交付。

与空客合作的绿色泡沫垫材料取得新进展，技术可行性验证完成。

开启了与波音在植物纤维环保材料上的合作。

在国内率先进行了美国联邦航空局TSO127c适航技术的研究和应用，起草了CTSO127c适航规章，通过中国民用航空局、中国民航大学及相关工业方的评审。

梳理PMA顶层适航技术和管理要求，开展

PMA 设计小改研究，打通了基于 PMA 设计小改局方授权批准的适航取证路径，PMA 小改项目取证周期缩短一个月。

五、国际经济技术合作

2023 年，航宇嘉泰出口收入为 12125 万元，其中与汤姆逊公司协同收入 1269 万元。与汤姆逊的协同全面推进，启动了研发协同，完成相关培训，建立了协同工作平台；成立了 ACS 中国售后服务中心，开展售后协同业务，促进了部件维修能力提升；与 TAS 的 DO-PO 能力清单扩充；开展了零部件的生产协同。

成都凯天电子股份有限公司

一、企业基本情况

成都凯天电子股份有限公司（简称航空工业凯天）是航空工业集团下属科技型企业，隶属于中航机载系统有限公司，是飞机大气数据系统、飞机集成数据系统、仪表与传感器、无线数据传输系统、位置检测与控制系统、密封连接（飞机管路）等航空机载设备研制生产一体的国有大型骨干企业。其前身为国营清江仪表厂，创建于1962年。2009年正式启用成都凯天电子股份有限公司名称。2017年通过国家级企业技术中心认定，2018年通过高新技术企业认定，2019年获批“四川省航空传感器工程技术研究中心”和“博士后创新实践基地”，2020年入选国务院国企改革办“科改示范行动”企业，2021年度、2022年度在中央企业所属“科改示范企业”专项考核中分别获评“标杆”“优秀”。

航空工业凯天现有职工1800余人，科研人员725人，其中集团级技术专家9人，公司级专家45人，另有享受国务院政府特殊津贴专家4人，省部级高层次人才累计40余人。科研人员中硕士研究生及以上学历343人，高级及以上职称118人。

航空工业凯天现有设备包括大气数据校准系统、压力传感器综合环境试验验证平台及复杂环境高品质流场试验验证系统等高精尖设备，大力提升了公司大气数据系统、位置检测系统、传感器等产品的研发设计、调试测试、试验验证等科研生产能力。

航空工业凯天具备从需求开发、设计仿真、试验验证、生产交付、售后服务全流程的体系保障能力，是国内第一家完成万分级压力传感器研制和工程化应用的企业。先后形成了嵌入式算法及气动布局技术等10大核心技术，建立了硅压阻芯体实验室等8个专业实验室，获得了国家级及省（部）级技术发明奖、科技进步奖62项，其中国家科技进步奖特等奖2项。航空工业凯天于20世纪80年代开始国际合作，先后与伊顿、霍尼韦尔等国际知名企业开展民用航空业务合作，通过了美国联邦航空局（FAA）适航认证、软硬件设计保证等级A级审查，形成了较强的民用航空产业发展基础。

二、生产经营情况

2023年，航空工业凯天资产总额46.1亿元，实现工业总产值18.2亿元，营业收入20亿元，净利润9047万元，研发支出2.8亿元，整体经济运行快中提质，综合实力不断攀升。

三、主要产品

航空工业凯天以传感器为平台，大力发展大气数据系统和位置检测与控制两个核心专业，衍生发展密封连接专业和流体传输专业，在深耕航空航天市场的同时，拓展高端工业制造市场。

在民用航空领域应用的产品主要包括：为国内民用航空器配套大气数据系统、起落架收放控制及位置告警系统、舱门信号系统、燃油泵、压力/温度/振动/接近传感器等，涵盖C919、新舟60/600/700、AG600、ARJ21、AC系列直升机、长江1000/2000AX发动机、通用飞机（含固定翼有人机、固定翼无人机、有人直升机、无人直升机）平台；为国际民用航空器生产高精度压力测试仪、机箱、磁液位指示器、温度传感器等，主要客户为伊顿公司、霍尼韦尔公司，涵盖波音777/787、空客A320/A321/A330/A340/A319等多个主流机型；具备500多个大项和3600多个小项的民航产品维修资质和能力。

四、产品开发与技术进步

（一）产品开发

配套AG600M（全状态灭火型）的大气数据系统、起落架收放控制系统、传感器等20余型产品和配套 AC313A 的大气数据系统、传感器、燃油增压泵等 9 型产品实现首飞，保障了航空工业集团重点民机任务的关键节点。

配套 ARJ21 的舱门信号系统完成随机取证，配套 C919 的加温控制器与全静压探头两型产品助力商飞 C919 成功实现商业首航并持续顺利运营。

5 型 CTSO 取证产品取得 CTSO 证书，标志着该 5 型产品的设计和生产获得了适航批准，可以以“货架产品”的方式在民用航空市场上进行销售，为大气数据系统在大型民用飞机的推广奠定了坚实的基础。

（二）技术进步

通过关键技术攻关，掌握了民用飞机高可靠高安全大气数据系统集成验证技术、迎角传感器动态特性设计与验证技术、迎角传感器鸟撞防护技术、探头防除冰设计与验证技术、探头防尘防水设计与验证技术。

五、国际经济技术合作

（一）转包业务

2023 年转包业务销售收入 1.07 亿元，其中航空项目交付 5112 万元，非航空项目 5889 万元；业务订单量和交付量相对 2022 年有较大恢复。

市场开发方面，霍尼韦尔项目成功交付了第一个机电项目——开关组件的首件，为后续该项目业务的转型升级奠定了基础；扭矩器项目迎来了最大的订单涨幅，成功将非航空项目的产品结构从机加件为主转变为机电组件为主。

（二）国际合作

C919 总静压探头项目方面，向霍尼韦尔交付了共 14 件总静压探头，完成了所有试验能力建设并获得认证，所有涉及的特种工艺完成 NADCAP 取证。交付的产品保障了东方航空商业运营航线的正常运行。完成与霍尼韦尔就后续 EASA 取证合作的初步对接，并就 C919 总静压探头项目衍生的高加速应力筛选试验技术合作达成合作意向。

人才引进方面，完成 1 名外籍专家引进并正式入职，主要在民机新技术领域开展研究和探索，梳理面向未来民机发展的五个项目机会（融合大气数据系统、结构健康监测系统、功率管理探头、健康感知探头、同轴加热丝电缆）。

成都华太航空科技股份有限公司

一、企业基本情况

成都华太航空科技股份有限公司（简称华太航空）成立于 2002 年，是国内首批获得民航维修许可证的民营企业，主要从事航空机载附件维修、机载设备研制、航空测试设备研制、航材贸易和租赁及交换、加改装、机场和机务地面设备维护与贸易等综合性航空技术服务。2023 年，华太航空总资产近 3 亿元，员工总数 348 人，其中技能人员 101 人。

华太航空拥有各类航空专用测试设备近千余台（套），包括欧宇航 ATEC6 综合测试设备、TESTEK 大流量液压泵 / 马达和附件自动测试系统、TESTEK 大流量气动附件综合测试系统、Aeroflex 全套航空电子测试设备、DRUCK 大气数据测试仪等数十台 CMM 手册推荐的专用测试设备。华太航空构建了符合国际质量标准和 CAAC、FAA、EASA 适航规章的管理体系，已获得 FAA、CAAC、JMM、PMA、MDA、STC、DER、航空运营人承修商证书、航材分销商证（含二手件）、柯林斯宇航授权经销商、泰雷兹许可服务中心、AstroNova Aerospace 授权服务中心、贝克授权经销商、斯威特利克授权经销商、佳明授权维修服务中心、钻石系列飞机授权维修中心、钻石 AE 发动机授权服务中心、天发发动机授权维修中心、唯亚威公司中国区一级代理等厂家授权、许可，是四川省高新技术企业、国家专精特新“小巨人”企业、四川省“专精特新”企业，被认定四川省企业技术中心，担任中国民用航空协会理事单位。

二、生产经营情况

2023 年营业收入 24926 万元，研发费用为 1430.39 万元，净利润为 3500 万元。

三、主要产品

（一）航空机载设备维修

华太航空为国内航空用户提供航空机载部附件的检测、修理、翻修和改装服务，国内主流航空用户全覆盖，综合实力在国内第三方独立维修企业中排名第五，已成为国内机载部附件维修骨干单位。

华太航空高度关注技术研发和维修创新，在多年维修经验的基础上不断探索，每年新增维修能力在 300 余项左右，涵盖了通信、导航、飞行、飞控、电源、应急设备、液压、气动、客舱及娱乐等 ATA21 ~ 80 各章节所有分系统部件章节。

（二）机载设备研制

1. PMA 研制

2023 年，完成 PMA 零部件项目单的合并，合并为金属类、标牌类、电子类、改装类、过滤器类、有机材料类 6 个项目单；年内完成新项目取证 21 批次，新增能力件号 200 余个。

2. 加改装

华太航空建立了专业且具有丰富飞机加改装经验的设计团队，能根据航空客户的运营需求，进行专项独立设计，并制定了完整的设计体系与取证流程；能独立完成国内 CAAC MDA/STC 的方案设计、项目管理、持续适航保障与适航取证。2023 年，华太航空与中电科航空电子有限公司共同完成厦门航空 15 架 A321 飞机 IWO 机载娱乐系统加改装项目的全套方案设计与现场技术支援服务，并按期交付 15 套 IWO 系统改装包；完成梧州中航飞校 2 架 C90 飞机 ADS-B OUT 改装项目。

（三）航空测试设备研制

测试保障技术是支撑现代航空工业发展的基础技术之一，涵盖了从航空产品设计、研制到运营保障的全寿命周期过程。华太航空的航空测试设备研制工作，已形成航空测试设备、集成验证系统、地面保障设备、数据采集器四大产品门类，产品广泛用于航空、航天、高铁、通信、工业测控等领域。客户对象包括国内科研院所、高校、航空运营公司、航空维修公司等。

四、产品开发与技术进步

华太航空拥有有效专利和软件著作权70项。其中，发明专利5件，实用新型专利40件，软件著作权25件，连续通过“高新技术企业”认定。

2023年，华太航空开发项目围绕国内的空客A320S、波音737NG、波音787、空客A330以及国产ARJ21等主流机型进行，全年完成10批次共286项CAAC能力的取证。

首次完成CCAR121部系统级MDA改装和CAAC STC取证，完成厦航15架次IWO改装包交付。

2023年，PMA件研发新增200余件号能力，产品交付共3800余件，其中气滤2400件。

西安飞豹科技有限公司

一、企业基本情况

西安飞豹科技有限公司成立于 1989 年，是航空工业第一飞机设计研究院投资设立的具有独立法人资格的全资子公司，占地约 73020 米^2，注册资本 2.4 亿元，拥有员工 737 人。西安飞豹科技有限公司是国家高新技术企业，被认定为陕西省企业技术中心、西安市企业技术中心，荣获中国产学研合作创新企业、陕西省两化融合典型示范企业、陕西省著名商标等荣誉称号。

二、生产经营情况

2023 年，西安飞豹科技有限公司民用航空产品实现收入 1.3 亿元，全年完成项目交付 82 项，较 2022 年提高 9%。其中，模型交付 29 套，较 2022 年增加 2 套。

三、主要产品

西安飞豹科技有限公司主要产品包括飞机机载设备、飞机地面保障设备、航空工程专用设备、飞行模拟器、飞机试验模型。产品服务遍及国内 100 多个科研院所、企业单位，并同时参与多个国家重点项目，良好的研发生产实力，确立了西安飞豹科技有限公司在国内航空高端装备制造及仿真模拟产业领域的领先地位。

（一）模拟仿真类产品

西安飞豹科技有限公司拥有良好的仿真产品的技术研发设施和试验环境，为仿真产品的研发提供了坚实的基础，已成功为国内多家航空公司、科研院所、企业提供了多套优秀的仿真及模拟器类产品，产品涉及航空、船舶、电子、工业等诸多领域的仿真技术应用。多飞机数据拟合处理及分析、数据库分布式采集系统、模拟器开发运行平台的多项技术已达到国内外领先水平。

（二）试验模型类产品

西安飞豹科技有限公司实现了全机吹风试验模型加工，加工难度及精度均达国内领先水平，为民用飞机的研制做出了重要贡献，并形成在飞机风洞试验吹风模型加工领域的核心竞争力。模型产品范围主要包括测力模型、测压模型、部件模型、超低温试验模型等，近 10 年来参与了国内多个飞机风洞试验模型加工任务，在业内形成良好口碑。

四、产品开发与技术进步

（一）设计工艺优化成效初显

2023 年，西安飞豹科技有限公司不断聚焦核心能力，紧密对接市场需求，快速响应用户痛点，持续推进产品谱系完善，加快成熟产品优化升级，加强工艺改进，提升了整体研发实力。

（二）数字化建设稳步推进

2023 年，西安飞豹科技有限公司完成数字化成熟度评估、数字化业务论证、数字化系统架构、数字化产品开发等相关工作；开展产品 BOM 数据库标准化定义和建立，实现财务业务并入数字化系统，逐步建立成本价格库，打通生产和采购环节，建立经营数据大屏，实现经营、生产、采购业务的数据互通和监控决策功能。

（三）专利成果稳步增长

西安飞豹科技有限公司获批秦创原两链融合“促进器”示范平台、“陕西省航空模拟器产业高价值专利培育中心”。在 2023 年度研究院科技成果评选中，《一种针对大型无人机地面综合试验系统的研制和应用》获得科技成果奖二等奖，《一种投放类模型挂架机构研究及应用》获得科技成果奖三等奖。全年共申报各类专利 19 项。其中，发明专利 4 项，实用新型专利 15 项。

（四）研发生产能力不断增强

2023年，研发经费投入较2022年有提升，其中预研项目投入经费420万元，有力支持了公司各项研发工作；全年完成固定资产投资47项480余万元，陆续形成3D打印、激光切割、无损检测等能力，促进了公司生产能力的提升。

五、国际经济技术合作

西安飞豹科技有限公司从1999年开展对外贸易业务，拥有独立的对外贸易业务代理经营权，近年主要为客户提供所需的技术、软硬件设备对外贸易代理服务。

湖南汉能科技有限公司

一、企业基本情况

湖南汉能科技有限公司（简称汉能科技）成立于 1993 年，2019 年入驻株洲国家高新区董家塅高科技工业园航空科创园，主营业务为航空、航天发动机和燃气轮机试验装备及零部件加工制造，主要为国家新型发动机的研制和试验验证提供试验测试设备。

汉能科技拥有一支长期从事航空发动机及燃气轮机试验设备、非标设备研制且具有丰富经验的项目管理团队和技术团队。承建过压气机试验台、立式安装压气机试验台、四轴转子动力学试验台、雷诺数连续可调亚跨超声速风洞以及 3 万米、马赫数为 4 的高空环境模拟试验台。

汉能科技业务涵盖机械、电气、流体力学等多个专业技术领域，拥有 30 余人组成的专业技术研发、工匠队伍，包括硕士研究生、研究员、高级工程师等高级人才，其中高级职称 5 人，中级职称 10 人，2 人获得株洲市 C 类、E 类人才分类认定。

2019 年，汉能科技获评国家高新技术企业；2021 年，获评湖南省专精特新“小巨人”企业；2022 年，获评工业和信息化部第四批专精特新“小巨人”企业；2023 年，获评湖南省省级企业技术中心；2023 年，获得“2023 第十二届中国创新创业大赛高端装备制造全国赛优秀企业”。汉能科技拥有有效专利 52 项，授权专利 39 项，其中发明专利 12 项。

二、生产经营情况

2023 年，汉能科技营业收入 7839.7 万元，年度缴税达 632.24 万元，投入研发费用 549.58 万元。

三、主要产品

汉能科技的业务板块主要有两机试验设备业务、两机技术服务业务、两机研究用试验件业务和金属零部件加工业务，其中，两机试验设备业务收入占将近 90%，系公司的主要业务，主要产品有：

（一）整机实验设备

主要包括涡轴发动机整机试车台、涡桨发动机整机试车台、涡扇发动机整机试车台、活塞式发动机整机试车台、地面燃机试车台、特种试车台、高空模拟试车台等，以满足发动机整机科学研究试验、研制试验、批产试验为目标，类型全，种类多，自动化程度高，满足各型发动机地面台架试验及高空模拟试验需求。

（二）部件试验设备及基础研究设备

压气机试验器：可满足各类型风扇、压气机部件的试验验证需求，最高转速达 82000 转 / 分，最高排气温度 700℃，最大排气压力 3 兆帕；燃烧试验器：承担不同进气压力、进气温度、进气流量的燃烧试验器的建设，可满足燃烧室技术研究以及产品检测需求，最高燃气温度达 2000℃，最高燃气压力达 3 兆帕；涡轮试验器：满足先进的涡轮部件的技术研究及产品检测需求，最高进气压力达 3 兆帕，最高进气温度达 1800℃；系统试验器：满足燃油控制、润滑、密封、轴承及其他发动机成附件的技术研究及产品检测需求，以及结构强度试验器、进排气系统试验器等。

四、产品开发与技术进步

汉能科技是国内具有一流的航空发动机和燃气轮机试验平台 / 试验件设计、制造、集成以及调试技术，能够提供试验设备一站式整体解决方案的民营企业。汉能科技的 6 兆瓦级燃机测试台，用于燃气轮机维修后的调整试车和出厂检验试车，测试点位及精度达到原厂水平，能够实现自动生成测试报告等功能。

四川九洲空管科技有限责任公司

一、企业基本情况

四川省九洲空管科技有限责任公司成立于2010年12月，是专业从事空中交通管理及相关航空电子装备研制的高科技企业，注册资本1.79亿元，总资产22.62亿元。

四川省九洲空管科技有限责任公司始终秉持“创新空管科技，服务航空安全”使命，坚持面向世界航空科技前沿、面向国家航空重大需求、面向自主可控、面向航空安全，经过10余年的创新发展，已成长为我国航空航天装备领域重大技术装备重点企业，被认定为“国家高新技术企业”“国家专精特新‘小巨人’企业”“国家知识产权示范企业”等，建有国家空管监视与通信系统工程技术研究中心、民航航空监视与机载防撞工程技术研究中心、民航无人驾驶航空器系统重点实验室、四川省空中目标探测与识别工程技术研究中心等国家、省部级创新平台。

二、生产经营情况

2023年，实现营业收入11.14亿元，产值12亿元，利润总额1.17亿元。

三、主要产品

（一）空管产品

包括二次监视雷达、ADS-B地面站设备、场面监视雷达、广域多点定位系统、场面多点定位系统、测距仪、多普勒甚高频全向信标、低空空域协同运行中心、通用航空飞行服务站等。

（二）机载航电设备

主要包括机载防撞系统、机载ADS-B设备、应答机、客舱广播内话系统等。

（三）星载设备

主要包括星基ADS-B等，广泛应用于各型机场、雷达站、C919飞机等平台，覆盖飞机起飞、爬升、巡航、下降、着陆全过程。

四、产品开发与技术进步

（一）新产品开发情况

2023年，场面监视雷达、广域多点定位系统分别取得民用航空空中交通通信导航监视设备使用许可证、临时使用许可证。

（二）重大技术进步情况

2023年，承担国家科学技术部专项3项，一批关键技术取得重要突破，新获得发明专利授权13件。3项成果获得科技进步奖项，其中，“星基ADS-B全球飞行监视关键技术及应用”获得2023年中国航空学会技术发明奖一等奖，“面向智慧空管的复杂场景评估决策关键技术及应用”获得2023年中国航空学会科技进步奖二等奖，“中国民航空中交通航迹运行安全监控系统关键技术及应用”获得2023年中国电子学会科技进步奖一等奖。

2023年，二次监视雷达、ADS-B地面站设备、测距仪、多普勒甚高频全向信标等设备在国内民航领域实现了进一步推广应用，在西南、华东地区共计部署百余套；C919大型客机客舱广播内话系统正式开展商业化运营；系列配套通航飞机/直升机等应答机持续护航低空安全；场面监视雷达即将在中南地区开展应用；成果转化方面取得显著成效。

五、重大设施建设

2023年，四川省九洲空管科技有限责任公司持续强化能力建设与布局，实施技改提能专项计划。依托国家空管监视与通信系统工程技术研究中心实验室，进一步完善集成研发、仿真验证、测试、联试及试验环境，购置便携式网分仪、Questa Prime等仪器、设备和软件367台（套）；完成了成都创新中心建设并投入使用，为高能级科技创新平台运行提供了有力保障。

四川德鑫航空设备股份有限公司

一、企业基本情况

四川德鑫航空设备股份有限公司创建于2011年，注册资本2561万元，工厂占地9.4万米^2，厂房面积约5万米^2，在职员工300余人，是国内首批专注创新专业智能机场航空物流设备的制造商，是一家全面提供机场航空物流设备的规模化生产企业，市场占有率稳居行业前三。

四川德鑫航空设备股份有限公司专业从事机场智慧航站楼、机场智慧货站、绿色机坪的建设，主要产品有机场新能源特种车、行李货物智能分拣输送系统、机场冷链驳运车、智能旅检系统、值机设备、航空集装器等一系列机场航空物流专用设备。多项产品为国内首创，先后参与制定了4项产品行业标准。现已成为国内大中型机场、航空公司、快递物流企业核心供应商。

四川德鑫航空设备股份有限公司是第一批国家专精特新“小巨人”企业，在行业内率先通过质量、环境、职业健康安全、商品售后服务、诚信管理及两化融合管理体系认证、安全标准化三级认证；荣获国家高新技术企业、省级企业技术中心、省级服务型制造示范企业、省级质量信用AAA示范企业、省级绿色工厂、省科技成果转移转化示范企业、省级新一代信息技术与制造业融合发展试点示范企业、市级工程技术研究中心、市级智能制造试点示范单位、市级优秀民营企业、市级现代企业制度示范企业等资质荣誉。四川德鑫航空设备股份有限公司近年累计获得各式专利80余项、软件著作权登记1项、省级重大技术装备首台（套）认定2项、省级专利创新创业奖1项、市级科技进步奖1项、省级科技成果登记4项，技术水平国内领先。

二、生产经营情况

2023年，实现营业收入8600万元，研发投入604.06万元，占营业收入的7%。

三、主要产品

四川德鑫航空设备股份有限公司通过自主研发创新，在深入分析市场需求的基础上，开展了一系列支撑企业发展所需要的产品及关键技术的研发工作，研发了系列机场航空物流专用设备。

（一）机场电动牵引车

机场电动牵引车是遵循零排放设计理念，具有自主知识产权的新一代环保型电动牵引车。该系列牵引车可选择配置多种容量的锂电池或磷酸铁锂蓄电池，满足客户多元化需求。驾驶室内宽广的视野，可选配的空调，为操作员提供最佳驾驶舒适性。

（二）新能源电动8T牵引车

此款小吨位牵引车体积小，转弯半径小，适用于货场、仓库等室内空间灵活操作。配置性能优良的锂电池管理系统，车辆拥有电控自动保护、操作顺序保护、紧急断电、行走速度控制等智能化运行功能。

（三）机场电动传送带车

机场电动传送带车用于行李与货物在客机腹舱的装卸。该设备传送架前端可升降1200~4300毫米，后端可升降525~1600毫米，高度可调，适用于大、中、小客机进行行李与货物装卸。此车型为纯电动，续航里程为240千米，动力电池可以高低压兼容输出，充满电时间为6小时。在安全保障方面，设备与客机接触的传送架前端配置激光测距仪，可实时探测显示前方障碍物距离，当距离小于等于2米时，设备将以小于等于2千米/时的速度前行。

（四）电动搬运车

电动搬运车车身小、自重轻，能在狭小的通道内作业，能满载进入电梯，并能在轻载荷楼面作业，主要用于水平搬运和货车装卸。

（五）冷链驳运车

冷链驳运车适用于疫苗、鲜活、鲜花、家禽等转运工作。该车启动 15 分钟即可将箱内温度降低至 0℃，最低温度可保持在 -20℃且箱内任何部位温度均衡。该车设有自动恒温、逃生窗及报警装置。

（六）机场拖车

拖车用于机场散货行李、集装箱、集装板等货物的装载转运。拖车前桥装有公司专利产品特制转盘，保障拖车在行驶过程中转向平稳自如。拖把结构安全轻便，具有多车链接和刹车双重功能。作为公司基础产品系列，得到客户广泛认可，目前该系列产品市场占有率约为 40%。

（七）机场值机输送机

机场值机输送机包含称重输送机、安检输送机及注入输送机。输送机采用全不锈钢制作，外形美观，功能稳定。称重输送机对运输中的行李动态称重；行李到达安检输送机上时安检机会对旅客行李自动安检；注入输送机将旅客行李输送到行李分拣输送机上。

（八）机场智能旅客安检空框传送回收设备

机场智能旅客安检空框传送回收设备是旅客随身行李在安检时与安检扫描仪联动的设备，包含智能空框回收、行李框传送及空框收集堆码功能。设备可根据旅客实际使用频率自动启动或暂停，有效降低能耗。设备外观设计美观、结构紧凑、软件系统性能稳定。

（九）伸缩皮带输送机

伸缩皮带输送机除了常用的三节式和四节式，还可定制任意节式。具有升降和伸缩性能，输送带正反向运输可随时变换，运送距离可在一定范围内随意调整。占地面积小、功耗低、载重能力强，普遍应用于机场、物流等行业完成物品的传输、装卸工作，极大地提高工作效率，减少货物的损伤，缩短车船、飞机的装卸时间。

四、重大设施建设

四川德鑫航空设备股份有限公司 2023 年投资 1280 万元，完成了“航空地面设备生产线和物流快递分拣输送设备生产线”扩建项目。

第四部分

中国民用航空工业统计数据

1. 综 合 情 况

1.1　全国民用航空工业企业综合情况（见表 1–1）

表 1–1　全国民用航空工业企业综合情况

指　标	计量单位	2023 年	2022 年	指　标	计量单位	2023 年	2022 年
单位数	个	**296**	**330**	**工业总产值**	**万元**	**25382199**	**33803751**
国有企业	个	50	30	**民用航空产品产值**	**万元**	**13116669**	**11007016**
有限责任公司	个	96	194	民用飞机（不含无人机）产品产值	万元	1412321	1094729
股份有限公司	个	40	42	民用飞机零部件产品产值	万元	1402836	972097
私营公司	个	66	16	民用航空发动机产品产值	万元	11849	105812
其他内资	个			民用航空发动机零部件产品产值	万元	862453	599188
港澳台商投资、外商投资	个	44	48	民用飞机机载系统和设备产值	万元	75585	102988
全部从业人员人数	**万人**	**35.0**	**33.8**	民用飞机机载系统和设备及零部件产值	万元	99825	267091
民用飞机（不含无人机）累计交付数量	架	2880	2670	其他民用航空产品及零部件产值	万元	756174	554986
民用飞机（不含无人机）本年交付数量	架	210	293	民用飞机修理产值	万元	1683969	1288902
民用飞机（不含无人机）本年交付金额	万元	567333	683868	民用航空发动机修理产值	万元	2953243	2043646
无人机本年交付数量	架	3222396	3078562	其他民用航空产品及零部件修理产值	万元	538112	550942
无人机本年交付金额	万元	1948243	1605644	民用飞机机载系统和设备修理产值	万元	113018	131087
民用飞机（不含无人机）新增确认订单	架	430	444	无人机产品产值	万元	3207285	3295549
民用飞机（不含无人机）新增意向订单	架	75	–16				
无人机新增确认订单	架	2537595	2446529				
无人机新增意向订单	架	950137	919262	资产合计	万元	89916530	78930359
民用飞机（不含无人机）储备确认订单	架	1122	883	营业收入	万元	35612098	30402152
民用飞机（不含无人机）储备意向订单	架	896	1094	**民用航空产品收入**	**万元**	**11956271**	**9978866**
无人机储备确认订单	架	634299	620156	营业成本	万元	28831984	23850474
无人机储备意向订单	架	380289	373960	利润总额	万元	2655382	1725373
民用航空产品转包生产	—			总资产贡献率	%	3.0	2.1

表 1–1（续）

指　标	计量单位	2023 年	2022 年	指　标	计量单位	2023 年	2022 年
民用航空产品转包生产交付金额	**万美元**	**202270**	**186995**	资本保值增值率	%	115.4	101.4
民用飞机零部件	万美元	118272	97841	资产负债率	%	55.2	57.2
民用发动机零部件	万美元	53805	40020	流动资产周转次数	次 / 年	0.6	0.6
民用飞机机载系统和设备及零部件	万美元	14773	13517	成本费用利润率	%	9.2	7.2
其他民用航空产品及零部件	万美元	15420	35618	产品销售率	%	95.3	89.9
民用航空产品转包生产新增订单	**万美元**	**127917**	**273304**	民用航空产品固定资产投资	万元	639043	624618
民用飞机零部件	万美元	38371	184455	民用航空产品（R&D）经费支出	万元	2767423	2526421
民用发动机零部件	万美元	61648	44156				
民用飞机机载系统和设备及零部件	万美元	14536	14753				
其他民用航空产品及零部件	万美元	13363	29941				
民用航空产品转包生产储备订单	**万美元**	**403588**	**493961**				
民用飞机零部件	万美元	341498	397407				
民用发动机零部件	万美元	57837	53556				
民用飞机机载系统和设备及零部件	万美元	326	3390				
其他民用航空产品及零部件	万美元	3927	39608				

注：为保持统计延续性，将民用飞机和无人机数据分开统计，整套表中的民用飞机指不包含无人机的民用飞机。

1.2　2023 年全国民用航空工业企业主要经济指标（见表 1–2）

表 1–2　2023 年全国民用航空工业企业主要经济指标

指　标	单位数 / 个	全部从业人员人数 / 人	民用航空产品产值 / 万元	民用航空产品销售收入 / 万元	利润总额 / 万元
全国总计	**296**	**349949**	**13116669**	**11956271**	**2655382**
按注册登记类型分					
内资企业	252	300818	4524477	4440368	1505231
国有企业	50	71461	370703	571588	446667
有限责任公司	96	162427	2889212	2646018	254688
股份有限公司	40	53179	897702	823941	627691
私营企业	66	13751	366859	398820	176185
港澳台商投资企业	17	29022	4671045	4030321	984388
外商投资企业	27	20109	3921148	3485582	165762
按三大经济地带分					
东部地区	132	138075	10296643	9273721	1468468
中部地区	66	85131	577798	494182	737981
西部地区	98	126743	2242229	2188368	448933
总计中					
中国航空工业集团有限公司	64	180250	1422704	1540787	1235991
中国商用飞机有限责任公司	6	18150	1245030	1167465	-560198
中国航空发动机集团有限公司	14	54854	394951	428958	387973
中国航天科工集团有限公司	1	130	9834	12504	227
中国电子科技集团有限公司	2	1270	62277	108954	14237
地方民用航空工业企业	209	95295	9981873	8697604	1577151

1.3 2023 年各地区民用航空工业企业主要经济指标（见表 1–3）

表 1–3 2023 年各地区民用航空工业企业主要经济指标

地 区	单位数 / 个	全部从业人员人数 / 人	民用航空产品产值 / 万元	民用航空产品销售收入 / 万元	利润总额 / 万元
全国总计	**296**	**349949**	**13116669**	**11956271**	**2655382**
北 京	14	19752	1273886	1355022	351333
天 津	4	3680	174749	164777	–7575
河 北	2	954	18915	15003	–2763
辽 宁	10	28642	406439	327613	406171
黑龙江	6	14491	116004	86977	121252
上 海	11	25615	1262809	1187927	–549546
江 苏	29	17158	536837	449302	171233
浙 江	28	5681	143870	168040	82712
安 徽	11	3404	44292	40609	34263
福 建	10	5781	1414504	1005761	125378
江 西	11	13476	52336	62330	–26666
山 东	8	5005	245898	215395	53728
河 南	9	29313	74951	22378	456040
湖 北	8	3510	233326	213069	51435
湖 南	18	18669	56499	65851	97616
广 东	16	25807	4818736	4384880	837796
重 庆	2	503	12039	12039	1263
四 川	38	45358	1470412	1391566	85595
贵 州	11	6782	118764	143941	93140
陕 西	43	70501	634579	638307	252685
甘 肃	4	3599	6435	2515	16251
其他省份	3	2268	389	2967	4042
总计中					
中国航空工业集团有限公司	64	180250	1422704	1540787	1235991
中国商用飞机有限责任公司	6	18150	1245030	1167465	–560198
中国航空发动机集团有限公司	14	54854	394951	428958	387973
中国航天科工集团有限公司	1	130	9834	12504	227
中国电子科技集团有限公司	2	1270	62277	108954	14237
地方民用航空工业企业	209	95295	9981873	8697604	1577151

1.4 2023 年全国民用航空工业企业分布（见表 1–4）

表 1–4 2023 年全国民用航空工业企业分布

	企业数	按注册登记类型分类						总计中						按从业人员数量分类			
		国有	有限责任公司	股份有限公司	私营	港澳台	外资	中航工业	中国商飞	中国航发	航天科工	中国电科	地方民用航空	300 人以下	300 ~ 1000	1000 ~ 2000	2000 以上
全国总计	**296**	**50**	**96**	**40**	**66**	**17**	**27**	**64**	**6**	**14**	**1**	**2**	**209**	**154**	**77**	**28**	**37**
北 京	14	4	5	2	1	0	2	4	1	2	0	0	7	7	3	2	2
天 津	4	0	2	0	0	1	1	2	0	0	0	0	2	1	2	1	0
河 北	2	0	2	0	0	0	0	2	0	0	0	0	0	1	1	0	0
辽 宁	10	1	5	0	4	0	0	2	0	1	0	0	7	6	1	0	3
黑龙江	6	1	2	2	0	1	0	1	0	1	0	0	4	2	2	0	2
上 海	11	5	6	0	0	0	0	4	5	1	0	0	1	2	2	3	4
江 苏	29	8	6	2	5	3	5	5	0	1	1	1	21	14	11	2	2
浙 江	28	0	11	3	11	1	2	1	0	0	0	0	27	23	4	1	0
安 徽	11	0	5	3	3	0	0	1	0	0	0	0	10	7	3	1	0
福 建	10	1	0	0	0	4	5	0	0	0	0	0	10	7	2	0	1
江 西	11	2	4	0	4	0	1	2	0	0	0	0	9	9	0	0	2
山 东	8	3	0	3	1	1	0	1	0	0	0	0	7	4	2	2	0
河 南	9	2	3	3	1	0	0	3	0	0	0	0	6	4	1	1	3
湖 北	8	2	2	1	2	1	0	4	0	0	0	0	4	5	2	1	0
湖 南	18	3	5	3	6	1	0	1	0	4	0	0	13	11	2	2	3
广 东	16	1	0	4	4	3	4	1	0	0	0	0	15	7	5	2	2
重 庆	2	0	0	1	0	0	1	0	0	0	0	0	2	1	1	0	0
四 川	38	4	12	8	8	1	5	7	0	1	0	1	29	16	18	1	3
贵 州	11	2	7	1	0	0	1	4	0	1	0	0	6	4	5	1	1
陕 西	43	9	15	4	15	0	0	14	0	1	0	0	28	21	9	4	9
甘 肃	4	1	2	0	1	0	0	3	0	0	0	0	1	1	0	3	0
其他省份	3	1	2	0	0	0	0	2	0	1	0	0	0	1	1	1	0

2. 产品交付、新增和储备订单及转包生产情况

2.1 全国民用航空产品交付情况（见表 2–1）

表 2–1 全国民用航空产品交付情况

产品名称	计量单位	2023 年	2022 年	2021 年	2020 年	2019 年	2023 年同比增长 /%
民用航空产品交付金额总计	**万元**	**9771155**	**7627512**	**6721679**	**5510115**	**7202472**	**28.10**
民用飞机（不含无人机）整机	万元	567333	683868	482559	583134	340734	–17.04
其中：引进总装线生产飞机	万元	83743	71220	61951	50142	80249	17.58
民用航空发动机整机	万元	11831	15927	3241	412	305	–25.71
民用飞机零部件	万元	1239997	889740	831506	981538	1114839	39.37
民用飞机机载系统和设备	万元	63542	81663	52624	21626	9326	–22.19
民用航空发动机零部件	万元	1240610	571116	309227	339005	657215	117.23
其他民用航空产品及零部件	万元	419676	304146	585712	455025	398538	37.99
民用飞机机载系统和设备及零部件	万元	148573	263449	26259	37182	32140	–43.60
民用飞机修理（不含发动机）	万元	1303288	700619	926901	508077	1485976	86.02
其中：民用飞机拆解	万元	292	529	—	—	—	–44.80
民用航空发动机修理	万元	2349151	2043746	1445923	1313817	1610439	14.94
民用飞机机载系统和设备修理	万元	65371	138632	35288	84800	125725	–52.85
其他民用航空产品及零部件修理	万元	413541	328962	460785	302361	376010	25.71
无人机产品	万元	1948243	1605644	1561654	883139	1051226	21.34

2.2 各地区民用航空产品交付情况（见表 2–2）

表 2–2 各地区民用航空产品交付情况

地 区	2023 年交付金额 / 万元	2022 年交付金额 / 万元	2021 年交付金额 / 万元	2020 年交付金额 / 万元	2019 年交付金额 / 万元	2023 年同比增长 /%
全国总计	**9771155**	**7627512**	**6721679**	**5510115**	**7202472**	**28.10**
北 京	1235200	788527	842931	895205	1053204	56.65
天 津	102663	83783	113833	90585	84104	22.54
河 北	15003	29730	23444	19084	8592	–49.54
辽 宁	385648	215406	283421	220414	356742	79.03
黑龙江	76297	74457	99384	121361	90862	2.47
上 海	493395	563968	331329	400376	275783	–12.51
江 苏	797494	403656	128288	104722	149316	97.57
浙 江	113260	56244	70596	70886	64926	101.37
安 徽	45378	20453	8240	4812	4060	121.86
福 建	1345255	699198	162979	123817	634458	92.40
江 西	64806	25125	24248	14523	29396	157.93
山 东	230965	157207	273691	238935	177504	46.92
河 南	20091	17141	8606	7299	8255	17.21
湖 北	175324	39305	173190	143414	123943	346.06
湖 南	48753	37569	66814	35559	44493	29.77
广 东	3340288	2803703	2723462	1801751	2521941	19.14
重 庆	18977	110185	—	—	—	–82.78
四 川	551395	1024352	1026615	748039	981848	–46.17
贵 州	137192	65621	21560	58169	114340	109.07
陕 西	569945	407303	334314	402592	465212	39.93
甘 肃	3438	4335	4575	7947	12108	–20.69
其他省份	389	245	—	—	—	58.40
总计中						
中国航空工业集团有限公司	1263718	926972	1009119	1044150	1149989	36.33
中国商用飞机有限责任公司	478611	561194	314758	397137	275320	–14.72
中国航空发动机集团有限公司	354863	255127	234397	269875	519608	39.09
中国航天科工集团有限公司	9459	16167	14056	16861	15194	–41.49
中国电子科技集团有限公司	5500	16628	12350	20155	24842	–66.92
地方民用航空工业企业	7659004	5851424	5136999	3761936	5217519	30.89

2.3　全国民用航空产品转包生产情况（见表 2–3）

表 2–3　全国民用航空产品转包生产情况

	2023 年 / 万美元	2022 年 / 万美元	2021 年 / 万美元	2020 年 / 万美元	2019 年 / 万美元	2023 年同比增长 /%
交付金额	**202270**	**186995**	**131468**	**153609**	**256151**	**8.17**
民用飞机零部件	118272	97841	84967	79069	143833	20.88
民用发动机零部件	53805	40020	34326	38876	70122	34.45
民用飞机机载系统和设备及零部件	14773	13517	2070	4891	10290	9.29
其他民用航空产品及零部件	15420	35618	10105	30773	31906	–56.71
新增订单金额	**127917**	**273304**	**85680**	**103690**	**223291**	**–53.20**
民用飞机零部件	38371	184455	47171	42614	110686	–79.20
民用发动机零部件	61648	44156	28967	37642	72837	39.61
民用飞机机载系统和设备及零部件	14536	14753	2346	757	6873	–1.47
其他民用航空产品及零部件	13363	29941	7196	22678	32895	–55.37
储备订单金额	**403588**	**493961**	**377269**	**398662**	**468307**	**–18.30**
民用飞机零部件	341498	397407	321166	320419	357626	–14.07
民用发动机零部件	57837	53556	51782	46791	62423	7.99
民用飞机机载系统和设备及零部件	326	3390	467	225	1045	–90.38
其他民用航空产品及零部件	3927	39608	3854	31228	47213	–90.09

2.4 各地区民用航空产品转包生产交付情况（见表 2–4）

表 2–4 各地区民用航空产品转包生产交付情况

	2023 年 / 万美元	2022 年 / 万美元	2021 年 / 万美元	2020 年 / 万美元	2019 年 / 万美元	2023 年同比增长 /%
全国总计	**202270**	**186995**	**131468**	**153609**	**256150**	**8.17**
北 京	4568	2575	2439	3136	11551	77.40
天 津	0	0	0	0	0	—
河 北	0	0	0	0	—	—
辽 宁	30871	25162	30751	29671	50641	22.69
黑龙江	6534	6684	6182	7858	11151	–2.24
上 海	5673	5883	1805	2288	8309	–3.58
江 苏	16187	15047	6186	2797	3114	7.58
浙 江	8594	5581	1601	3795	7157	53.99
安 徽	302	589	309	27	81	–48.71
福 建	0	0	0	0	—	—
江 西	766	2118	134	763	1213	–63.82
山 东	0	0	0	172	0	—
河 南	223	196	178	174	332	13.78
湖 北	141	0	195	21	0	—
湖 南	2415	2090	1962	4464	4255	15.55
广 东	0	24189	0	28054	23264	–100.00
重 庆	1720	0	—	—	—	—
四 川	39935	40046	32673	31787	60052	–0.28
贵 州	18926	8306	4991	8254	16525	127.85
陕 西	65414	48529	42062	30096	58052	34.79
甘 肃	0	0	0	252	453	—
总计中						
中国航空工业集团有限公司	113719	94306	88164	76888	135453	20.58
中国商用飞机有限责任公司	5487	5855	1712	2288	8309	–6.29
中国航空发动机集团有限公司	42090	37002	32247	36034	68524	13.75
中国航天科工集团有限公司	0	2210	2205	0	0	–100.00
中国电子科技集团有限公司	0	0	0	0	0	—
地方民用航空工业企业	40974	47622	7139	38399	43864	–13.96

2.5 各地区民用航空产品转包生产新增情况（见表 2–5）

表 2–5 各地区民用航空产品转包生产新增情况

	2023 年 / 万美元	2022 年 / 万美元	2021 年 / 万美元	2020 年 / 万美元	2019 年 / 万美元	2023 年同比增长 /%
全国总计	**127917**	**273304**	**85680**	**103690**	**223290**	**–53.20**
北　京	4576	3587	2735	3355	11636	27.60
天　津	0	0	0	0	0	—
河　北	0	0	0	0	—	—
辽　宁	34187	29106	42724	35203	38227	17.46
黑龙江	6534	3547	3148	2205	0	84.21
上　海	0	263	93	0	0	–100.00
江　苏	12043	12668	1437	550	112	–4.93
浙　江	5844	5844	2356	4066	7125	0.01
安　徽	302	468	217	0	21	–35.49
福　建	0	0	0	0	—	—
江　西	0	200	0	610	767	–100.00
山　东	0	0	0	112	0	—
河　南	237	224	17	174	332	5.80
湖　北	437	0	485	43	0	—
湖　南	1892	3946	2384	3774	4596	–52.05
广　东	0	21586	0	18796	28733	–100.00
重　庆	2200	0	—	—	—	—
四　川	12014	33648	10697	9526	80577	–64.29
贵　州	35698	17248	4438	7865	10584	106.97
陕　西	11952	140970	14950	17089	40052	–91.52
甘　肃	0	0	0	322	528	—
总计中						
中国航空工业集团有限公司	41585	183684	49527	39561	104919	–77.36
中国商用飞机有限责任公司	0	0	0	0	0	—
中国航空发动机集团有限公司	33699	34031	28538	35416	72888	–0.98
中国航天科工集团有限公司	0	3305	1357	0	0	–100.00
中国电子科技集团有限公司	0	0	0	0	0	—
地方民用航空工业企业	52634	52284	6258	28713	45483	0.67

2.6 各地区民用航空产品转包生产储备情况（见表 2–6）

表 2–6 各地区民用航空产品转包生产储备情况

	2023 年 / 万美元	2022 年 / 万美元	2021 年 / 万美元	2020 年 / 万美元	2019 年 / 万美元	2023 年同比增长 /%
全国总计	**403588**	**493961**	**377269**	**398662**	**468306**	**–18.30**
北 京	1904	2907	1625	1029	2230	–34.49
天 津	0	0	0	0	0	—
河 北	0	0	0	0	—	—
辽 宁	27526	24210	40244	32510	28130	13.70
黑龙江	0	0	3137	6171	11824	—
上 海	87561	94224	99064	60225	62513	–7.07
江 苏	1000	3330	1535	5200	0	–69.97
浙 江	2941	1673	0	100	100	75.82
安 徽	60	102	0	0	14	–41.18
福 建	0	0	0	0	—	—
江 西	0	1300	0	100	103	–100.00
山 东	0	0	0	0	0	—
河 南	246	232	204	138	357	6.03
湖 北	176	0	263	0	0	—
湖 南	2534	2961	1105	739	1724	–14.42
广 东	0	38982	0	23569	44843	–100.00
重 庆	380	0	—	—	—	—
四 川	22384	25420	29099	47444	77446	–11.94
贵 州	28567	16775	8814	586	5146	70.30
陕 西	228308	281845	192178	220607	233212	–19.00
甘 肃	0	0	0	244	664	—
总计中						
中国航空工业集团有限公司	254479	298755	224863	265913	294743	–14.82
中国商用飞机有限责任公司	87561	94224	99064	60225	62513	–7.07
中国航空发动机集团有限公司	30937	40244	43053	48408	59820	–23.13
中国航天科工集团有限公司	0	2219	815	0	0	–100.00
中国电子科技集团有限公司	0	0	0	0	0	—
地方民用航空工业企业	30610	58519	9473	24116	51230	–47.69

3. 生产销售总值

3.1　全国民用航空工业企业生产销售总值（见表 3–1）

表 3–1　全国民用航空工业企业生产销售总值

指标名称	计量单位	2023 年	2022 年	2021 年	2020 年	2019 年	2023 年同比增长 /%
工业总产值（当年价格）	万元	**25382199**	**33803751**	**41198291**	**34680259**	**34621107**	**–24.91**
民用航空产品产值	万元	**13116669**	**11007016**	**9090704**	**7649638**	**8649559**	**19.17**
其中：民用飞机（不含无人机）产品产值	万元	1412321	1094729	1253255	1217095	792291	29.01
民用飞机零部件产品产值	万元	1402836	972097	867527	758746	1254284	44.31
民用航空发动机产品产值	万元	11849	105812	3753	798	8547	–88.80
民用航空发动机零部件产品产值	万元	862453	599188	425745	379070	696575	43.94
民用飞机机载系统和设备产值	万元	75585	102988	76810	46147	23646	–26.61
民用飞机机载系统和设备及零部件产值	万元	99825	267091	27368	36795	41470	–62.63
其他民用航空产品及零部件产值	万元	756174	554986	580658	461261	457681	36.25
民用飞机修理产值	万元	1683969	1288902	944440	869938	1542297	30.65
其中：民用飞机拆解	万元	253	529	—	—	—	–52.17
民用航空发动机修理产值	万元	2953243	2043646	1461379	1314630	1610218	44.51
其他民用航空产品及零部件修理产值	万元	538112	550942	436871	357599	416808	–2.33
民用飞机机载系统和设备修理产值	万元	113018	131087	69891	67248	116284	–13.78
无人机产品产值	万元	3207285	3295549	2943008	2140311	1689460	–2.68
工业销售产值（当年价格）	万元	**24183082**	**30394178**	**40542192**	**35491603**	**34085498**	**–20.44**
其中：出口交货值	万元	6843070	5484988	4232561	3653339	4990739	24.76
民用航空产品出口交货值	万元	4786611	3919578	2854144	2729162	3038204	22.12
全部从业人员年平均人数	人	**349949**	**337564**	**321629**	**342869**	**360014**	**3.67**

3.2 2023 年各地区民用航空产品产值（见表 3–2）

表 3–2 2023 年各地区民用航空产品产值

地区	单位数/个	民用航空产品产值/万元	各地占总计/%	民用航空产品产值比上年增长/%	民用飞机产品产值（不含无人机）/万元	民用飞机零部件产品产值/万元	民用航空发动机产品产值/万元	民用航空发动机零部件产品产值/万元	民用飞机机载系统和设备产值/万元	民用飞机机载系统和设备及零部件产值/万元	其他民用航空产品及零部件产值/万元	民用飞机修理产值（不含发动机）/万元	民用航空发动机修理产值/万元	其他民用航空产品及零部件修理产值/万元	民用飞机机载系统和设备修理产值/万元	无人机产品产值/万元
全国总计	**296**	**13116669**	**100.00**	**19.17**	**1412321**	**1402836**	**11849**	**862453**	**75585**	**99825**	**756174**	**1683969**	**2953243**	**538112**	**113018**	**3207285**
北　京	14	1273886	9.71	58.60	0	34394	0	41142	0	36	55015	583994	317127	203958	38220	0
天　津	4	174749	1.33	39.39	88960	68059	0	0	0	1793	15754	183	0	0	0	0
河　北	2	18915	0.14	−39.25	10268	2103	0	0	0	0	5543	1001	0	0	0	0
辽　宁	10	406439	3.10	86.09	0	346794	0	39611	0	0	8871	0	0	0	0	11163
黑龙江	6	116004	0.88	9.67	26681	56345	3506	4821	0	0	23681	970	0	0	0	0
上　海	11	1262809	9.63	34.76	1196612	45474	0	10766	1262	0	4733	2944	0	0	1019	0
江　苏	29	536837	4.09	−12.37	1013	20451	0	285649	1290	0	187661	0	0	9825	0	30948
浙　江	28	143870	1.10	69.54	8246	42644	0	12488	110	40	58249	18	0	0	0	22076
安　徽	11	44292	0.34	122.69	0	1597	5658	33147	98	366	512	17	0	324	0	2572
福　建	10	1414504	10.78	47.10	0	0	0	0	0	0	0	523603	815476	75425	0	0
江　西	11	52336	0.40	−15.85	1742	30858	0	0	0	0	10320	1707	0	0	0	7709
山　东	8	245898	1.87	44.10	0	25274	0	4857	0	447	102408	91201	0	4771	16940	0
河　南	9	74951	0.57	266.30	0	51468	0	0	4432	14045	1265	0	0	0	0	3741
湖　北	8	233326	1.78	14.45	134	370	0	79	28707	0	0	37593	0	155548	10896	0
湖　南	18	56499	0.43	−3.28	5402	4863	0	24299	2485	1999	14049	0	0	1100	0	2303
广　东	16	4818736	36.74	0.41	4500	4205	0	0	287	26909	90799	435300	1216547	8248	10211	3021729
重　庆	2	12039	0.09	−89.30	0	0	0	0	0	0	12039	0	0	0	0	0
四　川	38	1470412	11.21	33.11	208	352840	70	145070	35805	11612	127363	46	601964	72561	20930	101942

表 3–2（续）

地区	单位数/个	民用航空产品产值/万元	各地占总计/%	民用航空产品产值比上年增长/%	民用飞机产品产值（不含无人机）/万元	民用飞机零部件产品产值/万元	民用航空发动机产品产值/万元	民用航空发动机零部件产品产值/万元	民用飞机机载系统和设备产值/万元	民用飞机机载系统和设备及零部件产值/万元	其他民用航空产品及零部件产值/万元	民用飞机修理产值（不含发动机）/万元	民用航空发动机修理产值/万元	其他民用航空产品及零部件修理产值/万元	民用飞机机载系统和设备修理产值/万元	无人机产品产值/万元
贵　州	11	118764	0.91	36.87	0	9080	0	92172	0	1370	16142	0	0	0	0	0
陕　西	43	634579	4.84	31.42	66903	305749	2615	168352	1018	40792	21593	5198	2128	5429	14802	0
甘　肃	4	6435	0.05	27.05	1652	269	0	0	91	313	85	0	0	923	0	3102
其他省份	3	389	0.00	61.09	0	0	0	0	0	103	91	195	0	0	0	0
总计中																
中国航空工业集团有限公司	64	1422704	10.85	28.86	107944	1036573	0	24707	36804	55718	102251	9088	0	6366	9821	33431
中国商用飞机有限责任公司	6	1245030	9.49	34.37	1196612	45474	0	0	0	0	0	2944	0	0	0	0
中国航空发动机集团有限公司	14	394951	3.01	19.61	0	21243	3506	324502	0	0	45700	0	0	0	0	0
中国航天科工集团有限公司	1	9834	0.07	–39.17	0	9459	0	375	0	0	0	0	0	0	0	0
中国电子科技集团有限公司	2	62277	0.47	274.53	0	0	0	0	33231	0	0	0	0	29046	0	0
地方民用航空工业企业	209	9981873	76.10	15.89	107765	290087	8343	512869	5549	44107	608223	1671937	2953243	502700	103197	3173854

3.3 2023 年各地区民用航空工业企业销售情况（见表 3–3）

表 3–3 2023 年各地区民用航空工业企业销售情况

地区	工业总产值 / 万元	工业销售产值 / 万元	同比增长 /%	出口交货值 / 万元	同比增长 /%	工业产品产销率 /%
全国总计	**25382199**	**24183082**	**–20.44**	**6843070**	**24.76**	**95.28**
北　京	2437193	2378148	13.40	294362	104.97	97.58
天　津	174749	163324	35.63	145594	24.64	93.46
河　北	25200	24318	–37.55	0	—	96.50
辽　宁	3139250	2967012	18.55	217949	157.17	94.51
黑龙江	1235620	1218190	41.41	50748	9571.44	98.59
上　海	1333860	1151814	–1.54	64390	11.60	86.35
江　苏	1279842	1123852	–41.69	461177	19.64	87.81
浙　江	442049	434521	84.20	59301	36.24	98.30
安　徽	116857	108755	–40.06	13874	293.59	93.07
福　建	1414594	1414614	83.61	1266758	76.66	100.00
江　西	94776	102772	–94.62	470	–86.91	108.44
山　东	291967	238233	–35.24	76590	47.44	81.60
河　南	1299823	1282697	–52.95	82036	1.91	98.68
湖　北	235624	218531	–51.61	43227	28.65	92.75
湖　南	1242480	1120310	–9.47	18791	8.43	90.17
广　东	4875957	4727947	5.33	2630481	7.03	96.96
重　庆	27518	21303	–79.25	4479	63.15	77.42
四　川	2628255	2557066	39.53	1011436	2.66	97.29
贵　州	465380	466496	–53.90	110822	23.18	100.24
陕　西	2579207	2421412	–61.42	290410	38.71	93.88
甘　肃	6435	4133	–90.46	0	—	64.23
其他省份	35563	37635	–0.01	175	24.11	105.83
总计中						
中国航空工业集团有限公司	2738740	2766985	–78.79	953956	6.58	101.03
中国商用飞机有限责任公司	1245030	1066469	9.65	54175	5.45	85.66
中国航空发动机集团有限公司	8638743	8114711	31.40	322633	27.02	93.93
中国航天科工集团有限公司	28773	28773	36.68	0	—	100.00
中国电子科技集团有限公司	62277	59585	258.34	0	—	95.68
地方民用航空工业企业	12668636	12146561	29.23	5512307	28.66	95.88

4. 主要经济指标

4.1　全国民用航空工业企业主要经济指标（见表 4–1）

表 4–1　全国民用航空工业企业主要经济指标

指标名称	计量单位	2023 年	2022 年	2021 年	2020 年	2019 年	2023 年同比增长 /%
一、年末资产负债							
流动资产合计	万元	61920055	54055678	68668129	48146331	45845959	14.55
流动资产年平均余额	万元	54929433	49680665	56341248	45565735	41701744	10.57
固定资产合计	万元	13232961	12399204	12679909	11443358	13046305	6.72
固定资产原价	万元	23509749	20526723	22674676	21556486	22338554	14.53
其中：生产经营用	万元	20925711	17508921	20582762	18731443	17490550	19.51
固定资产净值年平均余额	万元	11706245	10522947	11728346	10684843	11517384	11.24
资产总计	万元	89916530	78930359	95418335	73144009	72145235	13.92
负债合计	万元	49651938	45134549	61149796	40555825	41347265	10.01
所有权益合计	万元	40060877	34725239	34261626	32563860	30758914	15.37
其中：实收资本	万元	18240072	16598573	17298286	15188655	15362821	9.89
二、损益及分配							
营业收入	万元	35612098	30402152	41627239	37215081	36645115	17.14
其中：民用航空产品收入	万元	11956271	9978866	9513912	7839041	9138637	19.82
营业成本	万元	28831984	23850474	34559347	31347365	30120440	20.89
其中：民用航空产品成本	万元	8421649	7842133	7013100	5675470	6465051	7.39
税金及附加	万元	323195	201014	127716	154029	156439	60.78
主营业务税金及附加	万元	—	—	—	—	—	
其他业务利润	万元	—	—	—	—	—	

表 4-1（续）

指标名称	计量单位	2023 年	2022 年	2021 年	2020 年	2019 年	2023 年同比增长/%
营业利润	万元	2660377	1698017	2075901	1873739	1751727	56.68
销售费用	万元	654396	534618	449974	464778	488877	22.40
营业费用	万元						
管理费用	万元	2240133	2005000	2106362	2055157	2242149	11.73
研发费用	万元	2554796	1887017	1701264	1349941	1366940	35.39
财务费用	万元	145452	144099	145343	316983	383601	0.94
其中：利息支出	万元	308928	267286	268998	370762	409639	15.58
补贴收入	万元	294643	151074	126425	171723	112520	95.03
利润总额	万元	2655382	1725373	2082321	1907009	1749861	53.90
应交所得税	万元	293053	257002	347420	301147	247989	14.03
三、其他							
本年应交增值税	万元	975479	765653	302014	293563	241448	27.40
本年民用航空产品固定资产投资额	万元	639043	624618	634406	613545	611386	2.31
全部从业人员人数	人	321657	296636	324027	340758	363233	8.43
其中：工程技术人员	人	92548	82231	88453	86461	91018	12.55
其中：研究与实验发展人员	人	75344	70153	75212	71992	70615	7.40
本年民用航空产品研究与实验发展经费支出	万元	2767423	2526421	2410383	2287604	1940655	9.54
拥有民用航空产品发明专利数	件	15667	10828	10539	9054	7561	44.69
其中：当年民用航空产品发明专利授权数	件	3103	3090	2526	2066	1603	0.42

4.2 2023年各地区民用航空产品收入(见表4–2)

表4–2 2023年各地区民用航空产品收入

地区	民用航空产品收入/万元	各地占总计/%	营业收入/万元	同比增长/%	民用航空产品销售收入占营业收入比重/%
全国总计	**11956271**	**100.00**	**35612098**	**17.14**	**33.57**
北京	1355022	11.33	3135319	33.04	43.22
天津	164777	1.38	172923	93.87	95.29
河北	15003	0.13	32627	–22.03	45.98
辽宁	327613	2.74	2989822	25.06	10.96
黑龙江	86977	0.73	1254747	30.19	6.93
上海	1187927	9.94	2412193	9.80	49.25
江苏	449302	3.76	2770515	8.17	16.22
浙江	168040	1.41	548734	52.89	30.62
安徽	40609	0.34	245292	21.17	16.56
福建	1005761	8.41	1176029	47.18	85.52
江西	62330	0.52	1589086	–19.27	3.92
山东	215395	1.80	476399	10.30	45.21
河南	22378	0.19	3428274	75.95	0.65
湖北	213069	1.78	377068	–40.85	56.51
湖南	65851	0.55	1751583	4.85	3.76
广东	4384880	36.67	4995659	3.34	87.77
重庆	12039	0.10	21361	–62.19	56.36
四川	1391566	11.64	2722175	11.09	51.12
贵州	143941	1.20	713791	–22.86	20.17
陕西	638307	5.34	4573244	36.67	13.96
甘肃	2515	0.02	87012	–29.79	2.89
其他省份	2967	0.02	138244	206.81	2.15
总计中					
中国航空工业集团有限公司	1540787	12.89	12550949	18.53	12.28
中国商用飞机有限责任公司	1167465	9.76	1253309	19.00	93.15
中国航空发动机集团有限公司	428958	3.59	8958934	15.93	4.79
中国航天科工集团有限公司	12504	0.10	12504	–40.60	100.00
中国电子科技集团有限公司	108954	0.91	225487	95.06	48.32
地方民用航空工业企业	8697604	72.75	12610915	15.74	68.97

4.3 全国民用航空工业企业经济效益综合指数（见表 4–3）

表 4–3 全国民用航空工业企业经济效益综合指数

指标名称	单位	2023 年	2022 年	2021 年	2020 年	2019 年	2023 年比上年增减（+–）
总资产贡献率	%	3.0	2.1	2.0	4.1	3.9	0.9
资本保值增值率	%	115.4	101.4	105.2	105.9	129.0	14.0
资产负债率	%	55.2	57.2	64.1	55.4	57.3	–2.0
流动资产周转率	次 / 年	0.6	0.6	0.7	87.6	88.7	0.0
成本费用利润率	%	9.2	7.2	6.0	6.1	5.8	2.2
产品销售率	%	95.3	89.9	98.4	102.3	102.3	5.4

4.4　2023 年各地区民用航空工业企业收入成本及效益（见表 4–4）

表 4–4　2023 年各地区民用航空工业企业收入成本及效益

地区	营业收入 / 万元	同比增长 /%	营业成本 / 万元	同比增长 /%	利润总额 / 万元	同比增长 /%
全国总计	**35612098**	**17.14**	**28831984**	**20.89**	**2655382**	**53.90**
北　京	3135319	33.04	2465832	24.10	351333	269.85
天　津	172923	93.87	153327	94.85	–7575	–19.12
河　北	32627	–22.03	26001	–24.80	–2763	18.23
辽　宁	2989822	25.06	2796510	24.42	406171	32.28
黑龙江	1254747	30.19	1018393	38.72	121252	24.51
上　海	2412193	9.80	2900126	12.29	–549546	11.84
江　苏	2770515	8.17	2006052	0.83	171233	6.79
浙　江	548734	52.89	383653	38.26	82712	–158.85
安　徽	245292	21.17	157256	29.25	34263	9.77
福　建	1176029	47.18	1002000	50.05	125378	38.83
江　西	1589086	–19.27	1422251	–21.55	–26666	–52.16
山　东	476399	10.30	372612	13.19	53728	39.57
河　南	3428274	75.95	2363883	90.23	456040	48.12
湖　北	377068	–40.85	260565	–47.15	51435	–16.98
湖　南	1751583	4.85	2724584	91.73	97616	116.82
广　东	4995659	3.34	2054907	–9.41	837796	3.69
重　庆	21361	–62.19	9541	–76.48	1263	–57.85
四　川	2722175	11.09	2301256	16.10	85595	–16.39
贵　州	713791	–22.86	508637	–23.43	93140	–27.52
陕　西	4573244	36.67	3688768	34.19	252685	75.60
甘　肃	87012	–29.79	117953	31.41	16251	580.82
其他省份	138244	206.81	97877	182.64	4042	122.03
总计中						
中国航空工业集团有限公司	12550949	18.53	9720229	16.84	1235991	48.48
中国商用飞机有限责任公司	1253309	19.00	1923410	18.11	–560198	13.99
中国航空发动机集团有限公司	8958934	15.93	7974802	16.35	387973	10.63
中国航天科工集团有限公司	12504	–40.60	12948	–34.87	227	–89.73
中国电子科技集团有限公司	225487	95.06	159136	74.79	14237	738.33
地方民用航空工业企业	12610915	15.74	9041459	30.32	1577151	53.16

4.5 2023 年各地区民用航空工业固定资产投资和研发投入（见表 4–5）

表 4–5 2023 年各地区民用航空工业固定资产投资和研发投入

地 区	民用航空产品研究与试验发展经费支出 / 万元	同比增长 /%	民用航空产品固定资产投资 / 万元	同比增长 /%
全国总计	**2767423**	**9.54**	**639043**	**2.31**
北 京	34040	37.15	38351	13.20
天 津	3462	–41.28	21281	88.37
河 北	2682	3.63	384	–53.45
辽 宁	13236	48.26	10414	2274.54
黑龙江	30394	–31.68	12395	–57.67
上 海	1363744	2.15	279128	–2.08
江 苏	67463	14.26	34738	68.81
浙 江	8800	28.19	10541	135.05
安 徽	13272	142.30	52397	371.05
福 建	0	–100.00	8621	113.77
江 西	23797	12.89	13820	3.90
山 东	14791	–8.33	38046	468.26
河 南	4516	–64.39	2770	171.91
湖 北	27368	–35.71	5581	–68.01
湖 南	181866	60.30	8453	224.18
广 东	702626	14.03	36643	–66.24
重 庆	4810	–6.94	0	—
四 川	94377	35.61	36699	–22.61
贵 州	7026	–5.36	13949	98.00
陕 西	166846	33.79	10950	–36.36
甘 肃	351	81.63	98	227.33
其他省份	1957	–48.40	3782	65.44
总计中				
中国航空工业集团有限公司	500950	1.71	66788	7.73
中国商用飞机有限责任公司	975480	10.07	152041	5.27
中国航空发动机集团有限公司	566556	–1.18	137611	–11.46
中国航天科工集团有限公司	0	–100.00	0	–100.00
中国电子科技集团有限公司	33671	84.36	2643	–17.18
地方民用航空工业企业	690766	24.51	279960	8.28

5. 附　　录

2023年中国民用航空企业上报情况

附　表

单位名称	所属集团	登记类型	控股情况	主要民用航空产品
全国（296）				
北京（14）				
北京飞机维修工程有限公司		中外合资经营	国有控股	飞机维修
中航新大洲航空制造有限公司		其他有限责任公司	股份合作	发动机内部高温合金及钛合金零件加工制造
北京丰荣航空科技股份有限公司		股份有限公司	私人控股	飞机附件维修、航空器材租赁、航空器材销售
北京汉飞航空科技有限公司		私营有限责任公司	私人控股	发动机叶片
北京科荣达航空科技股份有限公司		私营股份有限公司	私人控股	民用航空器机载系统和设备修理
泰雷兹航空电子（北京）有限公司		外资企业	外商控股	航空设备维修；机载娱乐设备维修
北京北摩高科摩擦材料股份有限公司		私营股份有限责任公司	私人控股	飞机研制、刹车盘生产
北京优材百慕航空器材有限公司	航空工业	其他有限责任公司	国有控股	飞机刹车零部件
北京长城航空测控技术研究所有限公司	航空工业	有限责任公司	国有全资	航空状态监测、综合测试、智能技术、仿真测控； 主要产品：Y/XCL-32A 主回油路滑油金属屑传感器；Y/XCL-69 滑油金属屑监测装置
中航复合材料有限责任公司	航空工业	国有	国有控股	民用航空复合材料结构件用原材料
北京青云航空仪表有限公司	航空工业	有限责任公司	国有控股	自动飞行控制系统、自动油门、惯性设备与器件。 C919 中承担随动式油门备用样机；AG600 中承担航电系统的无线电高度表子系统
中国航发北京航空材料研究院	中国航发	国有	国有独资	高温合金、橡胶、钛合金
中国航发北京航科发动机控制系统科技有限公司	中国航发	其他有限责任公司	国有控股	航空摇臂系列
北京民用飞机技术研究中心	中国商飞	国有	国有控股	民用飞机基础技术研究、民用飞机关键技术预研、相关技术服务
天津（4）				
空中客车（天津）总装有限公司		与港澳台商合资经营	港澳台商控股	空客 A320、A350 飞机组装
天津波音复合材料有限责任公司		中外合资经营	外商控股	航空复合材料主次受力件；飞机内饰件；相关售后服务

附表（续）

单位名称	所属集团	登记类型	控股情况	主要民用航空产品
天津航空机电有限公司	航空工业	有限责任公司	国有控股	配电系统、防灭火系统、环控系统（温控装置等）及发动机点火系统、发电设备等。 C919 电源系统中承担飞控蓄电池/充电器、主蓄电池/充电器，空气管理系统中承担机翼防冰温度传感器、温度传感器，探测导轨；AG600 中承担防火系统、一次配电子系统；AG150 中承担二次配电子系统、防火系统；AC312E 中承担配电子系统、防火灭火瓶、气动线；新舟 700 中承担起动机控制器、频率变换器、电压变换器
西飞国际航空制造（天津）有限公司	航空工业	其他有限责任公司	国有控股	空客 A320 机翼及机身装配
河北（2）				
惠阳航空螺旋桨有限责任公司	航空工业	有限责任公司	国有控股	螺旋桨系统；直升机动部件；复合材料叶片。 AG600 中承担螺旋桨，产品配套型号还包括各型直升机
中航通飞华北飞机工业有限公司	航空工业	其他有限责任公司	国有控股	运 5B 飞机；“小鹰”500 飞机；赛斯纳 208B 飞机
山西（1）				
太原航空仪表有限公司	航空工业	有限责任公司	国有控股	大气数据传感与测量、显示器与指示仪表、机载告警系统、传感器和弹性敏元件等。 AG600 中承担综合备份仪表系统、大气数据系统、任务显示器、管路补偿器等产品；新舟 700 中承担电子飞行包；产品配套机型还包括 AC311、AC313、H425、MA 系列、运 12、“海鸥”300、“领航”150 等机型；国外市场主要产品有高度表、空速表、升降速度表、空速管和加速度表 5 类设备，主要出口北美及欧洲，用于轻型、超轻型、运动型飞机
辽宁（10）				
辽宁锐翔通用飞机制造有限公司		国有	国有控股	RX1E 双座电动飞机、RX1E-A 增程电动飞机、RX1E-S 双座水上电动飞机
辽宁力德航空科技有限公司		民营	私人控股	LD-GY5010 多旋翼无人机、LD-XF60 大载重多旋翼无人机；大疆无人机（代理销售）

附表（续）

单位名称	所属集团	登记类型	控股情况	主要民用航空产品
沈阳无距科技有限公司		民营	私人控股	WZ 系列等 7 款垂起固定翼、多旋翼无人机
辽宁航星设备制造有限公司		私营独资	私人控股	民用航空器零部件
沈阳强航时代精密科技有限公司		其他有限责任公司	私人控股	民用航空器零部件设计和生产，民用航空器发动机、螺旋桨生产
辽宁欣海弘业航空科技有限公司		其他有限责任公司	私人控股	航空地面保障设备、航空航天机械零部件、飞机发动机零部件
沈阳天达航空科技有限公司		私营有限责任公司	私人控股	飞机座椅维修、飞机附属设施及零部件、客舱非受力内饰件（纺织品类）、塑料制品加工、制造；飞机地面设备维修、制造
沈阳飞机工业（集团）有限公司	航空工业	其他有限责任公司	国有控股	波音 787 项目；C 系列；Q400 项目
中航沈飞民用飞机有限责任公司	航空工业	其他有限责任公司	国有控股	Q400 机身连接；波音 787 垂尾前缘；空客 A320 机翼前缘；空客 A220 机身段；ARJ21 大部件；C919 大部件
中国航发沈阳黎明航空发动机有限责任公司	中国航发	有限责任公司	国有控股	航空零部件转包生产
吉林（2）				
吉林航修企业管理有限公司	航空工业	其他有限责任公司	国有控股	民机定期检修和翻修、部件维修发动机更换
中国航发长春控制科技有限公司	中国航发	有限责任公司	国有控股	电液电器转换类、空气调节控制类、伺服作动器类产品等航空发动机零部件
黑龙江（6）				
广联航空工业股份有限公司		股份有限公司	私人控股	无人机、民用航空零部件、其他民用航空零部件
哈尔滨安宇迪航空工业股份有限公司		其他有限责任公司	私人控股	航空器结构零部件和工艺装备
哈尔滨东安实业发展有限公司		有限责任公司	私人控股	精密机械加工和橡胶密封等动力系统零、部（组）件
中龙飞机循环再制造有限公司		有限责任公司（港澳台法人独资）	港澳台商控股	飞机零部件
哈尔滨飞机工业集团有限责任公司	航空工业	其他有限责任公司	国有控股	AC312E 直升机、AC352 直升机、运 12 系列飞机
中国航发哈尔滨东安发动机有限公司	中国航发	其他有限责任公司	国有控股	轻型航空发动机、辅助动力装置、直升机传动系统产品、航空机械传动产品，以及零部件产品

附表（续）

单位名称	所属集团	登记类型	控股情况	主要民用航空产品
上海（11）				
上海万泽精密铸造有限公司		内资企业	私人控股	航空相关设备制造
上海航空测控技术研究所	航空工业	事业单位	国有	航空故障诊断与预测及健康管理，测试与保障装备研制；C919中承担客舱管理接口子系统，客舱娱乐系统，信息系统的驾驶舱信息子系统（电子飞行包）、驾驶舱门监视系统和视频监视子系统；ARJ21中承担驾驶舱门监视系统；新舟700中承担驾驶舱门监视系统；AG600中承担海况测量设备
上海航空电器有限公司	航空工业	有限责任公司	国有控股	照明、操控板组件及调光控制、近地告警、智能配电、语音；C919中承担驾驶舱控制板组件、调光控制系统和集成断路器板；ARJ21中承担外部照明系统；AG600中承担二次配电子系统
中国航空无线电电子研究所	航空工业	事业单位	国有	核心处理系统、显示系统、飞管系统；C919中承担航电系统核心包子系统的显示子系统以及IMA平台的网络交换机；AG600中承担综合航电系统和搜索任务系统；运12F中承担航电系统
中航航空模拟系统有限公司	航空工业	有限责任公司	国有	民机机载系统工程模拟器和飞行模拟器； 在机载TS专项中承担模拟器开发
中国航发商用航空发动机有限责任公司	中国航发	有限责任公司	国有控股	商用飞机动力装置
中国商飞集团总部	中国商飞	国有	国有控股	总部管理，飞机研制项目管理，民用飞机试飞、销售等
中国商飞上海飞机设计研究院	中国商飞	国有	国有控股	ARJ21支线客机、C919大型客机、C929宽体客机研发
上海飞机制造有限公司	中国商飞	国有	国有控股	ARJ21支线客机、C919大型客机、C929宽体客机制造
上海飞机客户服务有限公司	中国商飞	国有	国有控股	ARJ21支线客机、C919大型客机、C929宽体客机客户服务
上海航空工业（集团）有限公司	中国商飞	国有	国有控股	民用飞机标准制定、情报研究、计算机软件开发、财务和人力共享服务、档案管理等

附表（续）

单位名称	所属集团	登记类型	控股情况	主要民用航空产品
江苏（29）				
无锡透平叶片有限公司		其他有限责任公司	国有控股	铝合金叶片；发动机盘件
江苏航申航空科技有限公司		私营合作	私人控股	航空零部件
通用电气航空（苏州）有限公司		外资企业	外商控股	飞机发动机零部件加工；飞机复合材料
新宇航空制造（苏州）有限公司		外资企业	外商控股	飞机发动机叶片及叶片隔框；飞机发动机吊架类机械产品
苏州捷德航空技术有限公司		有限责任公司	私人控股	航空器材维修；航空器部件开发、制造；民用直升机、航空器材销售、租赁
强龙科技（苏州）有限公司		外资企业	外商控股	飞机起落架、支架核心部件加工
赛峰起落架系统（苏州）有限公司		外资企业	外商控股	起落架及刹车系统
赛峰飞机发动机（苏州）有限公司		外资企业	外商控股	装配模块、涡轮轴、封严块、后框架、涡轮盘
诺贝丽斯铝业（镇江）有限公司		外资企业	外资	高强度预拉伸铝合金、机翼板
无锡航亚科技股份有限公司		股份有限公司	私人控股	叶片、整体叶盘、整流器、机匣、涡轮盘等
常州市创舰精密机械制造有限公司		有限责任公司	私人控股	航空产品（客舱内饰件）装配
豪梅特航空机件（苏州）有限公司		外资企业	外商控股	民航发动机上的环形锻件
南京王行航空附件维修工程有限公司		有限责任公司	私人控股	飞机零部件生产维修
江苏科比特航空设备有限公司		民营企业	私人全资控股	工业级无人机
昆山合朗航空科技有限公司		有限责任公司	其他控股	民用小型无人机以及航空模型产品
南京模拟技术研究所		全民所有制	国有	中大型无人直升机系统
中航金城无人系统有限公司		有限责任公司	国有控股	模组式多旋翼无人机、智能化自主作业系统 IAO、垂直起降固定翼无人机
南京开天眼无人机科技有限公司		有限责任公司	私人控股	两栖无人机、两栖救生装备
南京国业科技有限公司		有限责任公司	私人控股	无人机、光电吊舱
苏州极目机器人科技有限公司		合资企业	外商投资	农业植保专用工业级无人机
江苏恒神股份有限公司		股份有限公司	私人控股	碳纤维及其复合材料
菲舍尔航空部件（镇江）有限公司	航空工业	有限责任公司（港澳台与境内合资）	国有控股	ARJ21 内饰；“环球”7000/8000 WTBF；BD 整流罩；BD100 地板；飞机翼肋连接角件

附表（续）

单位名称	所属集团	登记类型	控股情况	主要民用航空产品
金城南京机电液压工程研究中心	航空工业	事业单位	国有	燃油系统、液压系统、空气管理系统、APU。 C919 中承担燃油系统的重力加油口盖等 8 项设备，液压系统的液压油箱等 4 项设备，空气管理系统的雾化喷嘴等 3 项设备；AG600 中承担气源空调系统、压力加油子系统、应急放油子系统、前轮转弯子系统、液压油箱、重力加油口组件、火焰抑制器；新舟 700 中承担电源系统的冲压空气涡轮子系统、液压系统的自增压优先阀等 7 项设备、起落架系统的前轮转弯控制阀
中航机载系统共性技术有限公司	航空工业	有限责任公司	国有	民机机载系统研发流程体系和研发工具环境、信息化管理平台； 在机载 TS 专项中承担民机机载系统研发流程体系和研发工具环境、信息化管理平台
苏州长风航空电子有限公司	航空工业	有限责任公司	国有控股	显示器与发动机，发动机传感器； AG600 中承担航电系统的液晶显示器、显示头部组件，以及投汲水控制系统的灭火控制面板
中国航发控制系统研究所	中国航发	国有	国有独资	航空发动机控制系统及电子控制器
航天海鹰（镇江）特种材料有限公司	航天科工	其他有限责任公司	国有控股	C919 后机身后段；C919 后机身前段；C919 副翼；C919 垂尾壁板；翼身整流罩
南京莱斯信息技术股份有限公司	中电科	国有	国有控股	空管自动化系统、塔台自动化系统、空管模拟训练系统、空中交通流量管理系统、泊位引导系统、远程塔台系统、机场运行指挥系统、净空管理系统、低空安全监测系统等
雷华电子技术研究所	航空工业	国有	国有控股	新体制雷达、超高分辨率合成孔径雷达、机载多功能气象雷达等系列技术和产品
浙江（28）				
海宁红狮宝盛科技有限公司		私营有限责任公司	私人控股	航空设备配件
杭州一佳精密轴承有限公司		私营有限责任公司	私人控股	航空发动机精密轴承、卫星专用精密轴承
宁波继峰汽车零部件股份有限公司		私营股份有限公司	私人控股	乘员座椅扶手、脚托、头枕；飞行员座椅扶手、乘员舱防护板等
宁波沥高复合材料有限公司		其他有限责任公司	私人控股	ARJ 零部件生产

附表（续）

单位名称	所属集团	登记类型	控股情况	主要民用航空产品
宁波永灵航空科技有限公司		私营有限责任公司	私人控股	软管金属连接件；聚酰亚胺衬套；机箱
余姚市三力信电磁阀有限公司		私营股份有限公司	私人控股	电磁阀
玉环天润航空机械制造有限公司		私营有限责任公司	私人控股	驾驶（滑动）舱门锁闭机构；动力舱整流罩锁闭机构等；折叠接头等；周期变距杆手柄等；牵引杆、液压千斤顶等；机身布罩、旋翼布罩等
浙江金马逊智能制造股份有限公司		私营有限责任公司	私人控股	数控弯管机；管端缩口机；重型弯管机；智能生产线；金属导管；工装、模具
浙江京飞航空制造有限公司		其他有限责任公司	私人控股	空客A220机身结构件、空客A320机身结构件、无人机结构件
浙江科比特创新科技有限公司		私营有限责任公司	私人控股	“人云龙”“插翅虎”M8、“小旋风”“玉麒麟”
浙江日发航空数字装备有限责任公司		私营有限责任公司	私人控股	飞机数字化装配生产线；复合材料加工专用设备；航空零部件
浙江圣翔航空科技有限公司		其他有限责任公司	私人控股	停机坪
浙江西子势必锐航空工业有限公司		中外合资经营	私人控股	空客A320起落架舱；C系列起落架舱；空客A220底板梁；C系列逃生门；腹鳍；CRI服务门
宁波星箭航空机械制造有限公司		私营有限责任公司	私人控股	航空、航天标准件和特殊材料精密零部件
嘉兴雅港复合材料有限公司		私营有限责任公司	私人控股	NOMEX蜂窝芯材及其制品生产制造
杭州海康威视数字技术股份有限公司		股份合作	国有控股	无人机
浙江华视智检科技有限公司		其他有限责任公司	私人控股	安检设备与安检服务
杭州极目智控科技有限公司		其他有限责任公司	私人控股	农业无人机设计制造
浙江容祺科技有限公司		其他有限责任公司	私人控股	“开天”系列无人机
星箭科技股份有限公司		私营有限责任公司	私人控股	航空标准件、紧固件、机加件、金属非金属软管等
浙江万丰飞机制造有限公司		私营有限责任公司	私人控股	拥有“钻石”飞机4大系列、10个基本型、18个机型的全部知识产权，现已获取中国民航局颁发“钻石”DA20/DA40/DA42/DA62飞机、DF/FM轻型运动飞机的VTC，DA40/DF飞机的PC证书
美洲豹（浙江）航空装备有限公司		私营有限责任公司	私人控股	大型热压罐、实验室热压罐、超大型热压罐、液压釜等
浙江华荣航空装备有限公司		私营有限责任公司	私人控股	航空器及零部件、复合材料、工艺装备研发、制造

附表（续）

单位名称	所属集团	登记类型	控股情况	主要民用航空产品
杭州零零科技有限公司		私营有限责任公司	私人控股	“猎鹰”（Falcon）、“小黑侠”二代（Hover2）
杭州启飞智能科技有限公司		私营有限责任公司	私人控股	A22 RTK 植保无人机，A16 植保无人机，Q10 植保无人机，A6 植保无人机
浙江兴岩电气设备有限公司		私营有限责任公司	私人控股	系留应急照明无人机、电力巡航无人机
浙江东迦科技有限公司		私营有限责任公司	私人控股	植保无人机：C10 型号、A65 型号、C22 型号
浙江通飞野马飞机制造有限责任公司	航空工业	中外合资经营	国有控股	AG60 飞机
安徽（11）				
安徽应流航空科技有限公司		其他有限责任公司	集体控股	YLWZ130/190 系列涡轴发动机；YD70 地面电站；YL-UH 系列无人直升机；RT-216 轻型涡轴直升机
安徽应流航源动力科技有限公司		有限责任公司	集体控股	等轴晶、定向、单晶涡轮叶片、导向叶片，喷嘴、喷嘴环，整体结晶涡轮盘，飞机发动机机匣及其他结构件
合肥赛为智能有限公司		私营独资	私人控股	“赛鹰”SY8KT 系留多旋翼无人机；“赛鹰”SY450H 大载荷无人直升机；“赛鹰”SY141HR 植保无人机；“赛鹰”SY261H 无人直升机；“赛鹰”SY121H 无人直升机；“赛鹰”SY30KG 油电混合旋翼无人机
合肥市富华精密机械制造有限公司		有限责任公司	私人控股	涵盖大飞机机身结构，发动机结构，航电结构等
安徽天路航空科技股份有限公司		股份有限公司	私人控股	TL-400 型无人机、TL-800 型无人机、TL-850 型无人机
合肥德智航创科技有限公司		有限责任公司	私人控股	智能无人飞行器制造；智能无人飞行器销售；导航、测绘、气象及海洋专用仪器销售；中小型复合翼物流运输、航拍无人机
安徽华夏光电股份有限公司		股份有限公司	私人控股	组合航行灯、防撞灯、着陆灯、滑行灯、编队灯、机载合流变换器、航发点火放电管
中航华东光电有限公司		其他有限责任公司	集体控股	机载液晶显示模块、显示器及超高亮数字像源
安徽航菱航空精密智造有限公司		私营独资	私人控股	为航空工业固定翼等机型提供结构零部件
安徽航瑞航空动力装备有限公司		私营有限责任公司	私人控股	活塞式航空发动机、高功率密度活塞式发动机
合肥江航飞机装备股份有限公司	航空工业	股份有限公司	国有控股	波纹管、飞机副油箱、航空仪表；AG600 中承担氧气系统

附表（续）

单位名称	所属集团	登记类型	控股情况	主要民用航空产品
福建（10）				
厦门太古飞机工程有限公司		台港澳与境内合资	港澳台商控股	航空航天器修理
厦门豪富太古宇航有限公司		中外合资经营	外资控股	飞机零部件维修
厦门霍尼韦尔太古宇航有限公司		港澳台合资企业	外资控股	飞机零部件维修
厦门太古发动机服务有限公司		港台澳与境外合资	港澳台商控股	民用航空发动机维修
厦门新科宇航科技有限公司		中外合资经营	外资控股	民用航空发动机维修
太古部件维修（厦门）有限公司		台港澳法人独资	港澳台商控股	飞机零部件维修
厦门太古起落架维修服务有限公司		台港澳与境内合资	港澳台商控股	飞机起落架维修
瑞达宇航（厦门）起落架系统有限公司		外商投资企业法人独资	外资控股	飞机起落架维修
晋江太古飞机复合材料有限公司		有限责任公司	外资	航空器维修、飞机零部件维修
厦门中航秦岭宇航有限公司		有限责任公司	央企控股	飞机零部件维修
江西（11）				
江西金科力实业有限公司		有限责任公司	私人控股	无人机金属钣金件、航空油箱部件、飞行器起落架组件、航空地面保障设备
江西天之翔航空数控技术有限责任公司		有限责任公司	私人控股	C919、C929、ARJ、M700、AG600T等零件及工装模具生产
江西维珂赛福航空科技有限公司		私营有限责任公司	私人控股	汽车安全带，航空安全带
景德镇明兴航空锻压有限公司		私营有限责任公司	私人控股	航空航天和燃机领域锻件
北京通用航空江西直升机有限公司		其他有限责任公司	国有控股	大型无人直升机、轻小型有人直升机、无人机
江西昌河阿古斯特直升机有限公司		有限责任公司（中外合资）	国有控股	直升机、备件及维修、培训
景德镇景航驰骋机械有限公司		有限责任公司	私人控股	压气机叶轮、离心压气机叶轮毛坯、扩压器法兰段
江西壮龙无人机科技有限公司		有限责任公司	私人控股	消防无人机、植保无人机、电力无人机
九江冠成仿真技术有限公司		有限责任公司	私人控股	惯导测试、仿真设备
昌河飞机工业（集团）有限责任公司	航空工业	国有	国有控股	AC313；AC311/AC311A；S76、S92尾斜梁；波音备件；C919前缘缝翼/后缘襟翼
江西洪都航空工业集团有限责任公司	航空工业	其他有限责任公司	国有控股	C919机身段
山东（8）				
东方蓝天钛金科技有限公司		其他有限责任公司	国有控股	金属支架；保险销；钛合金平圆头高锁螺栓；钛合金100° 沉头高锁螺栓；钛合金100° 沉头十字槽螺栓；钛合金100° 沉头偏心十字槽螺栓

附表（续）

单位名称	所属集团	登记类型	控股情况	主要民用航空产品
山东太古飞机工程有限公司		与港澳台商合资经营	国有控股	飞机维修；航空服务；机型培训；部件制造；飞机改装设计
山东翔宇航空技术服务有限责任公司		股份有限公司	国有控股	航空器部附件维修服务；航空器零部件；航空器机载设备
山东艾诺仪器有限公司		其他有限责任公司	私人控股	飞机地面静变电源
威海广泰空港设备股份有限公司		私营股份有限公司	私人控股	平台车；牵引车；电源车；加油车
山东一立动力科技股份有限公司		私营股份有限公司	私人控股	航空发动机上的涡轮、叶片、导向器、机匣等关键零部件
日照山太飞机工程股份有限公司		股份有限公司	私人控股	飞机维修；航空服务
济南特种结构研究所	航空工业	国有	国有控股	雷达罩；复合材料结构件
河南（9）				
安阳全丰航空植保科技股份有限公司		股份有限公司	私人控股	电动多旋翼植保无人机；油动单旋翼植保无人机
安阳市豪克航空科技有限公司		有限责任公司	自然人投资或控股	无人机螺旋桨；旋翼
安阳蜂巢智能装备有限公司		有限责任公司	非自然人投资或控股的法人独资	多旋翼无人机；垂直起降固定翼无人机
新乡巴山航空材料有限公司		其他有限责任公司	自然人投资或控股	金属丝网；钢丝螺套
洛阳轴承研究所有限公司		国有	国有控股	各种类型的高端轴承产品和组件
信阳星宇航天标准件制造有限公司		其他有限责任公司	私人控股	航空航天用紧固件
洛阳电光设备研究所	航空工业	事业单位	国有	光电探测、瞄准与显示； C919 中承担平视显示系统和增强视景系统
新乡航空工业（集团）有限公司	航空工业	有限责任公司	国有控股	发动机引气、座舱压力调节、蒸发循环制冷子系统及部件、过滤。 C919 中承担空气管理系统的交叉引气阀等 10 项设备，燃油系统的通气浮子阀等 10 项设备，液压系统的压力油滤等 4 项设备；AG600 中承担燃油系统的直流无刷燃油泵等 13 项设备，液压系统的放气阀组件等 9 项设备，空气管理的单向阀等 5 项设备；新舟 700 中承担液压系统的回油油滤等 5 项设备

附表（续）

单位名称	所属集团	登记类型	控股情况	主要民用航空产品
中航光电科技股份有限公司	航空工业	股份有限公司	国有控股	光、电流体连接器及集成连接设备。 C919/ARJ21 中承担电连接器；新舟 700/MA 系列中承担电子设备柜、驾驶舱整合机构、显控台；AG600/AC313/AG300/AG50 通航飞机和直升机中承担设备柜、整机 EWIS 线缆、电源盒、线缆组件；CJ1000 发动机中承担控制系统电缆线束、耐高温连接器
湖北（8）				
凌云（宜昌）航空工程有限公司		国有	国有控股	民航飞机修理；民航产品机零部附件修理；民航维修培训；民航飞机客改货、定检、改装、喷涂和飞机拆解
武汉航达航空科技发展有限公司		私营有限责任公司	私人控股	航空液压、气动、机电附件；飞机起落架维修；飞机复合材料结构件维修；机场加油设备；通用航空螺旋桨发动机附件
湖北超卓航空科技股份有限公司		股份有限公司	私人控股	航空部附件（不含发动机）的维修；起落架、承载梁维修
旭日蓝天（武汉）科技有限公司		私营有限责任公司	私人控股	无人机行业应用、无人机驾驶员培训、无人机反制、无人机运营管理等产品研发、生产、销售、服务
湖北航宇嘉泰飞机设备有限公司	航空工业	有限责任公司（港澳台投资、非独资）	国有控股	商用飞机座椅
航宇救生装备有限公司	航空工业	有限责任公司	国有全资	应急救援、防护救生。 AG600 中承担机动救生艇、投放装置、防护装置、担架站组件、四人救生船、简易盥洗室等 9 项设备；为民用直升机提供救生船、灭火吊桶
武汉航空仪表有限责任公司	航空工业	有限责任公司	国有全资	防除冰系统；新舟 700 中承担结冰探测系统的结冰探测棒；AG600 中承担结冰探测器、探冰棒、压力信号器（告警）、压力信号器（启停）、迎角传感器 5 项设备
中国特种飞行器研究所	航空工业	国有	国有控股	SZ300 载人观光系留气球；空中单车、AG50 飞机
湖南（18）				
湖南翔为通用航空有限公司		其他有限责任公司	集体控股	航空消防灭火吊桶、航空消防高压水炮、航空农林喷洒药箱
湖南汉能科技有限公司		其他有限责任公司	私人控股	航空发动机试验设备、燃气轮机试验设备、叶片机试验件

附表（续）

单位名称	所属集团	登记类型	控股情况	主要民用航空产品
湖南华望科技股份有限公司		股份有限公司	私人控股	无伞空投、简易空投
湖南省蓝鹰科技有限公司		私营有限责任公司	股份合作	无人机
湖南千牛无人机科技有限公司		私营有限责任公司	私人控股	电力无人机、巡查无人机生产与无人机服务
山河星航实业股份有限公司		股份有限公司	私人控股	轻型运动飞机；多旋翼无人机；无人直升机；固定翼无人机
长沙艾森设备维护技术有限公司		私营股份有限公司	私人控股	民航客机运行过程使用的各类清洗剂产品（清洗客机外表、机舱、起落架、发动机等），航空工业（军用、民用）制造、维修过程使用的清洗剂、切削液、防锈油、脱漆剂等系列化学产品
湖南新韶光电器有限公司		私营有限责任公司	私人控股	滑油加热器
铭宇科技（娄底）有限公司		中外合资经营	港澳台商控股	民用飞机零部件制造
株洲时代橡塑元件开发有限责任公司		有限责任公司	国有控股	APU 减振器； AGB 阻尼轴承
湖南湘投金天钛业科技股份有限公司		股份有限公司	国有控股	转子叶片、风扇盘等锻件用 Ti-6Al-4V 合金，发动机叶盘用 Ti17 合金
湖南湘源金穗智能装备有限公司		私营有限责任公司	私人控股	植保无人机
湖南飞沃新能源科技股份有限公司		股份有限公司	私人控股	航空航天紧固件产品
中航飞机起落架有限责任公司	航空工业	有限责任公司	国有全资	起落架系统。 C919 中承担部分零件按图加工；AG600 中承担起落架系统
中国航发湖南动力机械研究所	中国航发	国有	国有独资	涡轴 / 涡桨 / 涡扇发动机、飞机辅助动力装置、直升机传动系统研发
中国航发南方工业有限公司	中国航发	有限责任公司	国有控股	航空发动机制造及修理、航空发动机零部件、航空零部件转包生产
中国航发中传机械有限公司	中国航发	有限责任公司	国有控股	附件传动、减速器、齿轮箱
中国航发长江动力有限公司	中国航发	有限责任公司	国有控股	航空发动机零部件
广东（16）				
珠海保税区摩天宇航空发动机维修有限公司		中外合资经营	股份合作	V2500 发动机及附件维修；CFM56-3 发动机及附件维修；CFM56-5B 发动机及附件维修；CFM56-7B 发动机及附件维修；LEAP-1B 发动机快修
广州飞机维修工程有限公司		港澳台合资经营	国有控股	航空航天器修理

附表（续）

单位名称	所属集团	登记类型	控股情况	主要民用航空产品
广东西北航空科技股份有限公司		股份有限公司	私人控股	民用航空飞机座椅；飞机碳/碳刹车副；飞机金属刹车副；高铁列车粉末冶金闸片；飞机内饰件；飞机安全带
广州航新航空科技股份有限公司		股份有限公司	私人控股	便携式维修设备
深圳市道通智能航空技术股份有限公司		股份有限公司	私人控股	智能无人机产品
深圳市大疆创新科技有限公司		港澳台商独资	港澳台商控股	“精灵”Phantom；“御”Mavic；“悟”Inspire；农业植保机
深圳中集天达空港设备有限公司		中外合资经营	外商控股	登机桥、登船桥、立体货库、航空物流设备、行李系统设备、消防车、摆渡车等产品的研发、生产、销售和售后服务
东莞卡莱互连电子科技有限公司		外资企业	外资控股	主要为测试仪器、射频/微波、医疗、汽车、网络、民用飞机、军用航天等电子消费品市场提供高性能电线、电缆、连接器以及电子线束组件
广州新科宇航科技有限公司		中外合资	国有控股	航空航天器修理
广州极飞科技股份有限公司		股份有限公司	私人控股	民用无人机制造
深圳市科卫泰实业发展有限公司		私营有限责任公司	私人控股	工业级无人机系统、无线图像传输系统和无人机探测反制系统的研发、生产和服务
亿航智能设备（广州）有限公司		台港澳法人独资	私人控股	智能无人飞行器制造
珠海紫燕无人飞行器有限公司		有限责任公司	自然人控股公司	一、研发制造产品 1. 中型电动无人直升机：4个主要产品是“河豚”A3、“河豚”A2G、“河豚”A2和“河豚”A1； 2. 轻型电动无人直升机：3个主要产品是“隼”10、“穿越者”P2X和“穿越者”P1； 3. 蜂群无人机：5个产品主要是微型电动多旋翼无人机； 4. 无人机生态链产品：主要是推流箱、视频中继站、手持地面控制台等。 二、技术授权与服务 无人机系统模块15个、无人机教员和驾驶员培训
云浮亿航智能技术有限公司		其他有限责任公司	私人控股	自动驾驶飞行器
珠海天晴航空航天科技有限公司		内资企业	私人控股	SA-10VE电动垂起复合翼无人机，SA-21VE电动垂起复合翼无人机，SA-39VFE油动垂起复合翼无人机
中航通飞华南飞机工业有限公司	航空工业	国有	国有控股	大型灭火/水上救援水陆两栖飞机AG600；SR20；SR22

附表（续）

单位名称	所属集团	登记类型	控股情况	主要民用航空产品
重庆（2）				
阿莫森航空安全器材（重庆）有限公司		外资企业	外商控股	航空安全带制造
重庆宗申航空发动机制造有限公司		股份有限公司	私人控股	C100 航空活塞式发动机；C80 航空活塞式发动机；C115 航空活塞式发动机
四川（38）				
成都富凯飞机工程服务有限公司		国有	国有控股	飞机加改装工程服务；飞机部附件维修
成都炬鑫航空设备有限公司		其他有限责任公司	国有控股	PMA 制造及航空器部件维修、地面工装设备
民航成都物流技术有限公司		与港澳台商合资经营	国有控股	托盘分拣机；独立运载系统；AMR 自主移动机器人；旅客智能安检系统；自助托运系统；行李全流程跟踪系统
四川飞机维修工程有限公司		与港澳台商合资经营	国有控股	空客 A320 系列飞机修理
四川国际航空发动机维修有限公司		中外合资经营	国有控股	飞机发动机维修
四川九洲空管科技有限责任公司		其他有限责任公司	国有控股	ADS-B 地面站；S 模式应答机；二次雷达系统；场面监视雷达系统；DME 测距仪；DVOR 甚高频多普勒全向信标；客舱内话系统
四川腾飞航空实业有限公司		其他有限责任公司	国有控股	航空地面设备及工装；发动机金属包装箱；航空发动机及部附件试车台；直升机系留试车台
中国第二重型机械集团德阳万航模锻有限责任公司		其他有限责任公司	国有控股	C919
成都德坤航空设备制造有限公司		私营有限责任公司	集体控股	结构件、导管
成都华太航空科技股份有限公司		股份有限公司	集体控股	航空机载部附件维修；航空测试设备研制；机载设备研制
成都爱乐达航空制造股份有限公司		股份有限公司	私人控股	航空零部件
成都昊轶强航空设备制造有限公司		有限责任公司	私人控股	航空零件加工，工装的设计和制造
成都纵横自动化技术股份有限公司		股份有限公司	私人控股	无人机、飞控与航电产品
成都西格码精密部件有限公司		外资企业	外商控股	航空发动机管路部件
成都孚康航空设备有限公司		其他有限责任公司	私人控股	航空一次性餐具系列产品
四川德鑫航空设备股份有限公司		股份有限公司	私人控股	机场地面设备、航空集装器、钢平台、行李分拣输送设备、物流分拣输送设备、升降平台

附表（续）

单位名称	所属集团	登记类型	控股情况	主要民用航空产品
四川奥特附件维修有限责任公司		其他有限责任公司	私人控股	主伺服航空附件维修；А И-9 В型APU维修；某T型APU维修；其他航空附件维修
四川海特高新技术股份有限公司		股份有限公司	私人控股	飞机机载无线电、仪表、电气设备的维修；开展电缆，电视设备，电子测绘仪器方面的技术服务与咨询
四川航泰航空装备有限公司		股份有限公司	私人控股	起落架；地面保障设备；飞机结构件；航空液压元件；航空维修；航空用液压试验台
四川明日宇航工业有限责任公司		其他有限责任公司	私人控股	飞行器零部件产品；钛合金件加工；钣金件加工；数控结构件加工
普惠艾特航空制造（成都）有限公司		外资企业	外商控股	涡桨零件、支撑件、Case
四川高龙机械有限公司		外资企业	外商控股	民用航空发动机零部件
德阳汉洋数控机械制造有限公司		民营企业	私人控股	飞机零部件，飞机发动机结构件
四川腾盾科技有限公司		私营有限责任公司	私人控股	无人机
四川傲势科技有限公司		其他有限责任公司	私人控股	X系列/H系列无人机系统、地面站、飞控系统等关键子系统及无人机协同设计与仿真工具链
成都睿铂科技有限责任公司		私营有限责任公司	私人控股	无人机
成都时代星光科技有限公司		有限责任公司	私人控股	空地协同智能无人机系统、低空察打无人机系统
四川垚磊科技有限公司		私营有限责任公司	私人控股	无人机
四川一电航空技术有限公司		股份有限公司	国资控股	无人机智能停机坪设备，农用无人机、旋翼无人机、自拍无人机、钓鱼无人机、无人机编队表演等无人机相关产品
成都飞机工业（集团）有限责任公司	航空工业	国有独资公司	国有独资	转包项目；C919机头；ARJ机头；“云影”无人机
成都凯天电子股份有限公司	航空工业	股份有限公司	国有控股	大气数据与传感器、位置检测与控制、飞行数据管理和无线数据传输、燃油增压泵等。 C919中承担大气数据加温控制器，并承担总静压探头按图加工；AG600中承担大气数据子系统，起落架信号灯盒、压力传感器等4项设备；新舟700中承担起落架收放及位置告警子系统；各类产品配套机型还包括MD-90、运12E/F、H425、AC311、AC313、AC311A、新舟60/600、CJ1000AX、“海鸥”300等

附表（续）

单位名称	所属集团	登记类型	控股情况	主要民用航空产品
四川泛华航空仪表电器有限公司	航空工业	有限责任公司	国有控股	燃油测量与控制系统、发动机点火系统；C919 中承担燃油测量系统的低油位传感器等 37 项设备；AG600 中承担燃油测量指示子系统，燃油测量设备配套机型还包括“小鹰”500，AC311，AC313 等
四川凌峰航空液压机械有限公司	航空工业	有限责任公司	国有控股	液压装置（机、电、液）。 AG600 中承担液压系统的蓄压器、刹车蓄压器等 2 项设备；产品配套机型还包括 AC313C/E 等
宜宾三江机械有限责任公司	航空工业	有限责任公司	国有控股	液压阀件、组合装置及管路系统组件；AG600 中承担管路，以及集油箱切断阀、充气单向阀、地面泵吸油接头、地面泵增压接头、取样阀、自封阀、机翼放油开关、单向阀、柔性连接器、快卸自封接头等 13 项设备；产品配套机型还包括“领航”150 等
中航成飞民用飞机有限责任公司	航空工业	其他有限责任公司	国有控股	转包项目；C919 飞机机头；ARJ 21 飞机机头；AG600 飞机机头
中航（成都）无人机系统股份有限公司	航空工业	股份有限公司	国有控股	“翼龙”系列无人机
中国航发成都发动机有限公司	中国航发	其他有限责任公司	国有控股	航空发动机零部件
中电科航空电子有限公司	中电科	国有	国有控股	通信导航监视系统；客舱核心及娱乐系统；卫星通信系统；DA42 飞机
贵州（11）				
贵州大东风机械有限公司		其他有限责任公司	私人控股	飞机发动机叶片
贵州航宇科技发展股份有限公司		股份有限公司	私人控股	航空发动机环锻件
贵州航谷动力科技有限公司		其他有限责任公司	私人控股	飞机发动机零部件
成立航空技术（贵阳）有限公司		有限公司	私人控股	发动机及燃气轮机燃烧室及喷射系统
贵州利奇－天义航空电器有限公司		中外合资	私人控股	航空航天、铁路和尖端工业应用制造全系列的继电器、大功率接触器和控制装置等
贵州黎阳国际制造有限公司		其他有限责任公司	国有控股	民用航空发动机核心机零部件、飞机短舱零件等
贵州安大航空锻造有限责任公司	航空工业	其他有限责任公司	国有控股	锻件
贵州天义电器有限责任公司	航空工业	有限责任公司	国有全资	继电器、接触器、控制装置； AG600 中承担配电盒，新舟 700 中承担接触器盒

附表（续）

单位名称	所属集团	登记类型	控股情况	主要民用航空产品
贵州永红航空机械有限责任公司	航空工业	其他有限责任公司	国有控股	散热器；滑油箱
贵阳航空电机有限公司	航空工业	有限责任公司	国有全资	二次电源、电源控制保护、配电装置、电动机及控制系统。C919 中承担变压整流器、静止变流器、60 赫［兹］变换器；AG600 中承担自耦变压器
中国航发贵州红林航空动力控制科技有限公司	中国航发	有限责任公司	国有控股	航空零部件转包生产
陕西（43）				
宝鸡市航宇光电显示技术开发有限责任公司		有限责任公司	私企	机载导光控显产品、航电设备
风润智能装备股份有限公司		股份有限公司	自然人控股	航空零部件
汉中鑫茂龙装备制造有限公司		其他有限责任公司	私人控股	航空零部件
陕西烽火宏声科技有限责任公司		国有	国有控股	扬声器、送受话器、电声器件、组合件、微型器件系列、有源抗噪系列
陕西恒德精密机械有限公司		私营有限责任公司	私人控股	发动机、燃气轮机零部件
西安振民航空科技有限公司		有限责任公司	私人控股	飞行器仪表与设备
西安威斯特精密设备制造有限公司		私营有限责任公司	私人控股	航空发动机、燃气轮机零部件
西安市康铖机械制造有限公司		其他有限责任公司	国有控股	零部件加工及模具工装制造
西安鹰之航航空科技股份有限公司		私营股份有限公司	集体控股	飞机附件维修，PMA 部件研发、生产，航空测试设备及机场设备研发、生产
庆安集团有限公司	航空工业	有限责任公司	国有控股	高升力系统、液压作动、货运系统。C919 中承担高升力系统的翼尖刹车装置、扭力管万向节组件、支承轴承，以及 84 型零件按图加工；AG600 中承担高升力子系统、舱门控制系统的通舱后左舱门开启 / 锁定子系统、投汲水系统、环控系统的清洗装置和风挡雨刷装置；新舟 700 中承担高升力子系统、登机门平衡缓冲子系统、飞行锁、起落架收放作动筒等 4 项作动筒、齿轮齿条转弯机构；产品配套机型还包括 AC311、AC313、AG300、新舟 600、运 12 等

附表（续）

单位名称	所属集团	登记类型	控股情况	主要民用航空产品
陕西宝成航空仪表有限责任公司	航空工业	有限责任公司	国有全资	航姿系统、惯性器件、近地告警等。 C919 中承担通信系统的手持式送话器，客舱系统的应急撤离信号系统，电气互联 EWIS 的伸缩电缆装置；AG600 中承担航电系统的航姿基准子系统、近地告警软件、应急磁罗盘
陕西东方航空仪表有限责任公司	航空工业	有限责任公司	国有控股	传感器、变压器； 新舟 700 中承担襟翼位置传感器、旋转差动变压器等产品
陕西飞机工业有限责任公司	航空工业	国有独资公司	国有控股	民机部件；民用航空产品零件
陕西航空电气有限责任公司	航空工业	有限责任公司	国有控股	电源系统、发动机点火系统。 C919 中承担电源系统的外电源插座、外电流互感器，以及箱体、底座、汇流条、接线端子等零件按图加工；AG600 中承担电源系统；新舟 700 中承担一次配电子系统
陕西华威科技股份有限公司		股份有限公司	自然人控股	起落架及其他零部件模具模块
陕西华燕航空仪表有限公司	航空工业	有限责任公司	国有控股	导航和航姿设备、陀螺仪、加速度计； AC311A、AC313、海监直升机、AV500B 无人直升机中承担组合导航系统
陕西蓝太航空设备有限责任公司		有限责任公司	私人控股	空客 A320、A321、A330 和波音 757、波音 767 碳刹车盘
陕西凌云电器集团有限公司		其他有限责任公司	国有控股	导航、气象等专用仪器
陕西千山航空电子有限责任公司	航空工业	有限责任公司	国有控股	综合数据管理系统（飞参）、飞行任务训练计算机、机载健康诊断。 AG600 中承担航电系统的飞行数据及座舱音频记录子系统，发动机指示系统的发动机指示及空勤告警子系统、油门杆位置传感器和发动机及系统参数采集系统的机电信息采集子系统；新舟 700 中承担航电系统的数据 / 语音记录子系统；产品配套机型还包括 AC313、新舟 600 等
西安成立航空制造有限公司		有限责任公司	民营	民用航空器（发动机、螺旋桨）生产，民用航空器维修，民用航空器零部件研制
西安飞豹科技有限公司	航空工业	其他有限责任公司	国有控股	航空模拟器；航空试验件；地面保障设备；航空系统及验证平台

附表（续）

单位名称	所属集团	登记类型	控股情况	主要民用航空产品
航空工业西安飞行自动控制研究所	航空工业	事业单位	国有	导航制导与控制。 C919中承担飞控系统的方向舵作动器、多功能扰流板作动器、地面扰流板作动器、地面扰流板控制模块，自动飞行系统的MCP飞行模式控制面板、Cabinet托架；AG600中承担电传飞控系统；新舟700中承担主飞控电子的飞控计算机、作动器控制电子，以及主飞控作动的方向舵作动器、多功能扰流板
西安飞机设计研究所	航空工业	事业单位	国有	飞行器设计研究与试验；飞机和机场检测与综合保障；相关产品研制；相关技术咨询与专业培训
西安钢研功能材料股份有限公司		股份有限公司	自然人控股	精密合金，高温合金
西安航空计算技术研究所	航空工业	事业单位	国有	操作系统、计算机、专用集成电路。 C919中承担信息系统的通用信息处理计算机，以及电气互联EWIS的光电转换器；AG600中承担液压电控单元；新舟700中承担航电系统的信息管理子系统、电气系统控制器、发动机接口控制单元
西安航空制动科技有限公司	航空工业	有限责任公司	国有全资	机轮刹车； AG600、新舟700中承担机轮刹车系统
西安航艇航空科技有限公司		有限责任公司	民营	航空工装，航空机载产品、地面设备产品配套，航空试验电缆组件、控制盒
西安宏钛航空科技有限公司		其他有限责任公司	法人股东控股	航空钣金零部件
西安家麒工模具有限公司		有限责任公司	自然人控股	航空精密齿轮、筒体等零件加工
西安嘉业航空科技有限公司		有限责任公司	私人控股	民用飞机零部件
西安康倍机电科技有限公司		有限责任公司	自然人控股	航空伺服阀、传感器产品，航空液压、电机部件修理服务
西安三航动力科技有限公司		其他有限责任公司	法人与自然人共同持股	航空发动机用新型薄壁叶片、整体叶盘、整体叶环、整体机匣等复杂薄壁整体结构
西安三角防务股份有限公司		股份有限公司	法人控股	大型航空锻件
西安沃祥航空科技有限公司		其他有限责任公司	法人控股	无人机燃油系统

附表（续）

单位名称	所属集团	登记类型	控股情况	主要民用航空产品
西安兴航航空科技股份有限公司		股份有限公司	自然人控股	航空零件、部件
西安亚龙航空机电有限责任公司		有限责任公司	自然人控股	风洞试验、无人机
西安宇森电气有限公司		私营有限责任公司	私人控股	航空零部件的喷涂、胶结
西安远飞航空技术发展有限公司		有限责任公司	自然人控股	航空零部件、航空复材零部件
西安泽达航空制造有限责任公司		有限责任公司	自然人独资	航空零部件
西安卓锐航空科技有限公司		有限责任公司	自然人控股	航空零部件、紧固件
中国航发动力股份有限公司	中国航发	股份有限公司	国有控股	航空发动机零部件
中航西安飞机工业集团股份有限公司	航空工业	股份有限公司	国有控股	“新舟”系列飞机零部件；ARJ21飞机零部件；C919飞机零部件；航空零部件转包产品
中航西飞民用飞机有限责任公司	航空工业	其他有限责任公司	国有控股	新舟 60/600 飞机
甘肃（4）				
甘肃神龙航空科技有限公司		私营独资	私人控股	工程应用无人机、旋翼机、运动类通航飞机
兰州飞行控制有限责任公司	航空工业	有限责任公司	国有控股	自动飞行控制系统、自动油门相关设备、伺服电机等。 AG600 中承担飞控系统的自动飞行控制子系统、升降舵调整片效应机构；新舟 700 中承担飞控系统的主飞控驾驶舱装置，产品配套机型还包括 AC311A
兰州万里航空机电有限责任公司	航空工业	国有独资公司	国有控股	航空机载电机电器、电动机构、机载计算机和机外照明
中航天水飞机工业有限责任公司	航空工业	其他有限责任公司	国有控股	ARJ21 飞机组件